本研究系国家自然科学基金项目"补偿到期后贫困地区退耕农户行为追踪、驱动因素与成果巩固长效机制研究"（项目编号：71873017）的阶段性研究成果之一

农户生产视角下
新一轮退耕还林的
政策影响研究

黄杰龙 ◎ 著

中国财经出版传媒集团
经济科学出版社
Economic Science Press
·北 京·

图书在版编目（CIP）数据

农户生产视角下新一轮退耕还林的政策影响研究／
黄杰龙著 . -- 北京 ：经济科学出版社，2025.3.
ISBN 978 - 7 - 5218 - 6811 - 1

Ⅰ. F326.277.3

中国国家版本馆 CIP 数据核字第 2025QQ2509 号

责任编辑：周国强
责任校对：杨　海
责任印制：张佳裕

农户生产视角下新一轮退耕还林的政策影响研究
NONGHU SHENGCHAN SHIJIAO XIA XINYILUN TUIGENG
HUANLIN DE ZHENGCE YINGXIANG YANJIU
黄杰龙　著
经济科学出版社出版、发行　新华书店经销
社址：北京市海淀区阜成路甲 28 号　邮编：100142
总编部电话：010 - 88191217　发行部电话：010 - 88191522
网址：www. esp. com. cn
电子邮箱：esp@ esp. com. cn
天猫网店：经济科学出版社旗舰店
网址：http://jjkxcbs. tmall. com
固安华明印业有限公司印装
710 ×1000　16 开　15.5 印张　230000 字
2025 年 3 月第 1 版　2025 年 3 月第 1 次印刷
ISBN 978 - 7 - 5218 - 6811 - 1　定价：98.00 元
（图书出现印装问题，本社负责调换。电话：010 - 88191545）
（版权所有　侵权必究　打击盗版　举报热线：010 - 88191661
QQ：2242791300　营销中心电话：010 - 88191537
电子邮箱：dbts@ esp. com. cn）

前　言

党的二十大报告指出："我们经过接续奋斗，实现了小康这个中华民族的千年梦想，我国发展站在了更高历史起点上。我们坚持精准扶贫、尽锐出战，打赢了人类历史上规模最大的脱贫攻坚战，全国八百三十二个贫困县全部摘帽，近一亿农村贫困人口实现脱贫，九百六十多万贫困人口实现易地搬迁，历史性地解决了绝对贫困问题，为全球减贫事业作出了重大贡献。"

实施新一轮退耕还林是党中央、国务院着眼经济社会可持续发展全局和推进生态文明建设作出的重大决策，同时也是新时期中国巩固脱贫工作中重要政策组成部分，在助推低收入地区农民巩固拓展脱贫攻坚成果、加快全面建成小康社会具有重要意义。由于两轮退耕还林所面临的时代环境发生了巨大变化，新一轮退耕还林在退耕补贴标准制定、退耕树种选择、补贴期限限制和林地多样化利用等方面进行了许多新的政策尝试。这些新的政策安排与尝试在促进生态环境保护、促进农户种植结构调整、提高退耕地区农地利用效率和促进低收入地区农户增收方面被赋予极大期待。首轮退耕还林的建设经验表明，退耕后农户的生产行为及其结果能否符合预期变化将直接影响退耕还林政策目标实现与后期成果巩固。因此，有必要从农户生产的角度对新一轮退耕还林的政策安排所产生的作用和影响进行分析和评估，为新一轮退耕还林在实践中的推广和后期成果巩固相关政策措施的出台提供有效参考。

本书以参与新一轮退耕还林的农户为研究对象，基于贵州省主要退耕地区的实际调研数据，从农户生产的角度实证研究新一轮退耕还林政策安排对退耕农户农地利用、经济林管护、长效生产行为和巩固脱贫增收的影响。本书首先基于农户生产理论，利用生产函数模型和计量经济模型分别分析参与新一轮退耕还林对农户农地利用的影响和新一轮退耕还林补贴对农户经济林管护行为和效果的影响；其次进一步从政策安排的合理性和有效性角度，分别基于范围经济理论和补贴约束有效性理论研究了"放松套种约束"和"加紧补贴期限约束"对退耕农户长效生产行为及意愿的影响作用和差异；最后采用嵌入性案例研究法从农户生产的核心目标巩固脱贫增收的角度对新一轮退耕还林的政策效果进行分析与总结，以期为后续成果巩固相关措施的提出提供理论与实践方面的参考。本书研究发现：

（1）新一轮退耕还林政策实施后，农户的农地平均产出水平得到显著提高。参与退耕后，农户的农地产出平均增加8.7%。农户农地平均产出增加的源泉主要来自农户生产要素的组合配置变化和生产要素的弹性变化。具体地，新一轮退耕还林政策实施后，退耕农户的农地资本投入平均增加了11.2%，劳动投入平均增加了6.2%，农地面积平均减少了51.5%，农户土地的生产弹性提高了0.011，资本弹性增加了0.028。

（2）退耕补贴有助于激励农户对经济林进行有效管护并提高经济林的成

活率，但是退耕补贴对不同收入状态、不同退耕规模和不同退耕树种种植户的经济林管护投入和管护效果具有明显差异。具体来看，退耕补贴对农户经济林劳动投入的边际效应为 0.093，对经济林资本投入的边际效应为 0.317，对经济林管护效果的边际效应为 0.048。其他影响农户经济林管护投入和管护效果的因素还有农户家庭劳动力数量、家庭抚养比、林地交通便利性、林地破碎化水平、经济林生产经验、培训情况以及套种行为等因素。

（3）"放松套种政策约束"具有一定的合理性，它有助于农户在退耕林地上实现生产过程的成本节约（范围经济）和生产结果的利润增收（范围利润），但是农户套种带来的积极效益正在随着经济林的逐渐成长而减缩。放松套种约束的政策有效性的可持续发挥需要进行相应的政策调整，一方面，是放开高秆作物套种约束，另一方面，是对农户的套种强度要有相应的限制。因为从农户长效生产的角度来看，农户的套种强度不仅与范围经济和范围利润之间存在倒 U 形的关系，与农户经济林管护的成果率也存在相似的关系。此外，不同套种模式下该政策的有效性也呈现不同的结果。

（4）"加紧补贴期限约束"具有一定的合理性，但是其政策有效性存在一定的挑战，农户的长效生产行为意向不甚积极。首先，退耕补贴对农户生产激励的有效性存在先增后减的现象，因此需要对补贴期限进行一定的约束，防止过度补贴，从而出现补贴激励失效。其次，有超过 50% 的退耕农户认为当前的补贴期限过短，并且只有不到一半的农户表示愿意在补贴到期后继续从事经济林的营林生产，还有 50% 左右的农户表示在补贴到期后可能会将林地抛荒、流转或者复耕。农户的长效生产行为意向会受到政策期望的制约，并且这种影响会透过农户的退耕规模、退耕树种和收入状态发挥作用。

（5）新一轮退耕还林作为一项土地利用调整政策，在促进低收入山区巩固拓展脱贫攻坚成果和农户增收方面具有较大潜力。在山区发展面临多重困局的局面下，退耕还经济林以退耕补贴形式可以直接提高农户的转移性收入，种植经济林的生产选择促进农户改变低效的生产习惯，提高了退耕地的生产效率。以退耕种植经济林促进农户增收的方式在部分地区的实践中取得了积极成效，且基本可以实现巩固脱贫资源的瞄准与传递，但是退耕还经济林的巩固脱贫增收可持续性存在较大的地区差异和项目差异。保障新一轮退耕还林政策的长效发挥不能忽视经济林经营管理的复杂性、市场发展的不确定性和地方政府的管理能力挑战。

目　录

第1章

绪　　论

1.1　研究背景、问题提出与研究意义

实施新一轮退耕还林是党中央、国务院从中华民族生存和发展的战略高度，着眼经济社会可持续发展全局作出的重大决策，是贯彻落实科学发展观、推进生态文明建设的战略举措，同时也是新时期中国扶贫脱贫工作中重要政策组成部分，在助推低收入地区农民脱贫致富、加快全面建成小康社会建设方面具有重要意义。2014年国家发展改革委发布《关于印发新一轮退耕还林还草总体方案的通知》，标志着新一轮退耕还林还草工程的正式启动。新一轮退耕还林从2014年开始实

施，计划到 2020 年将全国具备条件的坡耕地和严重沙化耕地约 4240 万亩退耕还林还草（由于本书研究对象只涉及新一轮退耕还林及其相关内容，因此下文简称"新一轮退耕还林"）。由于两轮退耕还林所面临的社会背景存在巨大差异，在吸取首轮退耕还林的建设经验和教训的基础上，新一轮退耕还林在增强农户退耕积极性、提高退耕林地管护效率和保持退耕可持续性方面进行许多新的政策尝试，并放松了退耕的政策约束，主要表现为：一是赋予退耕农户自由的退耕和退耕地选择权，参不参与退耕，选择退耕哪块地由农户决定，任何单位和个人不得干涉；二是赋予农户退耕树种选择自由权，不再对生态林和经济林的种植比例进行限制，鼓励农户种植经济林；三是允许退耕农户在退耕地进行低矮作物套种，这在首轮退耕还林中是严格禁止的；四是要求新一轮退耕还林优先向低收入地区的低收入农户倾斜。

这些新的政策安排与尝试在促进生态保护、促进农户种植结构调整、提高退耕地区农地利用效率和促进低收入地区农户增收方面被赋予重要期待。但是与首轮退耕还林相比，新一轮退耕还林的地块退耕标准更严苛、补贴金额更少和补贴时长更短。这使得在实际退耕过程中，部分农户的退耕意愿并不强烈，部分地区的退耕任务进展缓慢，农户对退耕地的后续管护积极性不高（谢晨等，2015；谢涛等，2018）。此外，由于新一轮退耕还林有针对性地向低收入地区和低收入农户实施，因此新一轮退耕还林的政策实施过程中还兼具巩固拓展脱贫攻坚成果任务，如何利用新一轮退耕还林促进低收入地区发展和低收入农户增收成为该政策所面临的新任务和挑战。

首轮的退耕还林的建设经验表明，退耕后农户的生产行为及其结果变化能否符合政策预期将直接影响退耕还林政策目标实现与后期成果巩固。新一轮退耕还林实施以后，农户的生产行为和生产内容发生巨大变化，农户不仅面临可耕作农地面积减少的现实，还在政策的推动下开始从事经济林的管护与生产工作。从生产的目标来看，退耕后农户在农业生产方面面临着如何对非退耕农地进行合理利用与调整的问题，在林业生产方面农户面临着如何利用经营经济林获得收益的问题。但是在新一轮退耕还林的诸多政策安排下，"农＋林"的生产内容变化将使得退耕农户的生产行为和生产结果充满各种不确定性，而这些不确定性使得我们无法从首轮退耕还林的农户生产行为变化中得到有效借鉴，这将使得新一轮退耕还林的政策目标也充满不确定性。新一轮退耕还林自 2014 年实施以来，在新的社会发展环境、新的政策安排和新的现实问题下，新一轮退耕还林的政策影响到底如何还有待验证。从退耕后农户生产的主要内容和目标来看，参与新一轮退耕还林是否有助于农户摒弃过去对坡耕地广种薄收的种植习惯，是否有助于改善非退耕农地的利用水平，提高农地的利用效率？新一轮退耕还林的政策安排是否有助于农户建立稳固的经济林生产机制，现行的退耕补贴是否有助于调动农户经济林的管护积极性？此外，新一轮退耕还林所放松和加紧的政策安排是否有助于巩固新一轮退耕还林的成果与目标？最重要的是，广大低收入山区的退耕农户是否能够通过参与新一轮退耕还林实现脱贫增收？对这些问题的回答不仅关乎退耕还林生态改善目标的实现，更关系广大低收入山区退耕农户生产增收、农林业生产结构调整和农村的可持续发展。

　　显然，对上述这些问题的回答都离不开对退耕农户生产行为及其内容变化的分析。因此，本书从农户生产的角度，集中讨论参与新一轮退耕还林后以及在新的退耕政策安排下，农户的农林生产结果及其变化是否能够达到政策预期目标。通过对政策实施效果的研究，找出与理论预期的差距以及在实践中面临的问题和困难，可以发现新一轮退耕还林政策安排的不足与需要改进的地方，有助于为后续配套和巩固措施的实施提供实践层面的经验和借鉴，使得相关政策建议更具操作性和科学性，对制定完善退耕还林成果巩固政策，实现国家退耕还林政策目标具有重要的实践意义。同时，对上述问题的回答也有助于理清影响新一轮退耕还林政策目标实现的其他因素，可以找出相关政策安排下农户行为的规律与特点，为实践中如何更高效的推广新一轮退耕还林和改善退耕成果提供理论依据。

1.2 研究目标与研究内容

如前所述，新一轮退耕还林与首轮退耕还林在政策内容上存在巨大差异，且两轮退耕还林实施的政策背景也已发生了翻天覆地的变化。那么新一轮退耕还林是否能够达成其政策目标已难以从首轮退耕还林中得到借鉴。新一轮退耕还林既想实现以退耕促进生态保护，还想以种植经济林的方式促进成果巩固长效发挥，其中最重要的是如何调动农户的生产行为调整，并得到农户的生产行为配合。据此，本文的核心目标在于评估退耕农户的生产行为及其结果是否能够与新一轮退耕还林的政策安排与目标相吻合，即揭示新一轮退耕还林的政策安排对退耕农户农地利用水平、经济林生产机制建立和低收入地区农户脱贫增收影响与效果。通过研究并解释新一轮退耕还林相关政策安排的影响与作用机制，科学研判新一轮退耕还林在农户生产领域的政策影响，为后续保障退耕还林成果巩固的相关配套政策的制定和具体措施的落实提供科学决策依据。

具体地，研究目标包括：

（1）从政策总体安排的角度判断新一轮退耕还林政策是否有助于改善退耕农户非退耕农地利用水平，并采用实证的方式对其影响机理进行解析。

（2）研究退耕农户经济林生产机制建立的主要影响因素有哪些？重点分析新一轮退耕还林的核心措施安排是否有助于激励农户对经济林进行有效管护。

（3）在核心政策安排的研究基础上，进一步分析新一轮退耕还林的配套政策措施是否能够有助于农户长效生产行为的建立和后期成果的巩固。

（4）从退耕农户生产的结果和参与退耕的根本目标上研究参与新一轮退耕还林是否有助于低收入地区农户脱贫增收，从而为后期成果巩固机制的建立提供参考。

基于上述问题提出和研究目标，本书主要包括以下几个方面的研究内容：

内容一：建立影响退耕农户农地利用的理论模型，利用实证的方式判断参与新一轮退耕还林是否有助于改善退耕农户对非退耕农地的利用水平。

内容二：分析影响退耕农户经济林生产机制建立的主要因素，重点分析新一轮退耕补贴是否有助于提高农户经济林的管护行为和管护效果。

内容三：构建不同退耕的政策约束下（允许套种与补贴期缩短）农户的长效生产行为的理论判别机制，利用农户调查数据，从政策安排的合理性和有效性两个角度分别对不同政策约束下政策安排的作用进行判别。

内容四：从农户生产的结果出发，分析在新一轮退耕还林的政策安排下，退耕农户能否通过参与退耕和种植经济林实现脱贫增收。

由于现实中农户存在个体异质性，不同退耕规模和收入状态等方面存在的差异，可能使得新一轮退耕还林对不同农户群体生产行为和结果的影响效果和作用存在较大差异。因此在实际研究过程中，本书在利用整体样本数据的基础上，还将对农户依据退耕规模和收入状态进行细分，深入探讨新一轮退耕还林对不同退耕农户生产行为和结果影响水平。

1.3 研 究 方 法

本书以农户行为经济学为理论指导，借助政策评估的主要研究思路，研究农户生产视角下新一轮退耕还林的政策影响。具体研究方法有：

第一，描述性统计与归纳分析。对调研地和调研样本的基本情况进行描述性统计和归纳分析，阐述研究区域和研究对象的基本情况；对农户的生产要素配置与变化进行描述性统计与分析，为相关内容分析提供依据和基础。

第二，理论分析与实证研究法。本书在第 5~7 章的部分章节采用实证研究法。第 5 章以农户行为经济学为理论基础，构建新一轮退耕还林政策安排与农户农地利用水平的理论模型，并采用生产函数法和面板回归法实证了参与退耕对退耕农户非退耕农地利用的影响水平。第 6 章通过建立退耕补贴与农户经济林管护行为和效果的理论模型，采用二阶段模型法、受限变量回归法对二者关系进行验证。第 7 章通过构建"放松套种约束"和"加紧补贴期限约束"对农户长效生产影响的理论模型，并分别采用似不相关回归（SUR）、面板 Tobit 回归、Logistic 回归法等进行实证。

第三，定量分析与比较分析法。第 7 章首先基于范围经济的内容框架，采用 Box-Cox 转换法和超越对数生产函数法对农户套种的范围经济和范围利润水平进行测量分析。其次，在农户补贴到期后的政策期望分析环节中，采用独立样本 T 检验和 ANOVA 法对异质性农户的政策期望展开定量分析与差异性比较。

第四，规范分析与案例研究法。第 8 章首先对参与新一轮退耕还林与农户脱贫增收的有效性关系进行理论分析，然后采用嵌入性案例研究法，利用6 个典型案例地区的情景分析与案例归纳对理论关系从实践的维度进行验证。

1.4 研究范围与数据来源

1.4.1 研究范围

根据研究内容和研究目标，本书选择贵州省进行农户调查。选择贵州省的主要依据有三点。一是贵州省新一轮退耕还林的总面积全国最多，选择贵州省具有代表性。2014～2018 年，贵州省累计争取国家安排退耕还林任务 1067 万亩、中央补助资金 164 亿元，分别占全国总任务的 19.5%和中央补助资金的 29%，是全国实施退耕还林数量、获得补助资金最多的省份①。二是贵州省 2014 年首批次退耕面积也是全国最多，2014 年计划退耕面积 150 万亩，约占 2014 年全国退耕面积的 1/3。2014 年参与退耕的地区在 2018 年年底基本完成三轮验收且补贴到期，在时间节点上符合本书的研究需求。三是新一轮退耕还林实施以来，新一轮退耕还林工程已覆盖贵州省 84 个县（市、区），226 万退耕还林农户 830 万人，其中建档立卡贫困农户 47 万户 170 多万人。② 这为本书在研究参与新一轮退耕还林与低收入地区农户脱贫增收的研究提供重要的"政策试验田"。综上所述，以贵州省作为案例调查省份具有典型性和代表性。

1.4.2　数据来源

本书采用的数据包括农户调查的原始数据和统计年鉴、年度公报、行业报告等相关的二手资料。农户的家庭基本情况、农户生产及收入、农户补贴、农户其他相关情况的数据都来自 2018 年 9 ~ 11 月在贵州省开展的农户问卷调查，发放问卷 650 余份，其中有效问卷 623 份。相关的二手资料主要为贵州省及样本所在市县的统计年鉴、年度公报以及与之相关的文献和数据网站，主要涉及样本地区的社会经济基本情况、农林牧业发展情况、参与退耕还林的相关情况等背景资料。

1.5　结构安排与技术路线

本书共分九章。

---

① 王淑宜. 国家下达贵州贫困地区退耕还林任务 328 万亩规模居全国首位 [EB/OL]. https：//jyt. guizhou. gov. cn/xwzx/jrtt/201910/t20191028_16701612. html，2019 – 10 – 28.

② 国家下达贵州贫困地区退耕还林任务 [EB/OL]. https：//www. thepaper. cn/newsDetail_forward_4796105，2019 – 10 – 28.

第 1~2 章主要进行绪论、理论基础和文献评述。重点包括本书的研究背景、研究问题、研究内容以及所依托的核心理论，并阐述当前相关的研究进展，重点回顾两轮退耕还林与农户生产相关的研究成果。

第 3 章是分析框架与数据说明。重点介绍本书的分析框架及其构建过程，并对本书主要内容之间的逻辑联系以及各变量之间的影响关系从理论上进行推演，为后续相关实证分析提供理论依据。

第 4 章为研究区域和样本农户的概况介绍，分别从"省 - 市 - 农"三个层面对调研地和农户进行描述性统计与归纳分析，为后续研究内容提供研究背景和现实基础。

第 5 章分析参与新一轮退耕还林对退耕农户农业生产的影响，重点分析参与新一轮退耕还林对农户非退耕农地利用水平的影响及其作用机制，并采用农户主要粮食作物——玉米的生产结果进行稳健性检验。

第 6 章分析新一轮退耕还林对农户林业生产的影响作用，重点分析新一轮退耕补贴是否有助于促进农户对经济林进行有效管护（管护投入与管护效果），从而为促进农户建立稳固的经济林生产机制提供参考建议。

第 7 章分析新一轮退耕还林对农户长效生产行为的影响作用，重点从政策安排的合理性和有效性入手，分别判断"放松套种约束"和"加紧补贴期限约束"是否有助于农户长效生产行为的建立和退耕还林成果巩固。

第 8 章分析新一轮退耕还林对农户生产结果的影响，重点从农户生产的根本目的——收入的角度分析，利用嵌入性案例研究法分析参与新一轮退耕还林对低收入地区农户脱贫增收的有效性。

第 9 章对全书的主要研究结论进行总结，并基于研究发现提出后续发展的相关建议与意见。

本书形成的技术路线如图 1 - 1 所示。

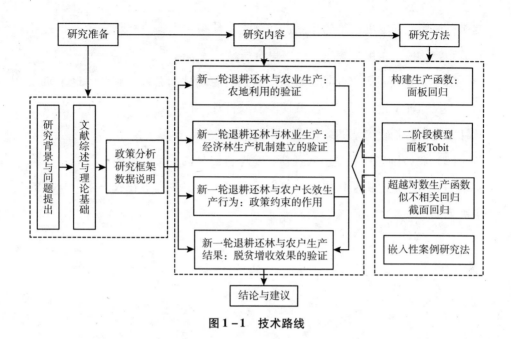

图 1 - 1　技术路线

1.6　主 要 创 新

虽然针对退耕还林对农户生产及其结果影响的相关研究已经取得丰硕的研究成果，但这些研究都基于首轮退耕还林的政策安排，缺乏从种植经济林的角度分析新一轮退耕还林的政策安排可能对农户相关生产活动和生产结果产生的影响。此外，两轮退耕还林的政策内容存在巨大差异，不能简单利用首轮退耕还林的研究成果来衡量或者预估新一轮退耕还林的成效。因此，对新一轮退耕还林政策影响的评估需要立足和结合新的政策背景、政策内容和政策目标。本书正是基于上述考虑从农户生产的角度对新一轮退耕还林的政策影响进行了理论与实证分析，可能的创新在于：

（1）建立以退耕政策安排与目标为主线的退耕农户生产行为研究框架，使得在进行新一轮退耕还林政策影响评估时，研究不局限于政策的核心内容安排，还对配套辅助政策的作用进行评估，使得本书在进行新一轮退耕还林政策影响评估时角度更聚焦，内容更全面。

（2）对退耕补贴五年期的政策安排进行合理性和有效性验证，这个研究内容不仅弥补了过往研究对政策期限有效性评估的不足，也为新一轮退耕还林补贴到期后是否应该继续延长补贴期限提供重要参考。

（3）将范围经济理论引入到新一轮退耕还林的政策影响研究过程中，既实现了对新一轮退耕还林政策影响的研究也丰富了该内容在农户生产领域的应用范围。

| 第 2 章 |

理论基础与文献综述

2.1 农户生产行为：理论
基础与内容范畴

2.1.1 农户生产的理论基础

2.1.1.1 农户生产的理论模型

目前学界普遍认为苏联经济学家卡亚诺夫在20 世纪 20 年代建立的农户模型是农户行为模型化的最早应用。经过几十年的应用、推广和完善，该模型在 20 世纪 90 年代逐渐演变为两种模型，一个是假设农户家庭成员具有共同效用的单一模型，另一个是认为家庭成员拥有不同效用的集体模型（李光兵，1992）。单一模型的主要代表人物是贝克尔，他认为农户家庭是一个集生产、消费和劳动供给为一体的生产组织，农户家庭成员的生产活动和行为共同受时间、收入和生产函数的约束，家庭效用最大化是其根本目标。在单一模型的理论框架下，农户的生产和消费决策是可分开的，最优化的生产决策给定后，农户再进行最优化的消费决策，中岛（Nakajima，1986）是该模型的重要支持者，在很大程度上促进了该模型的应用范围（陈和午，2004）。其他对单一模型有较大完善的还有巴纳姆和斯奎尔（Barnum and Squire，1979）、斯英等（Sing et al，1986）和泰勒（Taylor，1987）等人（张林秀，1996），这些学者在卡亚诺夫提出的模型基础上，不断完善了包含劳动力市场假定并将农户模型的应用范围拓展到农户的生产弹性变化、利润效应和劳动力供给等领域，进一步促进了单一农户模型的发展（陈和午，2004）。

集体模式认为农户家庭成员拥有不同的效用函数，每个成员都在市场工资率给定的前提下进行个人的劳动和消费活动并借此实现个人的帕累托最优（李光兵，1992）。但集体模型起先并没有将农户家庭生产的作用纳入模型，使得模型对农户家庭福利的分析存在一定的曲解。拉维和劳伦斯（Ravi and Lawrence，1994）在农户集体模型的基础上引入了非合作博弈理论的内容来进一步解释农户家庭内部的决策行为，进一步提高了集体模型的解释力（郭剑雄和李志俊，2010）。但由于不同家庭成员的效用函数所涉及的影响因素差异巨大，因此尽管集体模型的假设更贴近现实，却很难进行相关实证。因此，单一模型目前仍是学界应用最多的农户生产行为的理论分析框架，并且在实证中的应用也最为广泛。

2.1.1.2 农户生产的理论学派及其观点

农户生产的理论学派最早兴起于国外学者的思想碰撞，并在 21 世纪初开始逐渐被我国学者引用和借鉴。目前对农户行为研究影响较大的基本可分为理性小农学派、生产小农学派和拐杖小农学派等三大流派。主要代表人物和观点如下：

（1）理性小农学派。顾名思义，理性小农学派认为农户和企业都是理性的，都以生产的利润最大化为目标，主要代表人物为舒尔茨和波普金。舒尔茨（Schultz，1964）认为传统农业社会里的农户经过历代的生产经验积累，能够对农业市场的价格波动做出迅速且准确的反应，大部分都能实现自身生产要素的最优配置，正常市场环境下无效的配置行为基本不会出现；波普金（Popkin，1979）则将农户完全与精明的资本家等同，认为理性小农的生产行为具有非常明确的目标性和原则性，无论是生产市场领域还是政策活动领域，理性小农户都可被视为企业家的等同体（张林秀，1996）。

（2）生产小农学派，又称道义小农学派。该学派的主要代表人物为恰亚诺夫、斯科特和波拉尼。恰亚诺夫①在《农民经济组织》一书中提出农户以"生存"为核心，他认为农户的经济行为跟资本主义下企业等经济主体没有任何关联，后者建立在理性经济人假设的行为经济学观点不适用于农户行为经济学。农户的经济活动并非追求成本与利润之间的最优化问题，而是在追求自身劳动投入与生存消费需求之间的平衡，农户的投入和产出不可分割看待，即农户是生存小农。波拉尼（Polanyi）是生存小农的重要支持者，他认为用资本主义的经济学观点来丈量农户的行为是错误的。美籍经济学家斯科特②进一步拓展了生存小农的内涵，并通过案例考察提出了"生命理性"这一命题，他认为农户的经济行为的主导动机不是利润最大化，而是"规避风险动机"，即农户的经济行为追求的是安全第一原则下的效益增值，而不是冒险式的利润第一。

（3）拐杖小农学派，又称历史学派。该学派的主要代表人物为黄宗智。

---

① 恰亚诺夫. 农民经济组织［M］. 北京：中央编译出版社，1996.
② 詹姆斯·C. 斯科特. 农民的道义经济学［M］. 程立显，等译. 南京：译林出版社，1996.

"拐杖小农"的提法最早出现在黄宗智①的《华北的小农经济与社会变迁》一书中，该研究的观点主要来自对中国华北地区 33 个农村农户农业经济活动的实际调查。通过深入的农村调查结合严谨的经验观察和理论分析，该研究发现中国的小农经济不会像欧美国家一样出现"无产－雇佣"的阶层分裂，中国的农民即使再怎么贫穷也不会完全放弃对土地的割舍从而成为"无产阶级"。传统的中国农村社会下农户家庭即使在农业生产边际报酬很低的情况下仍然会对农地进行一定的生产投入。因为受限于家庭耕地规模，农户家庭存在劳动力过剩的现象，剩余劳动力如果无法通过雇佣劳动得到释放，只能将劳动密集地投入到农业生产过程中。部分农户家庭劳动力存在剩余的情形后，会开始寻求外出活动来创造"非农收入"，以此作为维持农户家庭开支的"拐杖"，需要明确的是，非农收入是农户家庭的补充而不是替代。

2.1.2 农户生产的内容范畴

2.1.2.1 "农户"的定义与解释

研究"农户生产"的前提是对"农户"这一名词有基本的认识，事实上清楚地对农户一词进行概念界定并不容易（秦晖，1999）。目前学界对农户的定义仍存在不同的认识，农户个体的定义方式和农户家庭的定义方式都有不同的支持者，但不管是个体还是家庭的定义方式都不妨将农户视为一个经济组织，尽管这个组织可能只有一个人。从这个角度出发，欧美等地区的家庭农场则跟我国的个体农户没有本质区别，都可视为农户经济组织（尤小文，1999）。

韩耀（1995）较早对农户进行概念界定并被认为是比较符合我国农户的

---

① 黄宗智. 华北的小农经济与社会变迁［M］. 北京：中华书局，1986.

实际，该研究认为农户是指以血缘和婚姻关系为基础形成的农村基层社会单位和独立的生产消费单位。在这个概念下，"农户"具有三个特点：一是农户是一个家庭组织，不是农民个体；二是农户既是一个生活组织也是一个生产组织；三是农户家庭成员存在共同的利益目标，并且家庭成员的生产活动都是为了共同实现该目标。张新光（2011）进一步对农户的定义进行解释。该研究认为我国的农户可以根据不同的划分依据进行划分。例如，按照区位划分，可划分为农村住户，从而与城镇住户相对应，按照职业划分，可分为职业农民，从而与工业户相对应。不管在中国还是国外，以"户"为单位进行农户行为研究往往更具优势更能体现农户家庭实际情况。

2.1.2.2 "农户生产"的一般化特点

农户的生产经营活动既有一般厂商的行为特点，也具有农户自身的种种特征。农户以家庭为组织单位这与一般厂商的组织行为性质相近（Donald and Frank，2009），但由于农业本身自然属性的特征，使得农户还具有一般厂商所不具有的一些特点，具体表现为：

首先，农户生产具有"自给性"和"商品性"并存特点。农户生产的产品首先用于农户家庭的生存和发展消费，满足这一前提后，农户才将剩余产品流入市场进行商品交换和贸易以换取其他生存和发展资源。而一般厂商只具有"商品性"特点，无"自给性"特征（钟甫宁，2003）。其次，农户生产同时具有"经济目标"和"非经济目标"。利润最大化只是农户生产的基本经济目标，而非全部目标。在中国，传统农户家庭的生产往往还有保障家庭稳定繁荣、捍卫家庭荣誉与地位等目标。在某一特殊时间节点，非经济目标往往比经济目标更受农户重视（陈汉圣和武志刚，1996）。最后，农户生产是"理性"与"非理性"并存的。"理性"只是农户在正常的农业生产活动中表现出来的行为特征，例如，根据市场上农产品的价格波动情况来调整家庭的农业生产活动，并且追求成本收益最大化。但农户家庭往往也存在非理性行为，例如，在不少低收入地区和土壤贫瘠地区，农业活动并非理性农户的最优选择，但农户仍会每年投入大量的劳力和财力进行农业活动，而这些行为可能仅仅只是因为农户"割舍"不开农作劳动的习惯（朱淀等，2014；李桃，2014；晋洪涛，2015；时鹏，2023）。

2.1.2.3　农户生产的模型与内容

从目前的研究成果来看，并无研究对农户生产进行过严格的定义。农户生产可以指农户的生产活动，也可以指农户的生产过程和生产选择。农户的生产方式选择、生产要素投入、生产收入等都是农户生产的内容。不管是理性小农学派、生存小农学派和拐杖小农学派，都将农户生产作为模型构建的基础框架，并以此延伸到农户经营、销售等相关环节。但是"农户"作为基础生产单元的基本特征表明了，研究农户生产不能完全将农户的经营和销售相脱离。

农户模型正是为了对以农户生产为主的农户经营行为进行系统分析的产物。农户模型是用来描述农户内部各种关系的与一般经济理论原理相一致的一种经济模型，从传统意义上说，农户模型是用来分析农户的生产、消费和劳动力供给决策的行为模型（李强等，2006）。目前，生产函数模型被广泛应用到农户生产行为研究过程中，在给定了农户家庭的劳动、土地和资本要素的投入和产出后，农户家庭的生产函数关系可表示为（吴连翠和陆文聪，2011）：

$$Q_i = F_i(D_i,\ L_i,\ K_i) \qquad\qquad (2-1)$$

式（2-1）中，D_i、L_i 和 K_i 分别表示农户在生产活动中所投入的土地、劳动和物质资本。假定农户的生产函数满足"规模收益不变"的假设，则：

$$Q_i = D_i\frac{\partial F_i}{\partial D_i} + L_i\frac{\partial F_i}{\partial L_i} + K_i\frac{\partial F_i}{\partial K_i} \qquad\qquad (2-2)$$

且农户家庭的生产要素应满足如下约束：

$$D = \sum_i D_i, \quad L = \sum_i L_i, \quad K = \sum_i K_i \tag{2-3}$$

式（2-2）中，D、L 和 K 分别为农户家庭拥有的土地、劳动力和资本的总数。满足上述假设和约束后，农户家庭从事第 i 行业的家庭纯收入则为：

$$I_i = P_i Q_i - P_i^r Di - P_i^w Li - P_i^k Ki \tag{2-4}$$

式（2-4）中，I_i 为农户在第 i 行业获得的纯收入；P_i 为第 i 行业的相关产品的价格；$P_i Q_i$ 为第 i 行业的总收入；P_i^r、P_i^w 和 P_i^k 分别为单位劳动、土地和资本成本。

假设农户的生产行为是为了追求收益最大化，则可得到：

$$\max_{D_i, L_i, K_i} \sum_i (P_i Q_i - P_i^r D_i P_i^w L_i - P_i^k K_i) \tag{2-5}$$

$$\text{s. t.} \quad D = \sum_i D_i; \quad L = \sum_i L_i; \quad K = \sum_i K_i \tag{2-6}$$

对式（2-6）进行拉格朗日转换可得：

$$\max_{D_i, L_i, K_i} L = \sum_i (P_i Q_i - P_i^r D_i P_i^w L_i - P_i^k K_i) + \lambda(D - \sum_i D_i)$$

$$+ \eta(L - \sum_i L_i) + \delta(K - \sum_i K_i) \tag{2-7}$$

式（2-7）中 λ、η 和 δ 分别为农户生产活动的土地、劳动和资本的拉格朗日乘数。在满足了上述诸多约束下，农户家庭收益最大化的最优生产要素投入为：

$$\frac{\partial L}{\partial D_i} = \frac{\partial I_i}{\partial D_i} - \lambda = P_i \frac{\partial Q_i}{\partial D_i} - P_i^r - \lambda = 0 \tag{2-8}$$

$$\frac{\partial L}{\partial L_i} = \frac{\partial I_i}{\partial L_i} - \eta = P_i \frac{\partial Q_i}{\partial L_i} - P_i^w - \eta = 0 \tag{2-9}$$

$$\frac{\partial L}{\partial K_i} = \frac{\partial I_i}{\partial K_i} - \delta = P_i \frac{\partial Q_i}{\partial K_i} - P_i^k - \delta = 0 \tag{2-10}$$

通过对式（2-8）、式（2-9）和式（2-10）进行微分可得农户生产要素的最优投入量。上述模型还基于一个前提假设，即认为农户对生产要素的配置和使用具有独立自主权，生产要素在某个行业的投入和退出不会受到限制。目前，上述农户模型已经被广泛应用到各种市场变动、政策调整和经济发展环境下农户的行为分析中。

目前国内学者利用农户模型对农户生产进行了诸多富有价值的研究，并不断延伸了农户生产的内容边界，包括农户市场交易行为（刘帅和钟甫宁，2011；孙琳琳等，2020）、农户非农收入影响因素（张丽丽等，2013）、农户安全生产行为（彭军等，2015；赵佳佳等2017；王洪丽等，2018）、农民低碳生产行为（王珊珊和张广胜，2016）、农户清洁生产行为（周力和薛荦绮，2014）、农民标准化生产行为（耿宁和李秉龙，2013；王力和毛慧，2014）、农户绿色消费行为等（汪雨雨等，2019）。

2.1.3　农户生产的影响因素

韩耀（1995）是国内较早对农户生产行为进行总结的学者，该研究认为所有影响农户生产的因素基本可以归纳为"经济因素"和"非经济因素"两类。经济因素主要包括：农产品价格、农业税费、农业生产成本（农业生产成本除了活劳动外，更主要取决于所投入的农业生产资料的价格）、机会成本（一般指的是非农就业收入）、经营方式；非经济因素主要包括：政治舆论和政治环境、文化及传统、户籍制度、农化家庭特征等。时至今日，农户生产所面临的影响因素发生了巨大的变化，但从总体而言，仍然离不开经济因素和非经济因素两大类。就目前学者最为关注和影响农户生产最为突出的因素主要为生产要素变动与农户生产和农业补贴与农户生产。

2.1.3.1　生产要素变动与农户生产

生产要素变动与农户生产变化具有双向影响作用，在不同的情境下，双方的影响机理差异巨大。农地特征、劳动力变迁、资本投入、农业技术选择等四大生产要素在影响农户生产方面的作用受到最多关注。第一，农地特征方面，农地流转、农地细碎化、农地质量、农户拥有的农地面积都会显著影响农户的生产方式和生产效率。土地投入对农户生产具有规模报酬递增的作用，并且土地要素的产出作用要明显高于劳动投入，对低产区农户而言，增加种植面积是提高农业产量的主要途径（刘天军和蔡起华，2013；刘成武和黄利民，2015；Li et al，2017；孙顶强等，2024）。农地流转对农户生产的影响是多方面的，一方面土地流转有助于提高流入方的生产效率，另一方面土地流转有助于流出方改善生产方式，实现精细化运作（陈海磊等，2014）。鼓励土地流转也是为了努力减少农地细碎化带来的效率损失，农地细碎化不仅不利于农业的规模化运作，也不利于提高农户的生产积极性（杨昭熙和杨钢桥，2017；Igor，2017）。第二，劳动力变迁也会显著影响农户的生产方式和生产效率，农户外出务工会促使农户要素投入结构和种植结构调整（钟甫宁等，2016），但是这种促进作用会显著受机械替代劳动力的难度和种植结构调整难度的限制。成年女性和男性劳动力的外出会增加农户退出农业的概率，并且会降低农业产出的增长水平，从长远看不利于农业安全（陈瑜琦等，2010；盖庆恩等，2014；许彩华等，2023）。进一步的研究还发现，农户劳动力的转移对不同农作物的生产效率的变动影响作用不同，本地转移有利于水稻生产效率的提升，但对棉花生产效率无显著影响（杨志海等，2016）。此外，务农劳动力年龄越高，农户耕地利用效率越低，健康状况越差，耕地利用效率越低，但是担心农业劳动力老龄化带来农业危机的必要性不大，而关注农业比较效益低下对农业的威胁更有现实意义（林本喜和邓衡山，2012；杜建国等，2023）。第三，资本投入也是我国农业生产不断增长的重要动力，资本的集聚促进了地区的粮食生产技术投入程度，从而带来了技术进步以及更高的技术效率（王琛等，2015；张永强等，2017）。对个体农户而言，资本投入对耕地集约利用的积极作用显著，应当提高财政支农政策效率、拓宽农户融资渠道、激励农户生产投资，从而达到提高耕地集约利用的根本目的。第四，除了劳动、土地、资本等传统生产要素对农户农业生产具有显著影响作用外，生产技术也被认为是促进农户生产方式向集约化、精细化转变和提升生产效率的重要手段（常向阳和韩园园，2014；王静和霍学喜，2015；Edward，2017；陈中伟和杨林源，2024）。

2.1.3.2 农业补贴与农户生产

农业补贴政策的对农户生产的影响效果一直是学术界关注的热点问题。目前，国内外学者针对中国实施的多种农业补贴取得了丰硕的研究成果。总体来看，发达国家更多关注农业补贴对农产品市场扭曲、农户福利变化、农业生产效率变动的影响（Kim and Jeremy，2016；Chen et al，2017；Antonio and Ignacio，2009），并且注重划分生产补贴和脱钩补贴的不同作用（Felix et al，2010；Štefan and Laure，2013；Chen et al，2014；Monica and Vongai，2014）。国内对农业补贴的研究具有明显的阶段特征。早期的研究主要是对我国所实行的农业补贴政策进行规范性的介绍与解释（姜长云等，2004；方松海和王为农，2009），并分析当前补贴政策存在的问题和如何进行调整（翁贞林和王雅鹏，2007；钟钰等，2010）。大概在2008年以后，国内学者开始注重对补贴的政策影响进行实证，但是所得的观点差异较大。陈慧萍等（2010）认为农业补贴对提高农户的粮食种植积极性具有较好的促进作用，还有助于提高农户的收入和改善农业的种植结构。但是，也有学者认为农业补贴虽然增加了农户的福利水平（钟春平等，2013），但是对生产的产出促进作用并不明显（王姣和肖海峰，2006；张淑杰和孙天华，2012），对农户的资本和劳动的影响并不大（钟甫宁等，2008；杨青，2023）。不同的补贴方式所起到的作用也具有争议。部分学者认为我国实行的粮食直补和农资综合补贴对农户粮食产量促进作用不明显，但是农业生产专项补贴和粮食价格支持补贴有助于促进农户粮食产量的提高（刘克春，2010；陈池波等，2012；江喜林，2013；高鸣和魏佳朔，2022）。但也有学者认为粮食直补比专项补贴更有利于粮食增产，粮食直补有助于增加农户的投入水平进而提高产出水平

（韩喜平和蔺荔，2007；穆月英等，2009；许庆，2021）。这种截然不同的研究观点的出现可能跟研究者所选取的量化指标和研究区域有较大关系，农业补贴的真实作用到底如何不仅需要细致的调查，严谨的科研设计，更需要充分考虑非农收入、兼业状态和收入水平等诸多因素可能引起的影响（彭小辉，2014；靳欣婷，2022）。

2.2 退耕还林与农户农业生产

2.2.1 退耕还林与粮食安全

普遍意义上的粮食安全有三个基本内涵：一是保证粮食生产，确保粮食总量够食用；二是确保粮食市场供需平衡，并且具有突发事件（战争和重大自然灾害）的应对能力；三是保证低收入人口也有饭吃（程亨华和肖春阳，2002；马树庆和王琪，2010；Thea et al，2017）。目前，国内对粮食安全并没有一个统一的认识和量化标准，在不同的时期和状态下，粮食安全的概念可随之调整。现阶段，国内常用的衡量粮食安全的指标有人均粮食拥有量、粮食储备量、粮食贸易依赖度、粮食保障水平及粮食消费量等（卜伟等，2013；武舜臣等，2015；Huang et al，2017；Zhang et al，2018）。不同国家对粮食安全的不同认知以及不同国家粮食生产能力的差异导致了粮食安全的定义具有较大的分歧（涂涛涛等，2017；Magnar et al，2017；白军飞，2023）。

粮食安全是粮食问题的重要体现，它涉及粮食生产、消费、储备、贸易、收入及市场各个方面。鉴于粮食安全的重要性，退耕还林工程实施后，关于退耕还林是否会造成我国粮食安全隐患和影响农户口粮安全引起了广泛的讨论。

从目前研究成果来看，退耕还林是否会造成我国的粮食安全隐患，是否会对农户的口粮安全造成负面影响存在不小的争议和分歧。部分学者针对首轮补助期内退耕农户的调查，认为退耕还林不会影响农户的粮食安全。刘璨和张巍（2007）通过退耕农户的调查认为退耕还林在我国生态脆弱地区的实施并不会对农民的正常生活造成较大干扰，在一定程度上还提高了农户的粮食和食品消耗数量，即使国家停止对退耕农户进行相应的补偿，农户的粮食安全也不会受到明显的影响。刘诚和刘俊昌（2007）认为退耕还林之所以不会对农户的粮食安全造成困扰主要是因为退耕使得农户将剩余的劳动力和资本投入剩余退耕地上，从而提高利润和农地生产率，弥补了因为退耕造成的粮食减产压力。虽然短期内农户的粮食产量有一定的减少，但从长期来看，退耕还林并不会对我国的粮食安全造成威胁（王立群和陈琛，2024）。

然而，由于上述研究的观察数据大多来自首轮补助期，对农户经济行为调整的观察时间不够长，很难准确评估政策变化引致的农户行为变化水平。特别是2007年国家延长了首轮退耕还林的补助期限后，农户的经济行为调整的变化跟延长补贴期限前可能又发生较大变化。对此，又有不少学者对延长补助期后的农户行为进行调查，但所得结果仍存在分歧。汪阳洁等（2012）使用2008年和2009年的农户调查数据，发现补助期延长后，农户种植业的生产投入积极性降低了。但是刘忠和李保国（2012）认为退耕后，不稳定的粮食产量会强化农民的垦殖动力，随着工程的结束，不少地方还出现了复垦现象，农户的耕地压力持续上升，不仅不利于退耕成果的巩固还使得粮食安全问题在部分地区有所凸显（王兵等，2013）。因此，有学者认为应当继续实施退耕还林工程，并相应地调节区域结构，向西部地区倾斜（刘璨，2015）。

2.2.2 退耕还林与农业生产方式

由于首轮退耕还林的补助期最长达到16年，因此，退耕农户在补助期间的农业生产方式可能发生较大变化，进而可能对退耕还林的成果保持和巩固产生一定的影响，对此学者进行了较多的关注和研究。从研究视角来看，在补贴即将到期后，学者开始关注补贴到期后农户的复耕行为，在补贴期内，学者则较多关注农户的农业生产方式选择、生产投入和生产结构等内容。

2.2.2.1 农业生产方式调整

虎陈霞等（2006）和李桦等（2006）发现退耕还林促进退耕地区农业产业结构的调整，使农户的农作方式开始出现由粗放式逐步向精细农业过渡的趋势。韩洪云和喻永红（2014）发现退耕还林（通过其生态功能）的生产力改善效果表现为玉米和小麦平均单产分别提高了12.7%和20.9%，参与退耕还林后陕南地区的粮食单位产量也较退耕前有了明显的增长（朱长宁和王树进，2014；潘丹等，2022）。

不少地区在参与退耕后，农业的产业结构被迫进行优化调整，逐步摆脱了对单一粮食生产的依赖，转向农林牧的复合结构生产，并且实现生态效益和经济效益的有机统一（张芳芳，2010）。退耕地区的这种产业结构调整带有比较明显的政府行为，并非市场自然发育的产物，这使得退耕地区在退耕后农业用地更容易走向集约化和商业化转变。但是，这种变化尚在初级阶段缺少稳定性，今后仍需国家政策性补贴的支持（胡霞，2005）。退耕还林涉及范围广，涉及农户多，如何在退耕后保障农户生活水平不受影响的同时进一步促进退耕地区农业生产结构的优化调整是退耕还林成果巩固的重要议题和内容之一（姚顺波和张晓蕾，2008）。

2.2.2.2 退耕农户复耕意愿与影响因素

不同时期的研究基于不同数量的样本调查发现，补贴延长期内农户的复耕意愿比例在10.92%～28.43%（谢晨等，2015；陈儒等，2016），但是在补偿到期后，农户的复耕意愿则在19.6%～43%（任林静等，2017）。退耕树种为生态林和经济林的退耕农户复耕意愿也存在较大区别，补偿到期后只有 18.06% 的纯生态林退耕户会"继续保持退耕还林面积，并继续维护"，而纯经济林退耕户中这一比例却高达 76.74%（喻永红，2014）。退耕户是否会复耕并非仅取决于复耕前后成本 – 收益的简单分析，还需考虑其他因素，如家庭粮食安全水平，此外，户主年龄，尤其是退耕地特征以及区域经济发展情况也对退耕户的复耕决策有重要的影响（任林静等，2013a，2017b）。在复耕可能性较高的地区，影响农户进行复耕的主要因素为退耕地的收益和退耕补贴的发放情况，此外农户做出复耕决策受本地区其他农户的影响较大（陈儒等，2016a，2016b）。退耕地的面积和对补贴政策的满意度也会显著影响农户的复耕意愿（郭轲，2016）。

2.2.3 退耕还林与农业生产效率

于金娜和姚顺波（2009）发现随着退耕还林的实施，农户生产的纯规模效率相比退耕之前下降明显，退耕以后不管是种植业、林业还是畜牧业，其增值空间都大不如前。部分退耕地区退耕后农业的规模效益有所增加，但农业生产的技术效率和综合效率并未全部呈现提高趋势（王博文等，2009），农户退耕规模越小，平均农业生产技术效率增长幅度越高（李桦等，2011）。总体而言，退耕还林农户种植业技术效率还比较低，农户种植业产出仍有提高空间。退耕还林对不同地区的农户生产效率具有不同的影响方向，产生差异的原因可能跟不同地方农地生产力、地区生态环境和农户个体生产能力有一定关系（赵敏娟和姚顺波，2012）。

在农业生产效率影响因素方面，根据学者研究的视角和层面划分，现有关于农业生产率的研究，基本可以划分为宏观和微观两个维度，宏观为国家和地区的农业生产率，微观为个体农户的农业生产率。宏观层面的农业生产率的影响因素主要有支农政策、产业结构、城市化水平、城乡收入比、研发投入、农村劳动力转移等（贺志亮和刘成玉，2015；苏昕和刘昊龙，2017；

李丹等，2018；常向阳和韩园园，2014；Deng and John，2018；Abbas et al，2017）。微观层面的农业生产主要受四个因素的影响。第一，农户个体方面。包括农户教育水平、收入水平、技术培训、人口规模、人力资本、农机数量、兼业化、非农就业程度、劳动力投入强度、人口老龄化、女性劳动力数量、家庭负债等（周晓时等，2018；李丹等，2018；高欣和张安录，2017；钱龙和洪名勇，2016；黄祖辉等，2014；Muditha and Clevo，2017；Li et al，2015）；第二，自然层面。包括自然灾害、气候条件、地形地貌等（贺志亮和刘成玉，2015；李桦和姚顺波，2012）；第三，农地特征。包括农地流转、土地破碎化、农地离公路（水源）距离等（曾雅婷等，2018；王嫚嫚等，2017；高鸣，2017；Sonia，2017）；第四，种植行为。包括种植规模、种植年限、种植经验等（田杰和姚顺波，2013；彭代彦和文乐，2016；Mehdi et al，2016）。

2.3　退耕还林与农户林业生产

2.3.1　林地利用方式

由于首轮退耕还林严禁农户进行任何形式的套种，因此首轮退耕还林的林地利用方式比较简单，并且在实际过程中受到种种制约。在退耕种植经济林地区，农户可以利用经济林获取水果、干果和其他经济林产品，但由于首轮退耕还林对经济林的比重有较多限制，因此这种利用方式并不普及。另外，随着生态林逐渐成林，农户可以进行适当的林下经济开发，例如，林下养殖和林下种植。事实上，由于首轮退耕还林的亩均林木种植密度较大，不少地区林下经济的开发条件并不适宜（薛彩霞等，2013a）。由于首轮退耕还林严格限制经济林的种植比例，并且在采伐限额的约束下，农户林业发展积极性较低，因此退耕还林与林业生产的关系遭到学者的忽视，回顾退耕还林实施以来的相关研究成果，仅有少数学者关注退耕还林与林业生产的关系。

2.3.2 林地生产效率

退耕后林地的生产效率变化及其影响因素受到不少学者的关注。退耕后农户林地的利用方式不同，其林地生产的技术效率变化也不同，而造成农户林地不同利用方式的生产技术效率差异的主要原因在于生产要素的投入弹性不一样（薛彩霞等，2013b）。进一步提高农户林地生产的技术效率需要在林地利用方式转变、林地生产对象调整和林地技术创新应用等多方面着力。退耕补贴与林地生产效率变化的关系也是学者关注的内容，张梦雅和李桦（2014）通过对四川省雅安市退耕农户商品林的生产效率测算与分析发现，退耕补贴并没有如预期般能够提高农户林地的生产效率。农户林地生产效率的影响因素主要包含农户家庭特征（如户主年龄和受教育水平）、林地地块特征（林地破碎化水平、林地土壤质量和坡度等）、营林行为（营林投入和经营模式等）和部门营林制度（限伐制度和林业税费）等（李桦等，2012；刘振滨，2014；许佳贤，2015；Chen et al，2017；Li et al，2015）。

具体来看，影响农户林地生产效率最重要的因素为家庭林业收入占比和户主的受教育水平（臧良震等，2011），林地破碎化与农户林地生产技术效率并无显著关系（徐秀英等，2014）。林权证的获得、采伐指标申请难度降低以及林业税负的减轻等林权改革及配套服务措施的完善能显著提高商品林生产效率（柯水发和陈章纯，2016）。林农年龄、资金畅通性、家庭人口数量、公益林补偿政策等变量对林农林业生产绩效具有不同方向的影响（Narendra et al，2015）。财政支林比重、森林病虫鼠害防治率及基层工作站人员文化程度对林业生产效率具有促进作用（徐玮和包庆丰等，2017）。家庭劳

动力特征、林地质量和林地经营模式也是影响农户林地生产效率的重要因素
(Trung et al, 2018; 韩雅清等, 2018)。显然, 上述观点在一定程度上存在自
相矛盾和争议, 这主要是不同学者所研究的地区、林地类型和获得数据来源
相差较大的原因。不同研究结果可能适用范围不一样, 这点值得引起后续研
究学者的关注, 并尽量做出准确的评估。

2.4 退耕还林与农户收入变化

退耕还林与农户收入关系问题从一开始就受到各方面的高度关注。由于
首轮退耕还林经历过包括延长补助期在内的两轮不同的补助政策, 因此对退
耕还林与农户收入变化的研究可以以延长补助期开始年限为分界点, 将首轮补
贴期限的研究划分为早期研究成果, 将延长补助期的研究划分为后期研究成果。

2.4.1 早期研究

大部分学者研究认为退耕还林工程增加了农户收入。退耕补贴增加农户
转移收入、从事其他产业带来额外收入和从事务工等劳作获取非农收入被认
为是退耕农户退耕后收入来源增长的三大源泉(支玲等, 2018)、通过选择
合理的治理模式, 从退耕地中获得收益(周红等, 2003)。王兵和侯军岐
(2007)认为退耕还林政策的实施对中低收入的农户的收入有很大的促进,
成功地改善了绝大多数农户的收入结构, 使之趋于合理。但是也有学者提出
了质疑, 认为退耕后农户收入并不如外界认为那般具有可持续性, 仍有不少
农户过分依赖国家提供的退耕补贴来维持生活水平, 徐晋涛等(2004)也认
为退耕还林工程的实施并没有有效促进农户收入的提高, 退耕农户的非农收
入增幅也远小于非退耕农户的非农收入增幅。此外, 有学者认为退耕后, 农

户的畜牧业发生了萎缩，农户生活水平、消费支出总体明显下降（郭晓鸣等，2005）。虽然消除贫困和增加农户收入在退耕后被不断提及，但由于制度的路径依赖等问题，在短期内尚难以扭转（刘璨等，2006）。

2.4.2 后期研究

延长补助期后，退耕农户享受的补贴政策发生了较大变化，学者们可观察的研究年限也相应增长，因此这一时期的研究多为退耕农户的跟踪调查数据，因此相关研究成果的可信度进一步提高，但是对退耕还林与农户收入的促进关系仍然存在一定的分歧。有学者认为退耕对不同收入水平的农户影响不一样，他们认为退耕对高收入者有益，但不利于低收入者（黎洁和李树苗，2010；Liu and Lan，2015）。如果不将退耕补贴算入农户收入，则退耕后农户收入损失远比预期要大上不少，因为农户的种植业收入减幅巨大（谢旭轩等，2011），退耕还林政策的补助并不能完全弥补农户的种植业损失（甄静等，2011）。也有不少学者对退耕还林在提高农户收入方面给予积极的认可。赵丽娟和王立群（2011）认为退耕后不少农户收入的主要来源为退耕还林后续产业的构建与调整，这部分收入在退耕后逐渐成为部分农户重要的收入增长部分。退耕还林政策与农民收入关联度的变动均呈现出与国家退耕还林政策变化密切关联（王欠和方一平，2013）。但是退耕还林工程拉大了样本农户总收入的差距（刘浩等，2017；Yao et al，2010；Song et al，2014；段伟等，2018）。

此外，部分学者认为对农户收入有积极促进作用的因素主要为农户家庭的物质资本和劳动力情况，农户家庭的女性比例与农户家庭收入无显著关系（Li et al，2015；Yin et al，2018）。户主身体健康水平越好、受教育程度越高、参加过农技培训、农户家庭所在位置离城镇越近等能够显著提升农户家庭收入（朱长宁和王树进，2014；韩秀华，2015；幸绣程等，2019）。

2.5 新一轮退耕还林的研究成果

由于新一轮退耕还林实施时间尚短，目前与之相关的研究并不丰富，从目前主要研究成果来看，主要研究内容集中在农户响应意愿、对农户收入的影响和面临的问题与后续巩固措施三个领域。

2.5.1 农户响应意愿

新一轮退耕还林能否如预期般顺利进行，不仅需要进行翔实的制度安排，更需要将这些制度安排与农户的响应心态和行为紧密结合在一起，只有农户积极感应到与退耕相关的激励和补偿政策，农户才可能积极参与退耕和帮助退耕成果的巩固，助推退耕还林工程的长效发挥。张朝辉等（2015）发现影响新一轮退耕还林农户响应意愿生产的主要因素为退耕农户的退耕示范作用、政策安排的可操作性、退耕后林地利用的可行性，以及退耕后农户非农就业机会的建立和经济林生产技术的推广等。李培东和乔娟（2015）调查发现其他可能对农户退耕意愿具有促进作用的因素为农户的年龄、农户家庭的非农收入水平和农户家庭的务农劳动力数量。

2.5.2 对农户收入的影响

新一轮退耕还林工程作为我国重要的生态修复政策，自实施以来，其对农户收入的影响成为学术界和政策制定者关注的焦点。多数研究表明，新一轮退耕还林对农户收入产生了正向影响。例如，时亚坤（2022）指出，虽然短期内退耕还林可能导致耕地面积减少，但从长远看，通过生态补偿、产业结构调整等途径，农户收入有望得到提升。罗龙泉等（2023）以京津风沙源治理二期工程为例，通过实证分析发现，新一轮退耕还林对农户年收入具有显著正向影响，尤其是对工资性收入、经营性收入以及财产性收入有积极影响。这主要归因于退耕还林促进了农业劳动力的非农转移，优化了产业结构，从而增加了农户的非农收入。

此外，张旭锐（2021）发现，退耕还林政策通过改善生态环境，提高了农户的生活质量和福利水平，间接促进了农户收入的增加。谢晨（2021）也指出，退耕还林政策有助于减少农村地区的收入贫困和多维贫困，对农户收入具有正向的推动作用。

然而，也有研究指出新一轮退耕还林对农户收入的影响存在不确定性或负向影响。黄杰龙等（2021）发现，虽然退耕还林有助于提升生态环境质量，但在一些贫困山区，由于退耕补偿标准较低，且退耕后农户缺乏新的收入来源，可能导致农户收入下降。薛建春（2023）也提到，退耕还林还草工程对农户收入的影响取决于多种因素，包括退耕面积、补偿标准、农户的生计策略等。

综合来看，新一轮退耕还林对农户收入的影响具有复杂性和地域差异性。在多数地区，该政策通过促进产业结构调整、劳动力转移等途径，对农户收入产生了正向影响（高清等，2023）。但在一些特定地区，如贫困山区，由于补偿标准低、缺乏新的收入来源等问题，农户收入可能受到负面影响。因此，在实施退耕还林政策时，应充分考虑地区差异和农户的生计需求，制定差异化的补偿政策和产业发展策略，以确保政策的可持续性和农户的生计安全。

2.5.3 面临的问题与后续巩固措施

通过各地实践推广中存在的问题反馈汇总来看，新一轮退耕还林的实践中主要存在三个问题：第一，补贴标准低，农户积极性不高（张坤等，2016；孙永福等，2017）；第二，土地调查数据的矛盾，退耕地块落实困难（李春等，2015；张坤等，2016；席洪波，2016）；第三，退耕地块分散零星，生态和经济效益难以有效发挥（谢涛等，2018；谢晨等，2016）。据此，学者们提出如下发展建议：一是推广不同的种植模式，优先鼓励经济型和生态经济复合型等见效快的种植模式（黄汉爱等，2016）。二是中央政府要提高退耕补助标准，各地区要因地制宜地选择退耕树种，不宜一味选择经济林树种，林地的多样化利用方式要进行探索，木本中药材林和其他特色的经济林基地都应进行一定的布局和规划（张坤等，2016）。三是不管是生态林还是经济林，以林下经济为主要发展模式的立体经济模式应大力推广，提高林地的综合利用水平，提高农户依托经济林和生态林实现脱贫增收的能力（邹诗兵，2016；黄杰龙等，2019）。

2.6　国内外文献评述

上述内容回顾了关于农户生产、退耕还林与农户生产的相关研究理论和研究成果，特别是重点回顾了关于退耕还林与农户农业生产、林业生产以及农户收入变化等相关研究。就上述内容看，国内外已有研究成果的贡献主要在于：建立了关于退耕农户生产的理论模型，对退耕农户的生产行为构建了一个可信的研究框架，为研究农户生产的相关行为特征、行为机理提供了重要参考和理论基础；探讨了首轮退耕还林与农户生产的相关关系，从农户生产要素配置、生产行为选择、生产特征和生产结果进行了广泛的探讨和研究，将退耕还林与农户生产之间的关系进行了比较深入的解析，对改善农户生产、提高农户收入和巩固退耕还林成果提出了许多具体对策和建议。因此，这些研究成果为本书的研究提供了良好的基础和借鉴，具有一定的实践指导意义和理论参考价值。

同时，已有研究成果也存在不完善的地方，主要表现在：一是过去研究缺乏对退耕还经济林农户生产的关注。退耕还生态林和退耕还经济林对农户生产具有两种截然不同的影响机理，但是过去的研究基本不加以区分，因此退耕还经济林的行为选择会对农户生产产生什么影响，能够达到什么样的政策影响，缺乏研究基础和现实总结。二是过去的研究在进行退耕还林成效评估时，往往只关注退耕补贴这一政策安排的影响，对其他与之相关的政策内容安排缺乏关注，这样在做政策效果研究时难以完整地考察政策的系统性影响。三是新一轮退耕实施以来，现有研究主要停留在新一轮退耕还林存在的问题和农户退耕意愿的研究层面，对新一轮退耕还林与农户生产的关系缺乏研究，无法得知新一轮的政策安排是否能够通过改变农户的生产行为进而提高农户的收入水平。

综上所述，本书拟以参与新一轮退耕还林的退耕农户为研究对象，从农户生产的角度出发，在以下几个方面对过去研究的不足做出补充：

首先，本书将在传统农户农业生产的基础上，进一步分析农户的经济林生产行为，使得农户"农＋林"这一完整的生产内容得到完整体现。其次，本书在进行新一轮退耕还林政策效果研究时，不仅关注退耕补贴这一核心政策安排，对新一轮退耕还林所采取的其他配套措施，如套种限制和补贴期长限制也进行统筹研究，使得对新一轮退耕还林的政策影响研究更具一般性。最后，本书通过贵州省的样本调查，采用实证的方式对新一轮退耕还林的政策影响进行评估，弥补当前的主要研究只有定性描述而无具体实证的缺陷。

第3章

分析框架与数据说明

新一轮退耕还林实施以后，农户所面临的生产环境、所拥有的生产要素、所期待的生产目标和所从事的生产内容都会在一定程度上发生变化，但农户生产的核心目标不会变化，即最大化自身利益。因此，尽管参与新一轮退耕还林后，退耕农户生产的诸多内容都会发生变化，但我们仍可以在理性经济人假设的前提下，对其生产行为和生产结果进行分析与预测。本章以新一轮退耕还林的政策安排和政策目标为研究出发点，以政策的核心参与者退耕农户为研究对象，从农户生产的角度构建本书的研究框架并着重分析在新一轮退耕还林诸多政策的影响下，理性农户将如何进行生产选择和要素配置，如何在政策的多重激励与约束下实现自身的利益最大化。此外，本章还将对所使用的数据进行具体说明。

3.1 新一轮退耕还林的政策内容与政策目标

首轮退耕还林所实现的政策目标和实现的政策影响受到广泛而积极的肯定。新一轮退耕还林是基于首轮的积极成效而开展以扩大退耕还林还草面积为基本手段的生态修复和保护政策。两轮退耕还林的直接目标基本一致，都是为了生态保护与修复，但两轮退耕还林政策的具体目标和实施方案存在较大差异。在施政背景、施政目标、施政方案都存在较大差异的情况，借鉴首轮退耕还林的实施经验，新一轮退耕政策在增强农民生产积极性、提高退耕还林实施效率和增加政策可持续性方面进行了积极的尝试，在增进公平、效率和政策可持续性方面采取了不少创新与改变。

相比较而言，新一轮退耕还林更加关注退耕农户生产积极性的调动与引导。新一轮退耕还林采取"自下而上"的实施方式，给予退耕农户、退耕地区更自由和更多的选择机会。主要表现为农户有选择退耕的自由和权利。《新一轮退耕还林还草总体方案》指出，农户自愿选择是否参与退耕，不再严格划定退耕区域。新一轮退耕还林高度重视农户的主体地位和退耕意愿，任何组织和个人都不能强迫农户进行退耕还林。

此外，新一轮退耕还林赋予农户更自由的退耕生产决策自由。新一轮退耕还林不仅不限制生态林的退耕比例，还鼓励农户因地制宜地种植经济林和速生丰产林，希望借此来增加退耕农户的收入水平。[①] 与首轮退耕还林不同

---

① 《国务院关于进一步完善退耕还林政策措施的若干意见》：退耕还林要以营造生态林为主，营造的生态林比例以县为核算单位，不得低于80%。在粮食和现金补助期间，退耕农户在完成现有耕地退耕还林后，必须继续在宜林荒山荒地造林，由县或乡镇统一组织。《关于印发新一轮退耕还林还草总体方案的通知》：退不退耕，还林还是还草，种什么品种，由农民自己决定。不再限定还林时生态林与经济林的比例，重在增加植被覆盖度。

的还有新一轮退耕还林选择农户进行林粮间作（套种）①，这在首轮退耕还林政策里是被严禁进行的。《新一轮退耕还林还草方案》还指出鼓励农户利用退耕还林发展林下经济，并将符合生态公益林标准的退耕还林纳入生态补偿范围内，退耕农户不再需要配套承担荒山造林的任务。

但是，与首轮退耕还林相比，新一轮退耕还林的退耕地要求和退耕补贴金额却有明显的调整，并引起了广泛的争议（见表 3 - 1）。在退耕补贴发放方面，新一轮退耕还林不再区分经济林和生态林，采取统一的退耕补助标准，并且退耕补贴分三次发放，不再是逐年发放，农户获得补贴的前提是退耕树种须经过相应部门的验收。此外，新一轮退耕还林的退耕地选择更加严格。②《新一轮退耕还林还草方案》明确指出，新一轮退耕还林的退耕对象要严格控制为 25 度以上的坡耕地、严重沙化耕地和重要水源坡耕地，对于重要水源地的 15 ~ 25 度非基本农田坡耕地。此外，新一轮退耕还林还在上述要求的基础上鼓励向广大低收入地区布局，希望通过参与新一轮退耕还林来助推低收入地区农户脱贫增收。

表 3 - 1　　　　　　　　　新一轮退耕还林的政策安排与目标

序号	政策内容及安排	政策目标	生产内容	政策性质
1	新一轮：提供 1200 元退耕补贴和 300 元种苗种植补贴 首轮：现金补贴 + 粮食补贴 + 种苗补贴	①进行农户退耕补偿，加快推进退耕任务安排 ②激励经济林管护与生产	经济林管护与生产	鼓励性

---

① 《关于印发新一轮退耕还林还草总体方案的通知》：在不破坏植被、造成新的水土流失前提下，允许退耕还林农民间种豆类等矮秆作物，发展林下经济，以耕促抚、以耕促管。《国务院关于进一步完善退耕还林政策措施的若干意见》：退耕后禁止林粮间作。

② 《国务院关于进一步完善退耕还林政策措施的若干意见》和《退耕还林条例》：凡是水土流失严重和粮食产量低而不稳的坡耕地和沙化耕地，应按国家标准的规划实施退耕还林。对需要退耕还林的地方，只要条件具备，应扩大退耕还林规模，能退多少退多少。

序号	政策内容及安排	政策目标	生产内容	政策性质
2	新一轮：鼓励退耕农户种植经济林 首轮：严格限制比例，不高于20%	①利用经济林脱贫增收 ②利用退耕改善生态环境	林地管护与生产	鼓励性
3	新一轮：允许进行矮秆作物套种 首轮：严禁任何形式套种	①缓解粮食减产压力 ②实现以耕促抚	林地的多样化利用	约束性
4	新一轮：限制补贴发放次数和时间，退耕补贴5年分三次发放 首轮：补贴16年，每年发放	①促进退耕林地的管护，方便验证工作的实行 ②其他目的	经济林抚育与利用；稳固农地生产	约束性
5	新一轮：严格限制退耕地块标准 首轮：宽松的退耕要求	①保持基本农田生产 ②提高非退耕地的利用水平	稳固农地生产与利用	约束性
6	新一轮：退耕指标优先向低收入地区和贫困农户提供 首轮：退耕人群无特别指向	①促进低收入地区农户脱贫增收 ②加快我国扶贫进程	"农＋林"的生产方式	鼓励性/约束性

注：表中仅总结退耕还林的政策安排，不涉及退耕还草的相关政策安排。

3.2 分析框架：退耕政策安排对农户生产的影响机制

根据前述分析可知，新一轮退耕还林希望以退耕种植经济林的方式倒逼农户进行农地利用结构的优化与调整，促进农户建立起经济林生产机制并以此改善广大退耕地区农户的收入水平和实现生态保护的目标。首轮退耕还林的实施经验和广大学者的研究都曾指出退耕还林政策目标的实现不仅需要制定合理可行的政策内容，更需要广大退耕农户在生产方面的配合与支持（李桦等，2006；汪阳洁等，2012；任林静等，2017）。即新一轮退耕还林政策目标实现的根本在于退耕后农户的生产行为的调整与生产结果是否能够达到政策预期。

结合首轮退耕还林的发展经验和新一轮退耕的政策措施来看，参与新一轮退耕还林后，农户的生产种植习惯将首先发生变化，农户将在退耕政策的引导下开始从事"农 + 林"的生产行为。由于退耕造成的可耕作农地面积直接减少，农户将会更多地选择种植对家庭生存更具影响作用的农作物，摒弃过去在坡耕地上零散的种植结构。同时由于退耕和种植经济林，农户的生产要素配置行为也将随之发生较大调整，农户需要将部分劳动和资本要素配置在经济林地上，并对经济林的生产结果赋予更多的预期和期待，即农户的生产目标也将产生多元化特征，可能由过去依靠"农业糊口"的生产目的向以"农业保生存 + 林业保增收"转变。此外，由于种植经济林对大部分农户而言是一门全新的"手艺"，这将促使农户的生产方式也随之发生一定的调整，农户需要学习新的生产技术、新的生产模式和新的管理方式来迎合经济林的生产和经营需要。与农产品更多"自产自销"的状态不同，经济林产品需要农户充分进入林产品市场将其转化为经济收入，因此也将迫使农户主动学习与之相关的市场交易行为和市场经营行为。新一轮退耕还林正是以这种"牵一发而动全身"的政策作用机制来引导农户进行生产行为调整，进而促进政策目标的实现。

（1）在农业生产方面，新一轮退耕还林将通过减少农户的耕地面积来改善农户的农地利用水平。首轮的退耕经验表明，尽管退耕后农户的粮食产量会不同程度的减少，但是从整体水平来看，粮食减产对整个国家和地区的粮食安全并不构成威胁（东梅，2005；刘璨，2015）。但是对微观农户的口粮安全会造成一定的影响，所幸这些可能产生的负面影响在退耕补贴的"补偿"下降到了最低水平（汪阳洁等，2012）。与首轮退耕还林所不同的是，新一轮退耕还林的退耕地选择更加"苛刻"，退耕补贴也大幅度减少。一方面，新一轮退耕还林在退耕地块选择上强调的是 25 度以上的坡耕地，结合农户农地的立地条件和新一轮退耕还林的政策目标，可以明确新一轮退耕还林鼓励农户将地力贫瘠且交通和灌溉不便的耕地进行退耕，以期农户能够改变既往坡耕地"广种薄收"的种植习惯，提高对非退耕农地的利用水平，以更加精耕细作的生产方式来从事农业生产，并实现以退耕促进生态保护的目标。另一方面，在退耕补贴的补偿和激励下，如果农户响应退耕政策安排进行低产耕地的退耕还林，那么农户的劳动和资本等生产要素将可以从低产耕地中"节余"出来。从要素的投入产出角度来看，如果农户将"节余"的生产要素投入到非退耕农地上，则有利于非退耕农地产出水平的提高，此时退耕造成的农户农地产出水平的减少将可以在非退耕农地产出水平的提高中得到"弥补"。在这"一减一增"的动态变化过程中，不仅可实现鼓励农户退耕的政策安排也有利于实现生态保护的目标。

（2）在林业生产方面，新一轮退耕还林鼓励农户种植经济林将大大改变农户的生产内容和生产目标。一方面，在低产坡耕地上种植经济林有助于改变农户的农地利用方式，减少由于坡耕地"广种薄收"带来的农地生产效率损失，同时促使农户建立"农 + 林"的生产内容（谢晨等，2015）；另一方面，如果经营得当，种植经济林可为退耕农户带来更加丰厚的生产收入，改变过去农户只能依靠农业生产营生的生产目标，促使农户建立多样化的生产目标，提高收入来源（张坤等，2016；任林静和黎洁，2018）。但是不管是利用经济林实现农户增收的目标还是利用种植经济林实现生态保护的目的，其基础都建立在经济林的可持续管护上，只有经济林成林后，这些"经济效率"和"生态效益"才可能得到释放（刘春腊等，2019）。因此，如何鼓励农户在经济林成林前进行可持续有效的管护和经营则至关重要。为此新一轮退耕还林实施了多样化的政策组合。首先，新一轮退耕还林采取验收方式来发放退耕补贴，只有通过 5 年 3 次的验收后才能获得相应的退耕补贴。农业生产领域的诸多补贴经验表明，合理的补贴方式和标准对农户的生产行为引导具有一定的积极作用（钟甫宁等，2016）。但不可忽视的是，经济林的生产与经营还面临产量不确定、价格不稳定、市场不明确和生产经验不足等诸多问题。更重要的是，经济林的生长周期较长，而新一轮退耕还林的补贴只发 5 年，那么如果在 5 年的补贴期内农户所种植的经济林尚未进入挂果期，那么农户经济林的管护行为则将面临诸多不确定性，抛荒、套种、复耕等行为都可能发生。可见，新一轮退耕还林如果想以鼓励农户种植经济林的方式来实现退耕目标，那么如何鼓励农户对经济林进行持续管护则尤为重要。显然，退耕补贴在鼓励农户对经济林进行积极管护中发挥着至关重要的作用，但作用到底如何，需要验证。

尽管退耕补贴和种植经济林的政策安排在调整和改变农户生产行为方面被寄予厚望，但农户的生产行为仍具有诸多不确定性。为此，新一轮退耕还林在配套政策制定与安排方面做了两个重要尝试：一是放松退耕后农户林地套种的政策约束，允许农户种植低矮作物；二是加强退耕补贴的时间约束，将经济林的补贴期限限制在 5 年。这"一松一紧"的政策安排在促进调整退耕农户生产行为和巩固退耕还林成果方面被寄予厚望，但从理论上看，在该政策的影响下，农户的生产行为和结果具有较大不确定性。首先，允许套种的政策安排，将最大限度降低农户退耕造成的农地减产损失。允许套种的政策安排使得农户可以在经济林成林前继续从事农业生产活动，并且在经济林生长的过程中逐渐降低套种比例（经济林成林后不可避免会挤压农作物的生长空间，可套种的面积必将减少）。这样一来农户可以慢慢适应退耕造成的农地减产，避免退耕给农户当前生产和生活造成较大损失与不便。但是，农户套种行为也可能对经济林的生长造成负面影响（郭怀林等，2017）。套种不可避免会挤压经济林的生长空间，农林作物之间互相争夺"水热土肥"等生长必备资源，如果农户没在经济林成长过程中逐渐降低套种比例，或者套种高秆作物，则很可能使得经济林的长势受到影响，经济林成林周期大大延长，成活率逐渐降低（熊利等，2015）。其次，新一轮退耕补贴只发 5 年，这将使得农户的生产行为具有更多不确定性。经济林的成长需要较长的管护周期，而补贴期缩短则可能降低农户的管护积极性。补贴到期后，如果经济林尚未进入挂果期，农户的管护积极性可能会大大降低，抛荒和套种等现象可能会大幅度上升，这将不利于新一轮退耕还林政策目标的实现。因此，需要对农户的对五年补贴期的政策感知进行调查，并具体分析农户的在补贴到期后的生产行为意向，以及补贴期限约束对农户后续生产意向的影响关系。

此外，由于新一轮退耕还林的实施地区与"连片脱贫攻坚战略"实施处在同一空间，退耕政策与扶贫要求在范围上具有重合性、目标上具有一致性、措施上具有相似性等"四同性"等特点，使得新一轮退耕还林在实际实施过程中被广大地区的地方行政部门视为"扶贫政策"，如何依托参与新一轮退耕还林实现脱贫增收成为广大山区退耕农户和地方政府的核心诉求之一。因此，对新一轮退耕还林的政策效果进行评估离不开对退耕农户收入改善的分析。从农户生产的最终目标来看，农户生产行为的变动和调整都是为了最终能够改善农户家庭的收入水平，建立"农+林"的生产模式是否合理有效的唯一检验也离不开对农户收入水平变动的分析。尤其是广大低收入地区的退耕农户，在耕地面积减少的情境下，如何依托新一轮退耕还林实现以经济林促增收的生产目标将直接关系农户的后续生产行为与结果，并最终影响到新一轮退耕还林的目标实现与成果巩固。

基于上述的讨论与分析可知，与首轮退耕还林最大的不同是新一轮退耕还林的诸多政策内容安排和目标的实现都是围绕如何有效鼓励农户建立起"农+林"的生产模式。参与新一轮退耕还林后，非退耕农地的生产和利用是农户能够在经济林实现营收前保障农户生活水平的重要保障，对经济林进行持续管护则是后期实现以林促收的根本前提，如何实现以"农+林"的生产模式实现脱贫增收则事关退耕农户的可持续发展生计，也将直接影响新一轮退耕还林的政策目标实现与后期成果巩固。因此，对新一轮退耕还林的政策效果进行评估离不开从农户生产的角度对退耕农户农地利用、经济林管护和农户收入进行综合分析。据此，本书的分析框架如图 3 – 1 所示。

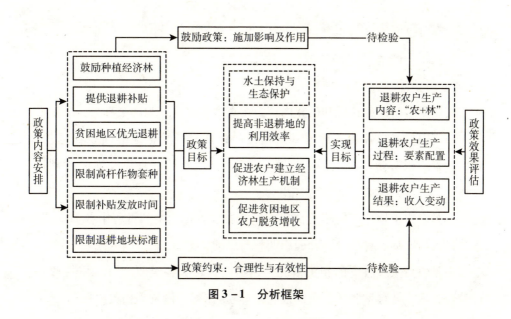

图 3 – 1 分析框架

本书的分析框架可简单概括为：以新一轮退耕还林的政策安排为出发点，以退耕目标的实现与否为研究重点，重点研究在政策实施过程中新一轮退耕还林的政策安排是否能够如预期般引起农户的生产行为变化和调整，并最终促进新一轮退耕还林政策目标的实现。从上述的研究框架构建过程中可以明确的是，参与新一轮退耕还林后，农户生产主要面临的内容有：一是非退耕农地的生产与利用；二是经济林的管护与利用。"农 + 林"的生产模式是否能取得预期成效将决定新一轮退耕还林的政策目标实现与否，也将深刻影响新一轮退耕还林后续成果巩固的实现。因此，本书的第 5 ~ 8 章围绕这一分析框架，对相关内容进行实证分析。

3.3 数 据 说 明

3.3.1 调查内容与抽样方法

根据本书的研究目标和研究内容，调查内容主要分为四个部分：

一是退耕农户各类土地的基本情况，包括农地、林地的面积（退耕面积、抛荒面积、套种面积、流转面积等）、土地属性（坡度、灌溉便利性、交通便利性等）。

二是农户土地生产的相关情况，包括农地、林地生产过程中各类生产要素的投入与变动、种植结构和面积调整与变动。

三是农户家庭收支的相关情况，包括农户家庭各类收支（工资性收入、经营性收入、转移性收入、财产性收入等）、储蓄、借贷等相关数据。

四是农户家庭的基本特征，主要为农户家庭人员的基本信息，如年龄、性别、受教育年限、职业和身体素质等。

本书的主要目标在于从农户生产的视角对新一轮退耕还林的政策影响进行评估，因此，本书样本选择的标准为：首先，受访农户必须是首批参与新一轮退耕还林的农户，即农户家庭的退耕时间不能晚于 2015 年；其次，样本所在地区的退耕树种需为经济林树种，具体树种不限；再次，该退耕乡镇的退耕面积至少不能低于该县各乡镇平均退耕面积，保证样本地区具有代表性；最后，为凸显不同树种不同地区的差异，在每个市抽取不少于 4 个县（区），一共抽取符合条件的县（区）14 个。

据此，本书于 2018 年 10~12 月在退耕还林政策实施约四年后，选择贵州省进行典型抽样调查。典型抽样调查共分为 3 个步骤：首先，根据退耕时间、退耕面积、退耕树种选取满足样本要求的毕节市、安顺市和黔西南州 3 个市（州）；其次，根据地级市的退耕时间、退耕面积和退耕树种，每个市抽取 4 ~ 5 个县；最后，根据退耕时间、退耕面积和退耕树种在每个县抽取 2 个镇，每个镇根据退耕名单随机抽取 20 ~ 30 个农户，并进行入户调查。共发放问卷 650 份，剔除无效问卷 27 份，实收有效问卷 623 份。样本分布情况如表 3 – 2 所示。

表 3 – 2　　　　　　　　　　　　样本农户地区分布

市（州）	县	乡镇	村庄	户数（个）
毕节市	七星关区	阿市乡	头庄村	17
		三板桥街道	大坡村	22
	大方县	小屯乡		20
		六龙镇	营盘村	23
	织金县	三甲街道	石头村	24
		化起镇	龙家坝	27
	纳雍县	厍东关彝族苗族白族乡	陶营村	29
		维新镇	盐井村	22
		乐治镇	石母猪村	17
	赫章县	达依乡	海噶村	21
		平山镇	双塘村	19
			麻塘村	11
安顺市	普定县	鸡场坡镇	红岩村	17
		补朗苗族乡	补朗村	20
	紫云县	五峰街道	红光村	23
		四大寨乡	喜凯村	26
	镇宁县	六马镇	板乐村	23
		本寨镇	奋箕村	21
	关岭县	花江镇	白泥村	22
			莲花村	19

续表

市（州）	县	乡镇	村庄	户数（个）
黔西南州	晴隆县	东观街道	哈马社区	17
		光照镇	凉水、卡猛	25
	普安县	龙吟镇	硝洞村	19
		江西坡镇	高潮村	18
	兴仁县	马马崖镇	营上村	22
		新龙场镇	大洼村	24
	贞丰县	鲁容乡	孔明村	18
		百层镇	猫坡村	18
	册亨县	冗度镇	江见村	20
		者楼镇	钠喜村	19

3.3.2　调查方式与调研准备

为确保调研过程的顺利和调研数据的可信度，本书采取了四个方面的准备措施。

（1）进行预调研和人员培训。为保证研究内容的完整性以及对受访农户对问卷设置的接纳性，本书在正式调研前在山西省岚县进行为期3天的预调研，包括对退耕地区负责单位的座谈会、退耕经营单位的现场考察与半结构访谈、退耕农户的问卷预调查。并根据预调研结果对问卷进行完善，并在正式调研过程中，安排第一天进行预调研，继续进行问卷的完善。

（2）在正式访谈之前举行相关座谈会和半结构访谈。为确保调研组成员对受访地区和受访农户生产情况以及退耕情况有基本的了解，每到一个乡镇，调研组都在正式问卷调查之前进行规模不等的座谈会和半结构访谈，主要了解受访地区社会经济、农地生产、林地生产和其他相关基本情况。

（3）进行现场勘验与数据验证。为便于调研组后期进行数据整理与修复，对每个受访乡镇都在调研开始前或者调研结束后进行现场勘验与相关数据收集。主要勘验退耕地区农（林）地质量、农作物生产情况以及退耕树种生长情况，数据主要收集乡镇层面低保补贴、退耕补贴、农业补贴等相关数据，以便后期对访谈数据进行验证与修复。

（4）进行调研复盘与小组总结。为防止由于调研强度和调研时间偏长造成的错填和漏填等现象，调研组每天正式调研结束后都进行小组复盘与讨论，对当天调研过程中存在的问题进行梳理与讨论，防止类似问题在下个调研地再出现。

3.3.3　偏误的估计与调整

事实上，尽管在正式调研之前及调研过程中调研团队做了许多准备工作，但由于各方面的原因，实际回收问卷仍然存在一些问题，主要表现为数据总和异常、数据填写异常值以及数据缺失。针对农户回答前后不一致以及异常值等现象，本书主要采取三个方面的措施。

（1）查找原因，如果是填写笔误，则直接修改，如果是农户故意回避，如政府补贴，低保收入等，采用与乡镇提供的数据进行验证。

（2）如果是农户无法准确回答，只给予模糊回答则根据当地平均情况以及收集到有关统计信息进行修复与拟合。

在数据匹配和修正中还采用了国家林业和草原局、贵州省农业农村厅、林业厅等单位建立的相关数据库，主要包括：

第一，中国林业数据库，通过该数据库，对全国退耕还林以及贵州省退耕还林的相关基本情况进行补充与完善。

第二，贵州省政府数据开放平台，通过该数据库数据对贵州省省情和退耕还林相关数据进行补充与完善。

第三，贵州省农产品批发市场价格信息动态，通过该数据库的数据对农户调查中农产品价格等相关数据进行对比与修正。

（3）由于本书调查的 2014～2018 年的数据，有时会出现某些时期数据缺失的情形。因此，在数据缺失不严重的情况下，为了保持样本容量，本书对部分缺失数据采取"线性插值"以进行数据弥补。

第 4 章

研究区域与样本农户概况

　　本书研究的主要目的在于从农户生产的角度
对新一轮退耕还林的政策影响进行评估和分析，
因此有必要对研究区域的基本情况进行介绍与分
析。为了对研究区域的基本情况具有比较全局性
和整体性认识，本章从"省－市－农户"的层级
结构对调研地和样本的基本情况进行介绍和分析。
省－市层面主要介绍研究区域的社会经济发展、
农林牧业发展和两轮退耕还林等主要体现研究区
域的发展背景的相关情况，为下文相关研究提供
背景参考；农户层面主要介绍受访农户的家庭、
土地和收入情况，为下文农户行为等相关研究提
供农户层面的背景资料。

4.1 贵州省的基本情况

4.1.1 贵州省自然资源与国民经济[①]

4.1.1.1 区位与自然资源条件

贵州省地处中国西南部，东靠湖南，南邻广西，西毗云南，北连四川和重庆。全省总面积 17.61 万平方公里，占全国总面积的 1.84%。境内有乌蒙山、大娄山、苗岭山、武陵山四大山脉，山地和丘陵占全省面积的 92.5%，其中喀斯特面积为 10.9 万平方公里，占全省总面积的 61.9%。境内地势西高东低，平均海拔 1100 米。贵州省的土地资源利用存在三个特点：一是山地丘陵多，坝区平地少，岩溶分布广。全省坡度大于 25 度的山地面积 12.567 万平方公里，占土地总面积的 71.34%。二是土地资源呈立体分布，分布的垂直带幅宽，自然坡度大，耕地分布自然坡度多在 15~25 度之间。三是土地类型复杂。全省处于中亚热带山原温和湿润条件的土地约占 79.3%，中亚热带低山丘陵温暖湿润条件的土地占 10.80%，北亚热带或暖温带高原高中山温凉温润条件的土地占 9.4%，处于河谷南亚热带热条件的土地占 0.5%。

根据《2020 年度贵州省国土变更调查数据》统计数据[②]，贵州省共有农用地 24462.92 万亩（其中：耕地 5122.55 万亩、种植园用地 894.44 万亩、林地 16847.51 万亩、草地 278.39 万亩、其他农用地 1320.03 万亩）。从耕地

---

① 本节数据除单独说明外，均来自相应年度的《贵州统计年鉴》。

② 2020 年度贵州省国土变更调查主要数据 [EB/OL]. 贵州省人民政府，http://www.guizhou. gov.cn/zwgk/zdlygk/jjgzlfz/zrzy/zrzydcjcgl/202201/t20220121_72378281.html，2021 - 12 - 30.

分布和利用来看，贵州省耕地条件较差，适宜耕种面积小。耕地中坡度大于 25 度的占 16.57%，水田占 25.58%、水浇地占 0.14%、旱地占 74.28%。从林地分布和利用来看，贵州省林地总量大，林地资源分布不均。林地中乔木林地占 65.54%、竹林地占 1.55%、灌木林地占 29.22%、其他林地占 3.69%。

4.1.1.2 社会经济与产业结构

社会经济的发展水平和产业结构的合理比例反映了一个省份的综合经济实力和发展潜力。从经济发展水平来看，贵州省的发展较为落后，2018 年贵州省地区生产总值（GDP）1.48 万亿元，全国排名第二十四位。相比经济总量的落后状态，贵州省的经济增长水平呈现良好的发展趋势，2014～2018 年连续 5 年增幅超过 9%，排名全国第一。虽然 GDP 总量及其增幅呈现不断增长的态势，但是从经济发展的产业结构来看，贵州省的产业结构变化并不大。贵州省第一产业、第二产业和第三产业占地区生产总值的比重分别在 10%、40% 和 50% 左右（见图 4-1），且 5 年来趋于稳定状态，变化幅度不大，相比 2013 年，第一产业占地区生产总值总量的比例略有提高，第三产业的比例略有下滑。第二产业比例居高不下，三产比例变化不大是贵州省产业结构调整面临的主要问题，如何进一步优化和调整产业结构是未来贵州省社会经济发展需要深入考虑的内容。

截至 2018 年，贵州省人均地区生产总值 41244 元，排名全国第二十九位，低于全国平均水平。从增长幅度来看，年均增幅超过 8%，基本与地区生产总值的增幅保持一致（见图 4-2）。虽然近五年贵州省的地区生产总值和人均地区生产总值增幅都高于全国平均水平，但由于地理地形和历史原因等，贵州省仍然拥有较大群体的低收入群体户，是全国巩固脱贫攻坚的主战场，全国 11 个集中连片贫困区有 3 个位于贵州省。2018 年，贵州省减少贫困人口 148 万人，贫困发生率下降到 4.3%，14 个贫困县成功脱贫摘帽，易地扶贫搬迁入住人口达76.19万人。[①] 2019年，贵州省计划减少农村贫困人口110万人，并且努力实现剩余贫困县的"脱贫摘帽"工作。

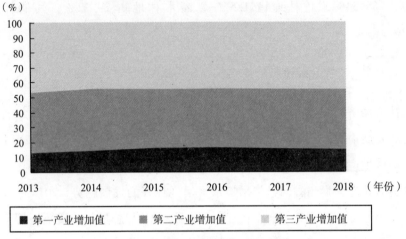

图4-1 贵州省产业结构变化趋势

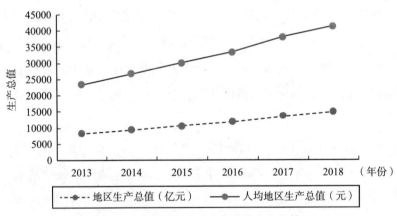

图4-2 贵州省地区生产总值变化趋势

---

① 李惊亚，骆飞. 贵州：2018年减少贫困人口148万人［EB/OL］. https：//baijiahao. baidu. com/s？id＝1623795684900872725，2019－01－27.

4.1.1.3 农村居民收入与开支水平

不断提高农村居民的收入水平，缩小城乡收入差距，是我国破解城乡二元结构的核心措施之一。虽然 2013～2018 年贵州省农村居民人均总收入和人均可支配收入都有不同程度的增长，但与国家平均水平相比，仍有一定的差距。2017 年贵州省农村居民人均可支配收入 8869.09 元，比全国平均水平低4562.91 元（见图 4-3）。另外，2013～2018 年贵州省农村居民收入结构比较稳定，稳定的收入来源结构既可以理解为稳定的创收渠道，但也可反映出僵化的收入结构。由图 4-4 可知，家庭经营性收入是农户收入的最主要来源，占幅超过一半；其次是工资性收入，占家庭收入比重的 30% 左右，转移性和财产性收入所占比重较小。财产性收入的比重占幅不足 5%，可能与农村居民财产性资产贫乏有关，但更可能表现为农村居民缺乏利用家庭财产进行投资储蓄的习惯与能力。

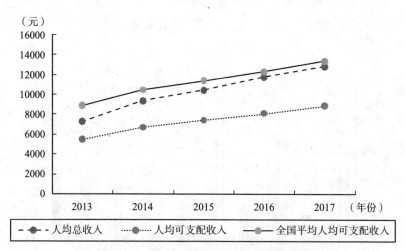

图 4-3　贵州省农村居民人均可支配收入

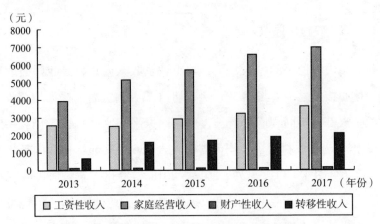

图 4 - 4　贵州省农村居民收入来源结构

进一步观察农户的家庭经营性收入可发现（见图 4 - 5），第一产业是贵州省农户家庭经营性收入的核心组成部分，平均占幅约为 50%，其中，农业收入占家庭经营性收入的比重约为 30%，2016 ~ 2017 年呈现比重下降的趋势。第三产业占家庭经营性收入的比重呈现不断增长的趋势，2017 年的比重首度超过 20%。此外，林业收入占家庭经营性收入比重不足 5%。

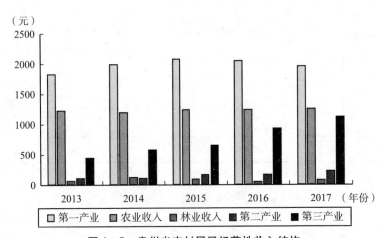

图 4 - 5　贵州省农村居民经营性收入结构

从农村居民消费结构来看（见图 4-6），生活消费支出是农户开支的主要方面，平均占幅约 60%，2017 年，贵州省农村居民人均生活消费支出8299 元，其中食品开支 3154 元。一个有趣的现象是，交通和通信开支占农户家庭开支比例的比重逐渐变大。这可能反映出两个方面的信息：一是农户被动的成本提升，即交通和通信的成本在不断提升，导致农户的开支增加；二是农户主动的成本开支，农户对外联系和外出寻求就业机会的活动增加，因此开支比重增加。农业生产也是农户开支中比较重要的一环，近五年农户家庭人均农业开支都在 600 元以上。相比而言，林业生产支出则较低，平均不到 20 元（见图 4-6）。

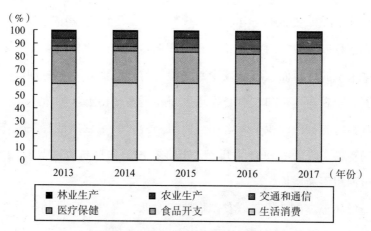

图 4-6 贵州省农村居民消费结构

4.1.2 贵州省农林牧业发展基本情况

从全国发展水平来看，贵州省的农林牧业发展处于中等水平。据统计，2017 年全省农林牧渔增加值 2139.97 亿元，全国排名第十六位。具体来看，2017 年，贵州省农业产值 1306.43 亿元，全国排名第十六位；林业产值156.73 亿元，全国排名第十位；畜牧业产值 531.08 亿元，全国排名第十五位。从结构比例来看，2013～2017年贵州省农林牧渔业的结构趋于稳定，农业所占比重最大，平均占幅超过60%，其次为畜牧业，平均占幅超过20%，第三为林业，平均占幅不足5%，渔业的占幅最少。

4.1.2.1　主要农产品种植面积及单产

从种植面积来看，2013～2017年贵州省农产品总种植面积不断增加，但增幅不大，2017年，全省农作物种植面积为560.252万公顷，同比2016年增加0.571万公顷。其中，粮食作物的种植面积呈现下降趋势，2017年为305.124万公顷，比2013年少6.718万公顷；油料作物的种植面积呈上升趋势，2017年为67.186万公顷，比2013年增加11.110万公顷。烤烟的种植面积也大幅度下降，从2013年的25.486万公顷，下降到2017年的14.344万公顷，降幅将近50%。在农作物种植面积调整中，变化比较大为玉米和马铃薯，其中玉米的种植面积不断减少，马铃薯的种植面积不断增加。玉米亩产较低，不利于农业生产和农户增收是贵州省不断调整玉米种植面积的主要原因。而马铃薯的种植面积不断增加可能跟马铃薯的粮食属性有关，作为主粮之一，马铃薯在降低农户食品开支、丰富农户膳食结构方面具有一定优势，因此种植面积不断增加。

受地形和土壤条件限制，农作物单产偏低一直以来都是制约贵州省农业发展的重要因素。从全国发展水平来看，贵州省的粮食作物和油料作物的单产都排在全国倒数，且多年来无变化。具体来看（见表4-1），2017年，粮食作物的亩产为258千克，排名全国第三十位，其中稻谷亩产427千克，排名全国第二十三位，小麦、玉米、马铃薯等主要粮食作物的亩产排名都在第二十七位以后。烤烟和甘蔗由于偏好水热条件丰富的地区，其亩产才得以在全国排名中上游，其中烤烟亩产114千克，全国排名第十九位，甘蔗亩产3915千克，全国排名第七位。农作物单产偏低进一步制约了农户收入水平，因此在新一轮退耕还林的实施过程中，单产偏低的玉米地成为主要退耕地块。

表 4-1 贵州省主要农产品种植面积及单产

指标	2013年 面积(万公顷)	2013年 亩产(千克)	2014年 面积(万公顷)	2014年 亩产(千克)	2015年 面积(万公顷)	2015年 亩产(千克)	2016年 面积(万公顷)	2016年 亩产(千克)	2017年 面积(万公顷)	2017年 亩产(千克)	单产名次
粮食作物	311.842	220	313.835	242	311.491	253	311.326	255	305.124	258	30
稻谷	68.445	352	68.196	394	67.514	412	67.426	426	66.128	427	23
小麦	25.178	136	25.150	163	24.868	165	24.170	165	22.282	176	27
玉米	77.835	255	78.747	266	76.322	283	74.032	292	71.527	292	28
大豆	12.817	42	13.062	60	13.511	62	13.958	66	12.959	66	31
薯类	93.790	187	94.450	205	94.413	215	96.652	208	97.645	211	21
马铃薯	68.950	204	70.425	215	70.918	223	73.171	213	74.444	217	24
油料作物	56.076	109	58.214	112	59.096	114	66.223	114	67.186	109	27
油菜籽	50.672	108	52.161	111	52.811	112	52.135	113	52.727	113	23
花生	4.356	126	4.890	132	5.130	136	5.029	141	5.166	139	29
甘蔗	2.792	3804	2.784	4029	2.679	3884	1.213	3913	1.252	3915	7
烤烟	25.486	109	21.641	109	18.206	121	15.561	118	14.344	114	19
总面积	539.011	—	551.646	—	554.217	—	559.681	—	560.252	—	16

注：单产名次为相应作物亩产的全国排名。

4.1.2.2 主要经济林及林产品面积

2017年，贵州省各类果园面积40.635万公顷，同比2017年增长22.1%，各类水果产量达到283.53万吨，同比2017年增长20.2%。从果园面积和各类水果产量的全国排名来看，贵州的水果产业在全国处于中等水平，具体来看，热带、亚热带水果（柑橘、香蕉、猕猴桃）的产量在全国处于领先水平，其他水果的产量在全国处于中等水平。从发展趋势来看，贵州省的经济林和林产品增长幅度较快，各类经济林和林产品2017年平均增长幅度超过20%。水果种类中，香蕉增幅最大，达到140.3%，猕猴桃第二，为34.5%，苹果第三，为25.1%。2017年，林产品产量28.11万吨，同比增长

17.6%。其中增长幅度最大的为板栗产量，增幅达到55.57%，其次是核桃，为11.06%。新一轮退耕还林的实施过程中，遵循各地种植经验和本土适应性，主要退耕树种多为苹果、梨、柑橘、桃子、核桃和板栗等树种。具体情况如表4-2所示。

表4-2 贵州省主要经济林、林产品产量

指标	2013年	2014年	2015年	2016年	2017年	增长（%）	排名（位）
果园面积（万公顷）	22.813	26.214	30.048	33.275	40.635	22.12	17
水果产量（万吨）	167.75	196.38	224.90	235.84	283.53	20.22	22
苹果（万吨）	3.25	4.39	5.27	5.65	7.07	25.13	18
梨子（万吨）	24.09	27.31	29.24	24.17	28.04	16.01	16
柑橘（万吨）	25.48	28.91	32.01	20.57	25.39	23.43	11
香蕉（万吨）	0.56	0.58	0.85	0.72	1.73	140.27	7
猕猴桃（万吨）	2.21	2.50	5.25	7.04	9.47	34.52	4
桃子（万吨）	13.08	15.63	17.58	19.01	23.15	21.77	17
林产品产量（万吨）	11.10	19.60	22.25	23.90	28.11	17.62	——
核桃（万吨）	3.43	5.74	7.48	9.31	10.35	11.06	——
板栗（万吨）	3.16	5.32	5.80	5.40	8.40	55.57	——
油茶籽（万吨）	3.12	6.94	7.19	7.39	7.45	0.74	
松脂（万吨）	1.38	1.60	1.79	1.79	1.91	6.56	

注：柑橘包含柑、橘、橙、柚。

4.1.3 贵州省两轮退耕还林发展基本情况[①]

首轮退耕还林主要针对长江和黄河流域水土流失较为严重的省份，贵州省由于不在主要退耕区域，首轮退耕还林的退耕面积和比例都不大。由表4-3可

---

① 本节数据来自相应年份的《中国林业统计年鉴》（2019年《中国林业统计年鉴》更名为《中国林业和草原统计年鉴》）。

知，贵州省于 2000 年开始参与首轮退耕还林，于 2005 年停止参与首轮退耕还林，2013~2017 年累计退耕还林 425598 公顷，占全国退耕比例不足 5%。其中，退耕面积相对较多的年份为 2001 年和 2002 年，分别为 153503 公顷和 173165 公顷，占首轮退耕还林比重的 76.76%。贵州省首轮退耕补助累计发放超过 681818 万元，工程实施范围涉及全省 9 个市（州、地）的 86 个市（县、区）、1403 个乡（镇）、14012 个行政村和 211 万农户。

表 4 – 3　　　　　　　贵州省两轮退耕还林的主要情况

阶段	退耕年份	退耕地造林			退耕地造林按林种主导功能分类（公顷）				退耕补助金额（万元）	其中：种苗费（万元）
		合计（公顷）	占全国比重（%）	其中：25度以上坡耕地（公顷）	用材林	经济林	防护林	特种用途林		
首轮退耕还林	2000	7585	1.5	—	—	—	—	—	—	—
	2001	153503	7.53	—	—	—	—	—	75650	—
	2002	173165	5.61	—	—	—	—	—	134045	—
	2003	33339	3.28	—	—	—	—	—	150207	—
	2004	46674	5.42	31985	—	—	—	—	164916	—
	2005	11332	4.21	9444	—	—	—	—	157000	—
	合计	425598	4.30	—	—	—	—	—	681818	—
新一轮退耕还林	2014	—	—	—	—	—	—	—	35000	—
	2015	46667	10.45	46667	4835	33523	8309	—	49000	—
	2016	86660	15.51	86660	—	62656	24004	—	238700	143220
	2017	551600	45.46	551600	70533	449047	28182	3838	223000	140000
	2018	*	*	*	*	*	*	*	*	*
	合计	*	*	*	*	*	*	*	*	*

注：首轮退耕还林面积不包含荒山造林面积。由于首轮退耕还林将用材林、经济林、防护林和特种用途林的面积与其他造林面积合并统计，因此，此表首轮退耕还林上述林种面积缺失，用"—"表示。2018 年的《中国林业和草原统计年鉴》未就全国和各省新一轮退耕还林的面积进行单独公布，用"*"号标记作为说明。

2014 年，贵州省成为首批次参与新一轮退耕还林的十个省份之一，截至 2017 年，贵州省新一轮退耕还林面积将近 70 万公顷，占全国总退耕比重的 35%。其中，2017 年的退耕面积最多，达到 551600 公顷，占贵州省新一轮退耕还林总退耕面积的 50% 以上。各类林种中，用材林、经济林、防护林、特种用途林的累计种植面积分别为 70533 公顷、449047 公顷、28182 公顷和 3838 公顷，分别占幅 12.79%、81.41%、5.11% 和 0.70%。2014 年以来，贵州省新一轮退耕还林退耕补助累计发放超过 54 亿元。

4.2　样本市的基本情况①

4.2.1　样本市自然资源与国民经济

4.2.1.1　样本市自然资源条件

根据第三次全国农业普查数据显示：2016 年末，毕节市拥有耕地和林地面积总和将近 3000 万亩，其中耕地面积 1488 万余亩，林地面积 1480 万余亩，此外还有牧草地面积将近 40 万亩；安顺市全市耕地面积 441.38 万亩，实际经营的林地面积（不含生态林防护林）677.55 万亩，实际经营的牧草地（草场）面积 4.04 万亩；黔西南州的耕地面积最少，为 44.7 万亩，另有林地面积 60.6 万亩，实际经营的牧草地（草场）面积 2.0 万公顷。

三个地区的土地利用主要存在三个问题：一是山地特点突出，用地类型多样；二是土地垦殖率高，坡耕地比重大；建设用地总量小、用地

---

① 本节数据来自相应年份的《中国林业统计年鉴》（2019 年《中国林业统计年鉴》改名为《中国林业和草原统计年鉴》）。

结构不合理，且用地效益不高；三是部分区域生态环境脆弱，土地石漠化严重。

近几年来，三个地区耕地面积逐年减少，导致耕地减少的主要原因，一是生态退耕和耕地石漠化；二是农业结构调整；三是西部大开发"十二五"规划项目的实施；四是城镇化建设、产业发展、交通发展等因素。

4.2.1.2 社会经济发展水平

从地区生产总值（GDP）的发展水平来看（见图4-7），三个地区中毕节市的经济总量最大，黔西南州第二、安顺第三，2018年三个地区的GDP分别为1921.43亿元、1182.34亿元、894.4亿元。从人均GDP的数量来看（见图4-8），黔西南州第一、安顺第二、毕节第三，2018年三个地区的人均GDP分别为39346元、36164元、289794元。从三个地区的产业结构对经济增长的贡献来看，毕节市和黔西南州的第一产业贡献比例相仿，都略多于20%，安顺市不足20%；三个地区的第二产业贡献比例相仿，都在30%左右，毕节市会略多于安顺市和黔西南州；安顺市的第三产业贡献比例最大，约50%，黔西南州略低于50%，毕节市约为60%。从三产对GDP的贡献比例变化趋势来看，2014年以来，三个地区的变化都不大，说明三个地区的产业结构比较平稳，近些年无较大的产业结构调整。

虽然近几年三个地区经济总量和人均GDP都呈现较大幅度进步，但是由于诸多原因限制，三个地区目前仍有不少县市和居民仍处于低收入状态。根据2019年的统计数据，2019年贵州省有50个县为贫困县，其中毕节市5个（纳雍县、赫章县、大方县、织金县、威宁县）；安顺市4个（紫云县、关岭县、普定县、镇宁县），黔西南州8个（晴隆县、望谟县、册亨县、平塘县、贞丰县、普安县、兴仁县、安龙县）。

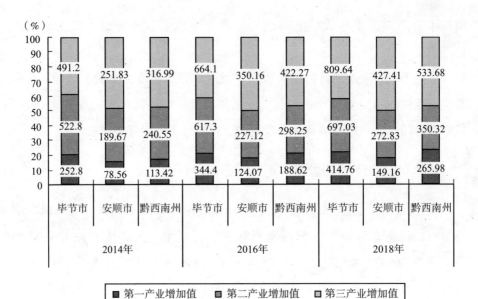

图4-7 样本市经济结构及变化

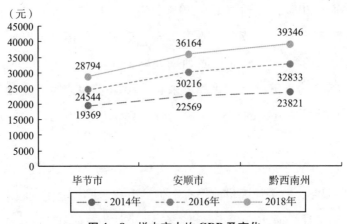

图4-8 样本市人均GDP及变化

4.2.1.3 农村居民收入与开支水平

表4-4的数据表明样本市农村常住居民的收入与开支存在四个特点。一是2014~2018年,毕节市、安顺市和黔西南州的人均可支配收入都要低于贵

州省平均水平，这跟三个样本地区仍存在大量的低收入人口有关。二是三个样本市的人均可支配收入和人均开支的年均增长幅度都大于10%，但是总体来说人均开支的增长幅度要略大于人均可支配收入的增长幅度。三是从收入来源来看，样本市的人均可支配收入的第一来源为家庭经营性收入，第二来源是工资性收入，第三来源是转移性收入，财产性收入的比重最低。这个特点与贵州省的人均收入来源结构基本一致。四是食品烟酒和居住目前是人均消费比重最大的两个开支。近年来农村居民的交通开支和教育文化娱乐开支的增长幅度较快，尤其是交通开支。说明农户家庭外出的次数变多，这可能与外出务工的频次和人次增加有较大关系。

表 4 - 4　　　　　　　　**样本市农村常住居民收入情况**　　　　　　单位：元

指标	2014 年			2016 年			2018 年		
	毕节市	安顺市	黔西南州	毕节市	安顺市	黔西南州	毕节市	安顺市	黔西南州
人均可支配收入	6223.00	6049.00	6345.00	7668.00	8120.00	7779.00	9354.00	8956.00	9490.00
工资性收入	2215.83	2195.30	2519.60	2875.38	2936.70	3090.46	4319.00	3231.37	3770.36
家庭经营收入	2964.41	2709.12	2736.83	3369.18	3627.22	3337.31	3284.00	4007.56	4071.51
财产性收入	4.67	3.12	34.04	19.07	27.00	42.10	66.00	40.62	51.36
转移性收入	1009.12	1141.46	1052.83	1404.50	1529.56	1310.04	1685.00	1664.42	1598.24
省人均可支配收入	6671.22			8090.28			9716.00		
人均消费支出	6255.00	5237.00	5533.00	7253.11	7131.00	7042.56	8920.00	8649.00	8812.30
食品烟酒	2556.37	1920.35	2393.30	2753.35	2743.36	2437.28	2562.00	3319.47	3036.60
衣着	387.46	287.25	234.70	422.74	410.46	395.41	513.00	496.54	514.26
居住	1362.19	1072.44	1124.96	1542.17	1532.06	1562.44	1870.00	1853.79	1973.05
生活用品及服务	375.74	285.73	383.02	425.02	408.19	534.75	492.00	493.91	638.14
医疗保健	342.05	278.96	174.58	410.46	398.51	270.25	747.00	482.20	353.81
交通通信	501.20	461.81	628.72	674.66	659.73	901.00	1368.00	798.27	1136.25
教育文化娱乐	739.91	638.00	595.71	929.75	911.43	827.37	1242.00	1102.83	1054.21

4.2.2 样本市农林业发展基本情况

4.2.2.1 农林业增加值

从农林牧业增加值的变化趋势来看（见表4-5），三个样本市2018年的产值与2014年相比都有较大幅度的增加，但是从变化趋势来看，毕节市和安顺市的变化波动相对较大。具体来看，与2014年相比，三个地区的农林牧业增加值分别增加50.30亿元、24.36亿元、131.78亿元。其中，毕节市2016年的产值低于2014年，安顺市2018年的产值低于2016年，只有黔西南州一直保持增长的趋势。具体看农业、林业和畜牧业的发展情况可知，三个地区都是农业产值占据主要比重、畜牧业第二、林业最少。但是相比2014年，三个地区的林业产值增长幅度最大，农业第二，畜牧业增加值有一定程度的下降。

表4-5　　　　　　　　　　样本市农林牧业基本情况

指标	2014 年			2016 年			2018 年		
	毕节市	安顺市	黔西南州	毕节市	安顺市	黔西南州	毕节市	安顺市	黔西南州
农林牧业增加值	389.30	131.55	119.42	365.5	208.01	199.20	439.60	155.91	251.20
农业	268.70	81.52	76.01	227.5	122.62	118.7	293.40	97.65	155.7
林业	4.90	3.28	5.60	18.4	10.96	10.35	20.90	10.32	15.35
畜牧业	108.70	41.53	30.60	96.1	58.75	52.07	98.20	35.44	71.07
农、林、牧服务业	—	0.79	1.61	21.10	7.79	10.36	24.80	6.75	19.36
农林牧业增长速度	—	13.4	6.2	6.0	5.1	6.2	6.9	3.1	6.3
农业	7.4	13.9	7.0	7.2	5.9	7.0	7.6	8.0	6.9
林业	11.0	7.2	6.3	14.5	6.6	6.3	8.0	8.0	6.2
畜牧业	5.5	13.5	4.3	5.3	2.8	4.3	5.0	4.4	4.1
农、林、牧服务业	—	3.7	6.2	6.0	2.1	6.2	6.4	3.1	6.4

注：增加值的单位为亿元；增长速度的单位为%。"—"表示该数据缺失。

4.2.2.2 样本市主要农产品及其产量

三个样本市的主要农作物品种与贵州省的农作物品种基本一致,且近几年的产量除个别品种外也基本保持不断增长的发展趋势。由表4-6可见,毕节市的粮食作物产量大幅度高于安顺市和黔西南州,这主要与毕节市的农地面积最大有关。但是从粮食作物的总量来看,毕节市2016~2018年存在一定程度的下降,安顺市区和黔西南州则小幅度上升。具体来看,2018年毕节市的稻谷产量相比2016年减少13.77万吨,小麦减少4.83万吨,但是薯类产量增加19.57万吨。相比而言,2018年安顺市和黔西南州的稻谷、小麦和薯类产量都高于2016年,但是玉米的产量相比要减少不少,其中,安顺市减少12.24万吨,黔西南州减少1万吨。各地区不同农作物产量的变化与贵州省近几年农业种植结构调整有较大关系。由于玉米在贵州的单产和单价都较低,不利于农户增收,因此贵州省近些年来出台一系列政策鼓励农户种植马铃薯等其他粮食作物。

表 4 - 6 样本市主要农产品、林产品产量 单位:万吨

指标	2014 年			2016 年			2018 年		
	毕节市	安顺市	黔西南州	毕节市	安顺市	黔西南州	毕节市	安顺市	黔西南州
粮食作物	250.12	68.26	102.1	262.88	68.80	106.40	248.37	79.27	108.14
稻谷	25.05	33.85	34.92	26.60	33.46	36.45	12.83	36.41	37.52
小麦	12.07	10.45	11.68	10.49	10.91	12.53	5.66	11.33	14.53
玉米	100.68	21.57	42.05	106.10	22.55	39.50	109.74	10.31	38.50
薯类	84.16	7.21	2.99	90.12	7.43	4.05	109.69	29.45	5.85
油菜籽	13.31	9.12	3.74	13.81	9.28	4.61	12.62	9.41	5.36
烤烟	7.57	1.46	4.50	6.76	1.03	4.21	6.46	0.87	4.17
蔬菜及食用菌	186.39	105.81	142.40	221.54	123.79	157.54	361.22	201.05	166.43

此外,毕节市、安顺市和黔西南州也是贵州烤烟的主产区,虽然近些年烤烟的种植面积有一定幅度的减少,但是三个地区的烤烟产量仍超过10万

吨。蔬菜和食用菌的产量近几年的增长幅度较大，其中毕节市 2018 年的蔬菜及食用菌产量相比 2014 年将近增长了一倍，达到 361.22 万吨，安顺市也有较大幅度的增长，相比 2014 年增长了 95.24 万吨，黔西南州的增幅相对较少，相比 2014 年增长了 24.03 万吨。

4.2.2.3　样本市主要林产品生产情况

由于安顺市和黔西南州两个地区的各类林产品数量并未对外公布，因此无法直接对三个样本市的主要林产品进行对比分析。不过在贵州省林业厅退耕办的访谈中，调研组了解到，近些年来毕节市、安顺市和黔西南州各自因地制宜地探索符合各市发展特色的各类经济林产品。其中毕节市大力鼓励发展刺梨、核桃产业和樱桃产业，安顺市则鼓励发展板栗和花椒产业，并且形成以蜂糖李为主打品种的李子产业链。黔西南州目前也鼓励发展核桃产业，兼顾其他各类水果。三个样本市的各类林产品产量近年来的平均增幅都要大于农业产品的增幅（见表 4-7）。

表 4-7　　　　　　　　　　　样本市各类林产品产量　　　　　　　　　　单位：万吨

指标	2015 年			2016 年			2017 年		
	毕节市	安顺市	黔西南州	毕节市	安顺市	黔西南州	毕节市	安顺市	黔西南州
各类林产品总量	17.82	—	—	25.21	—	—	33.54	—	—
水果	12.14	30.28	9.3	15.56	55.87	9.73	20.87	65	14.82
苹果	3.58	—	—	3.36	—	—	3.47	—	—
柑橘	1.37	—	—	1.98	—	—	2.09	—	—
梨子	2.64	—	—	3.82	—	—	4.86	—	—
葡萄	0.24	—	—	0.36	—	—	0.86	—	—
桃子	2.12	—	—	2.67	—	—	2.77	—	—
干果	51.66	—	—	54.62	—	—	59.52	—	—
核桃	46.22	38.13	—	50.44	43.26	—	52.70	61.33	—
板栗	38.77	42.57	—	31.45	42.30	—	52.18	44.07	—
花椒	1.57	15.02	—	1.04	17.51	—	1.61	19.20	—

注：水果和干果品种只列出年产量大于 1000 吨的主要品种。"—"表示数据截至统计时间尚未更新。

4.2.3 样本市新一轮退耕还林发展基本情况

4.2.3.1 样本市退耕还林基本情况

毕节市、安顺市和黔西南州是贵州省新一轮退耕还林中参与退耕面积最大的三个地区，2014 年三个地区的新一轮退耕还林面积占贵州全省总退耕还林面积比重的 70% 以上。具体来看，2014 ~ 2016 年，三个地区合计退耕37.35 万亩、70.87 万亩、184.84 万亩，其中，2014 年各区县平均退耕面积2.67 万亩，2015 年平均退耕面积 5.06 万亩，2016 年平均退耕面积 14.21 万亩。从县（区）退耕规模来看，2014 ~ 2016 年退耕规模最大为册亨县 36.0 万亩，其次为七星关区 35.8 万亩，第三为纳雍县 34.1 万亩，最少的为普定县 9.85 万亩（见表 4 - 8）。

表 4 - 8   样本市新一轮退耕还林的面积（2014 ~ 2016 年）   单位: 万亩

市（州）	县（区）	2014 年	2015 年	2016 年	合计
毕节市	七星关区	3.5	8.27	24.03	35.80
	大方县	2.5	0.40	16.96	19.86
	织金县	3.0	4.21	11.00	18.21
	纳雍县	3.0	2.62	28.48	34.10
	赫章县	4.0	10.86	—	14.86
安顺市	普定县	1.05	1.05	7.75	9.85
	镇宁县	1.05	3.10	10.69	14.84
	关岭县	2.05	3.05	5.70	10.80
	紫云县	3.00	4.75	14.86	22.61

续表

市（州）	县（区）	2014 年	2015 年	2016 年	合计
黔西南州	兴仁县	1.2	7.05	18.00	26.25
	普安县	3.0	2.29	8.77	14.06
	晴隆县	3.0	1.22	8.10	12.32
	贞丰县	4.0	4.0	15.5	23.5
	册亨县	3.0	18.0	15.0	36.0
平均		2.67	5.06	14.21	—
合计		37.35	70.87	184.84	293.06

注："—"表示当年度无退耕任务。
资料来源：贵州省林业厅退耕办。

4.2.3.2 样本乡镇退耕还林基本情况

表4-9为样本市新一轮退耕还林的树种类型。从树种来看，三个地区的退耕树种各有侧重，毕节市由于在退耕前地方刺梨产业和核桃产业已有发展基础，因此在新一轮退耕还林的布局中较为广泛地种植刺梨和核桃树。其中刺梨的主要栽种地区为七星关区，核桃的主要栽种地区为大方县、赫章县；织金县和纳雍县都各自依托该地区的品种优势分别种植李子和樱桃，其中纳雍县的樱桃产业已经逐渐成为该县的拳头产业，不少退耕农户都通过种植樱桃实现脱贫增收。安顺市的退耕树种也较为多样，但其主要退耕树种为李子（蜂糖李和四月李）。由于退耕之前，安顺市六马镇的李子产业已经享誉全市，且李子的单产和单价都较高，因此安顺市在布局新一轮退耕还林的过程中不少农户自发种植李子，并且地方政府也积极引导农户种植李子树。不过由于地形、土壤和气候等诸多因素的影响，并非所有种植李子的农户都能从中受益。黔西南州的退耕树种相比毕节和安顺并无特别明显的树种依赖，常见的经济林树种基本都有种植，由于首轮退耕还林黔西南州也曾参与，因此不少农户在新一轮退耕还林中仍选择与首轮一样的退耕树种，如板栗和核桃。

表 4 – 9　　　　　　　　　样本市新一轮退耕还林的树种类型

市（州）	县（区）	乡镇	退耕树种
毕节市	七星关区	阿市乡	石榴、刺梨
		三板桥街道	板栗、刺梨、李子
	大方县	小屯乡	皂角、核桃
		六龙镇	柿子、核桃
	织金县	三甲街道	核桃
		化起镇	青脆李
	纳雍县	厍东乡	樱桃
		维新镇	樱桃
		乐治镇	樱桃、李子
	赫章县	达依乡	枇杷、核桃
		平山乡	核桃、桃子
安顺市	普定县	鸡场坡镇	桃子、樱桃
		补朗乡	李子、脐橙
	紫云县	五峰街道	四月李、蜂糖李
		四大寨乡	橙子、石榴、板栗
	镇宁县	六马镇	李子
		本寨镇	梨、李、花椒、桃
	关岭县	花江镇	李子
		花江镇	石榴、桃子
黔西南州	晴隆县	东观街道	李子
		光照镇	石榴
	普安县	龙吟镇	橙子、板栗
		江西坡镇	板栗、核桃
	兴仁县	马马崖镇	桃子、李子
		新龙场镇	核桃、桃子
	贞丰县	鲁容乡	百香果、芒果
		百层镇	杉树、桃子
	册亨县	冗度镇	核桃、李子
		者楼镇	板栗、核桃

资料来源：根据实地调研整理。

4.3 样本农户的基本情况

4.3.1 样本农户家庭基本情况

总体样本农户中，低收入农户有 238 户，普通收入农户 385 户，规模退耕户 311 户，普通退耕户 312 户。从农户家庭特征来看，农户家庭平均人口数量为 4.57 人，其中家庭劳动力数量 2.94 人，非农劳动力数量 1.52 人。具体来看，低收入农户的家庭总人口、劳动力人口和非农劳动力人口都低于普通收入农户，与普通收入农户相比，低收入农户家庭的劳动力特征主要表现为劳动力短缺和较高的家庭抚养比。相对较少的劳动力和较高的家庭抚养比势必加重低收入的家庭负担，进一步影响农户家庭收入的改善。与之相似的，规模退耕户的家庭人口数、家庭劳动力数量和非农劳动力数量都要高于普通退耕户。这可以理解为家庭人口和非农劳动力数量越多的家庭其退耕的农地面积越多。一方面，按照我国第一轮土地承包的操作实际来看，家庭人口数越多，其承包的土地面积越多，因此，家庭人口数量越多的家庭其拥有的可退耕地面积也就越多，这与调研实际基本一致。另一方面，随着非农收入占农户家庭收入比重越来越大的既定现实影响，单纯从事农业劳动已很难维持农户家庭开支，因此农户家庭非农劳动力占家庭劳动力的比重也将越来越多。家庭非农劳动力数量的增加，必将导致农户家庭闲置耕地和林地面积数量的增加。

由表 4-10 可知，样本户主平均年龄 52.9 岁，平均受教育年限 4.75 年，户主的健康水平为 1.38，介于良好与一般之间，这与当前农村留守劳动力的情况基本一致。从收入状态的划分来看，低收入农户家庭户主的年龄略低于普通收入农户，且户主的受教育水平和健康状态都低于普通收入农户。户主的受教育水平与健康状态是否可能影响农户家庭的收入状态值得验证。从退耕规模划分来看，规模退耕户和普通退耕户的户主特征除了年龄外其他方面无明显差异。具体来看，规模退耕户的户主平均年龄（51.12 岁）更年轻，平均比普通退耕户小 3.69 岁。

表 4 - 10　　　　　　　　　　　　样本农户基本情况

类别	变量	所有农户		低收入农户		普通收入农户		规模退耕户		普通退耕户	
		平均数	标准差	平均数	标准差	平均数	标准差	平均数	标准差	平均数	标准差
家庭特征	家庭人口数量	4.57	2.04	4.50	1.96	4.63	2.12	4.93	2.08	4.22	1.96
	家庭劳动力数量	2.94	1.28	2.67	1.24	3.16	1.28	3.10	1.27	2.80	1.30
	非农劳动力数量	1.52	1.26	1.30	1.14	1.71	1.28	1.65	1.22	1.41	1.25
	是否低收入农户、低保户	0.43	0.49	—	—	—	—	0.47	0.50	0.40	0.49
户主特征	年龄	52.90	12.37	51.84	12.42	53.58	12.11	51.12	12.32	54.81	12.24
	受教育水平	4.75	3.37	4.20	3.28	5.13	3.38	4.93	3.21	4.62	3.51
	是否有党员、村干部	0.13	0.34	0.12	0.33	0.15	0.36	0.15	0.35	0.13	0.34
	健康水平	1.38	0.93	1.52	0.50	1.30	0.88	1.37	0.87	1.39	1.00
样本量		623		238		385		311		312	

注：（1）以农户退耕面积的中位数（2.69）为分界点，将退耕亩数大于 2.7 界定为规模退耕户，将退耕亩数小于 2.7 界定为普通退耕户。（2）"健康水平"中，1 = 挺好，2 = 一般，3 = 不太好，4 = 很不好。

4.3.2　样本农户土地基本情况

参与新一轮退耕还林后，农户家庭平均剩余耕地面积 2.90 亩，退耕林地 3.28 亩。这意味着按照新一轮退耕还林的退耕要求来看，样本农户家庭平均有 3.28 亩耕地为坡度大于 25 度的低产耕地（见表 4 - 11）。从农（林）地特征来看，农户农地的土壤肥力要好于林地肥力，这符合理性农户的退耕选择。灌溉便利性方面，农户的农地和林地差异不大，都基本属于不方便灌溉地块。距公路距离方面，农地的距离（1.53 千米）近于林地的距离（1.75 千米）。从交通便利性来看，不管农地还是林地的交通便利性都比较不便，按照普通人每小时 5 千米的步行速度，结合山区的地形特征，农户平均需要步行 20 ~ 30 分钟才能将从家里走到农（林）地，这对部分老龄劳动力来说，是一个较大的体力负担，随着个人体力的下降，农户因为距离的关系将农地抛荒、闲置的概率也将变大，在调研中，此现象相对较为突出。

从收入状态划分来看，低收入户家庭的农地面积和退耕林地面积都要少于普通收入农户，这与上节中家庭劳动力与耕地面积关系的描述逻辑基本一致，在此不做展开描述。其他土壤肥力、灌溉便利性、距家距离和坡度等方面也与总体样本农户土地特征基本一致。从退耕规模划分来看，规模退耕户的非退耕农地面积和退耕地面积都要大于普通退耕户。其中，规模退耕户的林地面积为 4.39 亩，远远大于普通退耕户的 2.17 亩。

表 4 - 11 样本农户家庭土地特征

变量		所有农户		低收入农户		普通收入农户		规模退耕户		普通退耕户	
		平均数	标准差	平均数	标准差	平均数	标准差	平均数	标准差	平均数	标准差
农地特征	农地面积（亩）	2.90	4.44	2.38	3.50	3.34	5.06	3.31	5.37	2.49	3.35
	地块数量（块）	2.63	3.49	2.21	2.36	2.97	4.17	2.86	4.41	2.36	2.29
	土壤肥力	2.00	0.67	2.06	0.69	1.98	0.66	1.92	0.66	2.08	0.70
	灌溉便利性	1.73	0.38	1.81	0.38	1.84	0.38	1.80	0.41	1.85	0.35
	距公路距离（千米）	1.53	0.50	1.52	0.54	1.62	1.47	1.62	1.58	1.52	0.51
	坡度	1.56	0.72	1.60	0.71	1.56	0.74	1.51	0.70	1.65	0.76

续表

变量		所有农户		低收入农户		普通收入农户		规模退耕户		普通退耕户	
		平均数	标准差	平均数	标准差	平均数	标准差	平均数	标准差	平均数	标准差
退耕地特征	林地面积（亩）	3.28	3.67	2.99	2.28	3.46	3.62	4.90	6.19	1.67	1.24
	地块数量（块）	4.52	3.53	4.59	3.34	4.49	3.70	6.12	4.00	2.99	2.09
	土壤肥力	2.49	0.68	2.47	0.69	2.42	0.67	2.40	0.65	2.46	0.71
	灌溉便利性	1.88	1.32	1.86	0.35	1.90	0.31	1.90	0.30	1.86	0.34
	距公路距离（千米）	1.75	0.72	1.74	0.67	1.83	1.64	1.84	1.70	1.79	0.72
	坡度	2.46	0.79	1.93	0.77	2.18	0.80	2.11	0.76	2.00	0.84

注：（1）受地形影响，贵州山区农户的耕地和林地多为梯田，实际地块数量难以准确统计。因此，在问卷调查中，采用农户地块的片坡数代替农户的地块数量。在农地确权中，农户的地块数量也是采取与之相似的衡量办法。在实际中，农户的地块数量要远大于实际问卷填写地块数量。（2）"土壤肥力"中，1 = 好，2 = 中，3 = 差；"灌溉便利性"中，1 = 方便，2 = 不方便；"距公路距离"为实际距离；"坡度"中，1 = 15度以下，2 = 15～25度，3 = 25度以上。

4.4 本章小结

本章从省级层面、市级层面、农户层面三个维度对调研地和样本的基本情况进行介绍与分析。省级和市级层面重点介绍了相应地区的自然资源与社会经济、农林牧业发展情况、两轮退耕还林的参与情况。

（1）从自然与社会经济来看，贵州省辖区水热条件优越适合多种农林植物生长，但由于受到地形和地质条件限制，土地质量较差，土壤贫瘠，造成多种农林作物单产较低，长期制约农户生产收入的提高。尽管近几年社会经济发展趋势良好，但仍有不少市县社会经济发展水平低于全国平均水平，扶贫和脱贫工作仍是未来一段时间贵州省社会经济发展的重要工作内容。

（2）从农林牧业发展情况来看，贵州省的农业在全国处于中下游水平，各类农林作物的种植面积尽管不少，但是由于单产较低，总体生产水平依然不高，近几年来减少低产玉米种植面积，种植相对高产马铃薯逐渐成为地区农作物种植结构调整的重要内容。

（3）从两轮退耕还林的参与情况来看，首轮退耕还林贵州省的参与范围较少，参与程度较低，总退耕面积不足全国总退耕面积的 5%。新一轮退耕还林实施以来，贵州省 2014～2018 年累计退耕面积超过 70 万公顷，占新一轮退耕总面积的 35% 以上，重点涉及毕节市、安顺市和黔西南州三个地区，各类经济林成为新一轮退耕还林的核心树种，且退耕区域主要安排在低收入区县，新一轮退耕还林成为贵州省扶贫脱贫工作中的重要政策安排。

总体样本农户中，低收入农户有 238 户，普通收入农户 385 户，规模退耕户 311 户，普通退耕户 312 户。从农户家庭特征来看，农户家庭平均人口数量为 4.57 人，其中家庭劳动力数量 2.94 人，非农劳动力数量 1.52 人。从户主特征来看，户主平均年龄 52.9 岁，平均受教育年限 4.75 年，户主的健康水平为 1.38，介于挺好与一般之间，这与当前农村留守劳动力的情况基本一致。参与新一轮退耕还林后，农户家庭平均剩余耕地面积 2.90 亩，退耕林地 3.28 亩。

第 5 章

新一轮退耕还林对农户农业
生产的影响：农地利用视角

5.1 主要研究问题

首轮退耕还林的经验表明，稳固退耕还林的
成果除了政府对退耕还林农户进行一定时期的粮
食或现金补贴外，更重要的是稳定退耕农户的农
地生产和保障退耕农户的口粮安全（汪阳洁等，
2012）。尽管退耕不可避免地会使得农户可耕作面
积减少，但如果农户退耕后农户提高非退耕农地
的利用效率不仅有助于缓冲退耕造成的粮食减产，
还有助于避免农户对退耕地进行套种、复种等行
为，从而促进退耕地的成果巩固（李桦等，2011；

赵敏娟和姚顺波，2012；郭小年和阮萍，2014；陈儒等，2016）。新一轮退耕还林同样面临着如何稳定退耕农户的生计水平和促进退耕成果巩固的问题。新一轮退耕还林的退耕地选择标准更加严苛，一个重要的目的在于希望通过退耕改变农户坡耕地"广种薄收"的种植习惯和促进农户对非退耕农地的管护水平，提高非退耕农地的生产效率。那么参与新一轮退耕还林后，农户非退耕农地的利用水平是否提高了？农户是否会如预期一般在退耕后将"节余"的生产要素转移到剩余退耕地上，以更加精细的生产方式来促进农地增产？从理论上看，农户放弃低产耕地的劳作与生产有利于将更多精力和生产要素投入到剩余耕地上，从而增加剩余耕地的产出水平。但在实际过程中，农户具体会怎么做目前不得而知。参与新一轮退耕还林后，农户到底会对非退耕农地采取什么样的利用方式以及这种利用方式会得到怎样的产出结果，这不仅关系到退耕农户农业收入，从长远看，更关系新一轮退耕还林的成果巩固。

尽管不少研究指出，首轮退耕还林工程并没有对国家的粮食安全造成明显的负面影响，但是微观方面的农户农地生产和农业收入却存有争议。有学者认为首轮退耕还林造成农户个体粮食产量下降和粮食消费量的提升，如果不是因为较高的粮食补贴和退耕补贴，农户的收入将大于损失（钟甫宁等，2008）。也有学者认为退耕后，退耕农户的粮食单产和退耕地的粮食总产都低于退耕前的水平，不稳定的粮食产出强化了农户的垦殖动力和开荒规模（刘忠和李保国，2012）。盲目的开荒尽管短期内增加了粮食产量，但随之而来的资源衰竭、环境恶化又导致耕地质量和粮食单产的下降，不利于农户的可持续生计（闫慧敏等，2012）。但是也有学者认为，退耕还林后，农村地区的生态和环境显著改善，促进了农地生产能力的提升，反而有助于提高农户生产水平，退耕后农户可以将因退耕形成的相对剩余的劳动和资本要素投入非退耕农地上将有助于提高土地的利用效率（刘璨，2015）。

对此，本书利用贵州省的实际调查数据从三个方面对"新一轮退耕还林对农户农地生产的影响"进行实际验证。首先，研究新一轮退耕还林实施前后农户农地生产的变化；其次，从微观机理分析角度，新一轮退耕还林对农户农地利用水平影响的机制作用，最后，采用农户普遍种植的粮食作物作为稳健性检验。通过观察和研究退耕后农户非退耕农地利用的调整与变化水平为新一轮退耕还林后续成果巩固机制的制定与出台提供参考。

5.2　理论分析与研究假设

假设理性农户通过最大化生产效用函数决定是否选择退耕。假设对一个普通农户而言，退耕前其生产效用主要来自耕地种植效用 U_{a0}，退耕后其生产效用主要来自非退耕地的种植效用 U_{a1}、退耕地的种植效用 U_{a2} 和退耕补贴提供的效果 U_{a3}。则农户是否选择退耕取决于退耕后 $U_{a1} + U_{a2} + U_{a3}$ 是否大于 U_{a0}。理论上通过对农户退耕前后效用的对比我们可以很容易判断出退耕对农户而言是有益还是无益的，但在实际中这种判断很难在短期内通过对比农户的收入变化得到有效比较。因为农户的效用变化主要来源于退耕前后农户的生产行为及其内容。退耕不可避免会对农户生产的内容造成影响，并影响最终的生产结果。由于新一轮退耕还林广泛种植经济林，那么在经济林实现挂果营收前，农户的收入效用将主要来源于 U_{a1} 和 U_{a3}。由于 U_{a3} 是由农户退耕的面积所决定一个可以明确的数值，因此，退耕农户的生产效用主要变化来源于 U_{a1}。参与新一轮退耕还林后，农户生产效用 U_{a1} 的可能性变化我们可以通过比较退耕后非退耕农地的要素投入水平及其结果变化的估计来进行判断。

假设退耕前农户耕作的农地总面积为 S，参与新一轮退耕还林的耕地面积为 S_1，剩余非退耕农地面积为 S_2，退耕前农户在 S_1 的要素投入量为 $(K_1，L_1)$ 组合，在 S_2 的要素投入量为 $(K_2，L_2)$ 组合，则退耕前农户的耕地产量可以表述为：$Q = f(K, L) = f(K_1, L_1) + f(K_2, L_2) = Q_1 + Q_2$。参与新一轮退耕还林后，由于 S_2 种植了经济林，此时农户的非退耕农地的要素投入量和产量面临两种可能结果。

首先假设农户将退耕后 S_1 上的生产要素 (K_1, L_1) 全部放在经济林的生产过程中，并且不担心退耕造成农业减产，剩余退耕地的生产要素与退耕前保持一致，则非退耕农地的产出为 $Q_2' = F_2(K_2, L_2)$，此时 $Q_2' < Q$。其次，如果农户担心由于退耕造成的农地产量减少可能给自身生活带来更大不便，因此理性农户会寻求增加非退耕农地 S_2 的产量。从农业生产的经验我们知道，在技术、品种和耕地条件等方面保持不变的前提下，农地产量的增加主要来源于劳动和资本等要素的增加，即采取更加精细化的耕作方式和对耕地追加更多的土肥（吴玉鸣，2010；马铃等，2013；钟甫宁等，2016；高鸣，2017）。此时，农户可能会将退耕后从退耕地上"节余"的生产要素投入组合 (K_1, L_1) 全部或者部分投入到非退耕农地上，此时非退耕农地的产出为 $Q_2'' = f(K_2 + \alpha K_1, L_2 + \beta L_2)$。$\alpha$ 和 β 为农户从退耕地上转移过来的资本和劳动投入的比例（$0 \leqslant \alpha, \beta \leqslant 1$），这两个参数的值可以通过构建农户生产函数的方式予以计算。农户生产过程中的要素投入结构的变化还会引起要素弹性的变化，进而促进农业产出水平的提高（曾福生和李飞，2015），从这一点来看，退耕农户非退耕农地产出水平的提高不仅可能是要素投入增加的结果也可能是要素弹性变化的结果。由于广大退耕地区多处于山区地带，土壤贫瘠、灌溉不便等诸多原因的限制，当地的耕地水平普遍偏低，因此，退耕后由于生产要素投入组合的变化很有可能引起要素弹性系数也发生变化。

通过两个不同的要素投入和可能投入方式，我们可以发现退耕后农户非退耕农地的可能性结果为 $Q_2' \leqslant Q_2'' \leqslant Q$。显然，如果 $Q_2'' = Q$，则表明退耕对农户农地生产毫无影响，但从实际来看，$Q_2'' < Q$ 的可能性才最大。但是如果农户退耕后非退耕农地的产出水平能够实现 $Q_2'' > Q_2$，则表明退耕后农户非退耕农地的利用水平得到了改善，这对退耕农户在经济林实现营收前保障退耕后农户生活水平不受较大负面影响方面具有重要意义。虽然农户的行为具有不确定性，但出于对新一轮退耕还林政策影响的积极期待，不妨假设：

假设 1：新一轮退耕还林的实施有助于提高退耕农户非退耕农地的利用水平，退耕后农户非退耕农地的产出水平会得到显著提高。

假设 2：在经济林实现挂果营收前，农户会加大对非退耕农地的要素投入从而促进其产出水平的提高。

假设 3：新一轮退耕还林的实施改变了农户非退耕农地的生产要素投入组合，有助于促进非退耕农地生产要素的弹性水平的提高，并最终促进农户非退耕农地产出水平的提高。

5.3 新一轮退耕还林对农户农业生产的影响评估

5.3.1 模型选择与说明

Cobb-Douglas 生产函数（C-D 函数）被广泛运用到农户生产行为的研究过程中，是分析一定时期内，农户要素投入与产出关系的有力工具。本书拟对这一函数形式进行拓展来完成相关研究目标。通过利用 C-D 函数，借鉴钟甫宁等（2016）和彭小辉（2016）关于农户生产模型的构建，本书构建如下新一轮退耕还林对农户农地生产的影响模型，并展开相关分析。

$$\ln Y_{it} = \alpha + \beta_1 \ln M_{it} + \beta_2 \ln K_{it} + \beta_3 \ln L_{it} + \delta Policy_{it} +$$
$$\sum \phi_j X_{it} + \varphi Non\_Agri + \varepsilon_{it} \qquad (5-1)$$

其中，Y_{it} 表示第 i 个农户第 t 年的农地产出；$Policy_{it}$ 表示新一轮退耕还林政策虚拟变量。M_{it}、K_{it}、L_{it} 分别表示土地投入、资本投入、劳动投入；X_{it} 为反映个人特征、家庭状况和农地质量等方面的控制变量；Non_Agri 为农户家庭的非农化水平;ε_{it}为模型的随机干扰项。

5.3.2　变量选择与描述性统计

5.3.2.1　因变量

本书研究的是新一轮退耕还林的实施对农户农地生产水平的影响,衡量农户农地生产水平一般采用农作物产量和农业产值(农业收入)替代。由于退耕农户农地呈现多样化的种植结构特征,不同农作物的单产不同,直接以农地上各类农作物产量的总和作为因变量不具有可比性,所以本书采用农地的亩均产值作为因变量,符号用Y_{it}表示,

$$Y_{it} = \sum_{i=1}^{n} P_{it} \times Q_{it} \qquad (5-2)$$

其中,P_{it}表示农户耕地上第i种作物在t时期的价格,Q_{it}为农户耕地上第i种作物在t时期的亩均产量。

5.3.2.2　主要自变量

本书主要研究新一轮退耕还林的实施对农户农地生产的影响,重点研究退耕前后农户农地产出水平的变化情况及其内在机理。退耕前后是一个时间维度的政策变量,可以用$Policy_{it}$表示。考虑到退耕后农户调整生产资源配置需要一定的时间,故将农户参与新一轮退耕还林政策的后一年及其后的年份设置为1,否则为0,方法与徐景峰和廖朴(Xu and Liao,2012)、彭小辉(2016)相同。新一轮退耕还林的实施是否有助于农户农地产出水平的提高具有不确定性,因此变量$Policy_{it}$的系数符号可正可负。正数表明新一轮退耕还林的实施促进农户农地产出水平的提高,负数表明新一轮退耕还林的实施导致农户农地产出水平的减少。

5.3.2.3　控制变量

农户的农地产出还受到要素投入、农地质量、农户家庭特征和自然气候等诸多要素的影响。参照刘帅和钟甫宁（2011）、霍增辉等（2015）和吕新业等（2017）的做法，本书选择农户家庭农地生产经营费用支出（元）、家庭农地生产经营总投工（天）、农地生产面积（亩）来分别替代农户的资本投入（K_{it}）、劳动投入（L_{it}）和土地投入（M_{it}）。其中，农户生产的资本投入主要包括农地生产经营中的化肥、农药农膜、种子种苗、机耕作业、水电灌溉以及机械作业等费用；投工包含自投工、帮工和雇工。从经验现象来看，适当增加生产要素的投入能够有效促进产出水平的提高，因此预计此三个变量的系数符号为正。既往研究结果和现实经验常常表明，户主的一些个体特征很有可能影响农户家庭的生产决策，如受教育水平、健康水平和年龄等；此外，农户的家庭特征也是其家庭农地生产决策的产出水平的重要影响方面，例如，家庭非农劳动力人数、家庭劳动力数、家庭党员和村干部人数等；因此，参照胡雪枝等（2013）、胡继连等（2014）和吕新业等（2017）的做法，本书以 X_{it} 为一组反映户主特征和家庭状况的控制变量，个体特征包括户主的教育、健康水平、年龄等。此外，农地的坡度、灌溉便利性、交通便利性和破碎化程度等耕地质量指标都被证明是农地产出水平的重要因素，因此也将其纳入 X_{it} 内用以表示所种植农地的耕地质量。另外，本书还在模型中对时间和地区进行了控制，以衡量不同地区和年份中可能存在的不可控因素对农户农地生产的影响，如当年的气候变化、自然灾害和不同地区的农业政策变化等内容。

需要特别指出的是，受非农就业带来的可观收入的影响，农户家庭不仅非农劳动力数量在增加，兼业化生产也已经成为一个普遍现象，非农收入在农户家庭收入中的比例不断增加。对非农收入占家庭收入比重较高的农户家庭而言，农地生产可能已经不是较优选择。从机会成本和比较优势的角度看，非农收入占家庭收入比重较高的农户其农地利用选择可能与其他农户存在差异，即减少农地投入，增加非农投入，从而使得农地产出减少。因此，本书在下文的模型中增加一个农户家庭的非农化水平（*Non_Agri*）作为控制变量，预期系数符号为负数。变量赋值与描述性统计见表5-1。

表5-1　　　　　　　　　　　　主要变量定义及描述性统计

	变量	符号	变量说明与赋值	均值	标准差
因变量	亩均农业产值	*Y*	亩均农作物产量×单价，单位：元	897.87	1219.26
主要自变量	新一轮退耕还林政策	*Policy*	退耕后=1；退耕前=0	——	——
控制变量	土地投入	*M*	户均种植面积，单位：亩	2.46	6.31
	资本投入	*K*	亩均生产投入，单位：元	289.47	603.29
	劳动投入	*L*	亩均投工，单位：天	13.82	35.05
	户主年龄	*Age*	户主的实际年龄，单位：年	52.9	12.37
	户主受教育水平	*Edu*	户主接受教育的年限，单位：年	4.75	3.37
	户主健康水平	*Health*	1代表挺好，2代表一般，3代表不太好，4代表很不好	1.38	0.93
	家庭劳动力数	*Fnumber*	家庭劳动力人口数，单位：人	2.94	1.28
	家庭抚养比	*FD_Ratio*	需要抚养人数/家庭总人口，单位：%	0.36	0.51
	家庭党员和干部	*Party*	1=有，0=没有	0.13	0.34
	耕地坡度	*Slope*	1代表15度以下，2代表15~25度，3代表25度以上	1.56	0.72
	灌溉便利性	*Irrigate*	1代表方便，2代表不方便	1.73	0.38
	土壤肥力	*Soil*	1代表好，2代表中等，3代表差	2.00	0.67
	交通便利性	*Traffic*	地块离公路距离，单位：千米	1.53	0.50
	耕地破碎化程度	*Land frag*	耕地地块数量，单位：块	2.63	3.49
	家庭非农化水平	*Non_Agri*	家庭非农收入/家庭总收入，单位：%	0.43	0.55

注：表中涉及收入的变量都相应地采取了价格指数进行处理。

为进一步确认新一轮退耕还林的实施对农户农地生产可能产生的影响，本书将观测值以收入状态和退耕规模进行划分并对比分析了样本中不同收入状态和不同退耕规模下退耕前后四类农户在农地产值中的差异（见表 5-2）。T 检验结果表明，不同收入状态和退耕规模的样本农户退耕前后的农地产值存在显著差异。具体来看，退耕后四类农户的农地产值都明显高于退耕前，且都在 5% 以上的水平上显著，这表明，新一轮退耕还林与农户农地产值之间存在明显的关系，但其具体影响作用和路径还需进一步分析。

表 5-2　　　　　　　　　**不同类型农户农地产值的比较**　　　　　　　单位：元

项目	退耕农户的农地产值			
	低收入农户	普通收入农户	规模退耕户	普通退耕户
退耕前	1998.64	2394.5	2430.69	2397.23
退耕后	2121.02	2442.90	2457.41	2477.76
T 检验（p 值）	0.000 ***	0.000 ***	0.041 **	0.002 ***

注：退耕后农业产值为退耕后相应年份农地产值的平均值。***、**、* 分别表示在 1%、5%、10% 的水平上显著。

5.3.3　估计结果与分析

表 5-3 的回归模型 1～模型 5 分别为新一轮退耕还林政策对所有农户、低收入农户、普通收入农户、规模退耕户、普通退耕户等五类农户群体农地产出的拟合值。① 从模型估计结果来看，各回归模型的 F 检验均在 1% 统计水平上显著。

① 为了估计结果的准确性，本书还对计量模型进行了 Hausman 检验，结果显示固定效应模型比随机效应模型回归估计更有效。限于表格篇幅，本书仅汇报了面板回归检验后的模型估计结果。

表 5 – 3 新一轮退耕还林对农户农地产出的影响

变量	总体样本	低收入农户	普通收入农户	规模退耕户	普通退耕户
	模型 1	模型 2	模型 3	模型 4	模型 5
Policy	0. 087 ***	0. 100 ***	0. 082 ***	0. 079 ***	0. 070 ***
	(0. 027)	(0. 033)	(0. 02)	(0. 025)	(0. 022)
M	0. 337 ***	0. 537 ***	0. 437 ***	0. 407 ***	0. 365 ***
	(0. 108)	(0. 099)	(0. 129)	(0. 124)	(0. 122)
K	0. 251 ***	0. 183 ***	0. 300 ***	0. 271 ***	0. 230 ***
	(0. 082)	(0. 059)	(0. 091)	(0. 085)	(0. 067)
L	0. 047 **	0. 055 **	0. 033 **	0. 049 **	0. 064 **
	(0. 022)	(0. 025)	(0. 014)	(0. 021)	(0. 036)
Age	0. 057 *	0. 041 *	0. 050 *	0. 049 *	0. 043 *
	(0. 031)	(0. 02)	(0. 028)	(0. 027)	(0. 002)
Edu	− 0. 113 **	− 0. 100 **	− 0. 110 **	− 0. 117 **	− 0. 118 **
	(0. 044)	(0. 043)	(0. 048)	(0. 047)	(0. 048)
Health	− 0. 035 *	− 0. 039 *	− 0. 044 *	− 0. 039 *	− 0. 033 *
	(0. 019)	(0. 018)	(0. 019)	(0. 017)	(0. 015)
Fnumber	0. 706	0. 813	0. 834	0. 996	0. 922
	(0. 605)	(0. 651)	(0. 711)	(0. 811)	(0. 721)
FD_Ratio	− 0. 191	− 0. 137	− 0. 117	− 0. 195	− 0. 187
	(0. 197)	(0. 178)	(0. 152)	(0. 199)	(0. 189)
Party	− 0. 194 **	− 0. 21	− 0. 191 **	0. 197 **	− 0. 194 **
	(0. 075)	(0. 157)	(0. 074)	(0. 079)	(0. 073)
Slope	− 0. 072 ***	− 0. 090 ***	− 0. 029 ***	− 0. 062 ***	− 0. 090 ***
	(0. 014)	(0. 017)	(0. 006)	(0. 019)	(0. 028)
Irrigate	0. 048	0. 047	0. 034	0. 037	0. 04
	(0. 041)	(0. 046)	(0. 039)	(0. 042)	(0. 045)
Soil	− 0. 098 **	− 0. 102 **	− 0. 100 **	− 0. 092 **	− 0. 095 **
	(0. 04)	(0. 047)	(0. 047)	(0. 033)	(0. 037)
Traffic	0. 005	0. 001	0. 009	0. 010	0. 008
	(0. 013)	(0. 000)	(0. 019)	(0. 019)	(0. 007)

变量	总体样本 模型 1	低收入农户 模型 2	普通收入农户 模型 3	规模退耕户 模型 4	普通退耕户 模型 5
Land frag	−0.084*** (0.025)	−0.093*** (0.031)	−0.073*** (0.021)	−0.081*** (0.022)	0.083*** (0.025)
Non_Agri	−0.158*** (0.056)	−0.111*** (0.033)	−0.143*** (0.041)	−0.155*** (0.044)	−0.164*** (0.052)
Year	控制	控制	控制	控制	控制
Region	控制	控制	控制	控制	控制
常数项	0.456***	0.500***	0.504***	0.511***	0.493***
F-test	30.59	17.97	19.07	18.55	18.67
R	0.582	0.599	0.578	0.5	0.591
样本数	3115	1190	1925	1555	1560

注：***、**、* 分别表示在 1%、5% 和 10% 的水平上显著，括号内为标准误差。

从五个回归的模型估计结果来看，新一轮退耕还林政策对农户农地产出具有显著正向影响，且都在 1% 的水平上显著。具体地，新一轮退耕还林政策使得农地产出平均增加 8.7%（模型 1）；从收入状态来看，新一轮退耕还林在促进低收入农户农地生产方面（10%）比普通收入农户（8.2%）更具明显效果，这可能跟退耕补贴在改善低收入农户生产资本投入方面的积极效果有关，因为从补贴的比较效用来看，同样的补贴金额其对低收入农户的积极作用显然会大于对普通收入农户的积极作用；从退耕规模来看，规模退耕户的平均增加幅度（7.9%）要大于普通退耕户（7.0%），一般可以认为，农户所退耕耕地越多，所获得补贴和节省的生产要素也越多，因此其可供投入非退耕农地的生产要素也越多，因而有助于促进非退耕农地的产出水平。显然假设 1 得证。

其余控制变量对农户农地产出的影响也都符合理论预期。增加劳动、土地和资本等要素的投入都有助于农地产出水平的增加，这不仅符合理论预期也与现实实际相吻合。户主的特征变量也与前人的研究结果较为一致，农地特征方面的变量也符合实际结果，特别是农地的坡度越高、土质越差和破碎化水平越大都不利于农地生产，而这些农地特征却又是样本农户基本都需要直面的困难。特别需要指出的是，"鱼与熊掌不可兼得"。尽管非农收入逐渐成为农户家庭收入的重要组成部分，但是其对农户家庭农地生产的影响却是负向的。农户家庭为了增加非农收入，势必需要进行相应的劳动力转移和增加一定的资本投入，在短期内，增加在非农领域的要素投入则将对农业领域的要素投入产生一定的挤兑，从而使得农地产出减少。从比较收益来看，如果同样比例的要素投入，非农领域的收入增长幅度比农业领域的收入增长比例大，那么有条件的农户将进一步减少对农业的要素投入，从而转向非农经营，这对农业的可持续性和稳定性是个挑战。

5.3.4 稳健性检验

上文的研究结果表明，新一轮退耕还林政策有助于促进退耕农户非退耕农地平均产出水平的提高。由于本书采用的是农地的亩均产值作为被解释变量，农地产值的测算无法剥离出单产较高或者单价较高的农作物，在实际中农户农地产值的增加可能是因为其在退耕后选择了种植比较高产的农作物（如土豆），或者单价较高的作物（如烤烟）。由于农户的种植结构的调整而产生的农地产值变化可能对模型估计结果产生一定的影响，导致估计结果有偏，在此本书采用样本农户中种植比例最大、种植时间最长和价格相对较为稳定的玉米作物作为稳健性回归的研究对象。① 从另一个角度看，以玉米作物的产值变化作为稳健性回归，可以视为新一轮退耕还林政策对农户粮食作

---

① 退耕农户中，有 60% 左右的农户以玉米为主要生产作物，近 5 年玉米单价介于 0.9~1.2 之间，不同地区略有差异，但是从年份来看，价格波动比较平稳。

物生产的影响评估，如此，本章内容既可以实现新一轮退耕还林政策对农地产出影响的评估，也可以实现对农户粮食作物生产影响的评估，这样不仅可以实现稳健性检验，也可以加深本书的研究广度和深度。具体的，参照陈菲菲等（2016）的做法，以农户种植玉米的亩均产量作为被解释变量，核心解释变量和控制变量与上节的估计模型保持一致。

表 5-4 为稳健性估计结果。从核心解释变量的系数和显著性来看，参与新一轮退耕还林后，农户的玉米亩均产量增加了 9.1%。不同收入状态和退耕规模的农户其玉米产量也都在不同程度上得到了提高。这与上节的研究发现一致，即参与新一轮退耕还林有助于提高农户的农地产出。其他解释变量，如增加劳动、土地和资本投入都有助于提高农户的玉米产量，其中增加玉米种植面积对产量的直接贡献最大，其次是资本，最后是劳动投入。

表 5-4　　　　　　　　　　　**稳健性检验结果：玉米**

变量	总体样本	低收入农户	普通收入农户	规模户	普通户
Policy	0.091 *** (0.251)	0.106 *** (0.035)	0.095 *** (0.023)	0.080 *** (0.027)	0.087 *** (0.021
M	0.300 *** (0.091)	0.463 *** (0.136)	0.411 *** (0.121)	0.333 *** (0.117)	0.324 *** (0.115)
K	0.232 *** (0.081)	0.159 *** (0.051)	0.287 ** (0.079)	0.266 ** (0.081)	0.244 *** (0.069)
L	0.041 ** (0.016)	0.050 ** (0.019)	0.036 ** (0.014)	0.044 ** (0.017)	0.056 ** (0.022)
X_{it}	控制	控制	控制	控制	控制
常数	0.477 ***	0.513 ***	0.565 ***	0.593 ***	0.593 ***
F-test	24.34	13.07	14.46	17.09	17.82
R	0.697	0.622	0.654	0.611	0.654
样本数	1845	700	1145	890	870

注：***、**、* 分别表示在 1%、5%、10% 的水平上显著，括号内为标准误。限于篇幅，模型中的相关控制变量的计量结果作了省略。

5.4　新一轮退耕还林对农户农业生产的作用机制解释

在农产品价格相对稳定的情况下①，农户农业产值的增加主要来源于农地农作物产量的增加，而农作物产量的增加除了品种原因以外，最重要的贡献来自劳动、土地和资本等生产要素的增加。不同时期的农业研究也表明，生产要素的投入和增加是农地产量赖以增长的最直接来源（钟甫宁等，2016；高鸣，2017）。上一节本书的研究结果表明，农户参与新一轮退耕还林不仅不会导致农户农地产出的减少，反而有助于农户增加农地产出。如果我们还能证明，新一轮退耕还林政策有助于提高农户的生产要素投入，或者改善农户的生产要素组合，则我们可以肯定地说，新一轮退耕还林政策通过提高农户的生产要素投入或者改善农户的生产要素投入组合进而使得农地的产值增加。但是，在可耕作农地面积受限的前提下，劳动和资本等生产要素的投入不可能对农作物的产值具有无限的促进作用，因为生产要素的边际作用是会下降的。因此，理性农户如果为了增加农地产量，除了要增加生产要素的投入量，在效率上还需要提高生产要素的生产弹性，即改善生产要素的边际贡献水平。那么有必要进一步验证，新一轮退耕还林除了增加农户的生产要素投入外，是否也有助于提高生产要素的生产弹性。因为从比较收益的角度看，参与退耕还林后，农户

---

①　农作物价格是市场竞争的产物，从长期看其均衡价格主要受产量的影响。本书的被解释变量为农地产值，因此在相关分析中除了分析产量外，农产品价格也是一个重要因素。但在实际调查过程中我们发现，尽管在一年中的不同时节农作物的价格具有一定的波动，但是从近几年农户几种主要农作物（玉米、土豆、大豆、水稻）的单价来看其波动很小（基本在0.1～0.5之间），而产量的变动则相对不稳定。可以认为对农户农地产值的影响最大是产量，而不是价格。因此，本书的一个研究假设是认为近几年农作物的单价是相对稳定的，在下文的相关模型构建和研究分析中，价格也被假设为相对稳定，无显著波动。此外，品种选择导致的产量变化本书默认不予考虑，因为在实际调研中，并无发现因为选择其他特殊品种导致农户的产量发生显著变化的现象。

可以获得一定的退耕补贴，退耕补贴能够改变农户生产要素的比较价格和比较收益，进而导致其生产要素的投入发生变化，从而使产出更具效率。

所以下文将从新一轮退耕还林与农户生产要素投入量和新一轮退耕还林与农户生产要素生产弹性变化两个角度来验证农户参与新一轮退耕还林后，退耕补贴是如何通过影响农户的生产要素配置，进而对农户农地产出产生影响。

5.4.1 模型选择

生产要素投入本身也是生产函数里的重要组成部分，因此本节模型继续采用拓展的生产函数，利用上文的理论分析，本书构建如下计量经济学模型以考察参与新一轮退耕还林对农户农地生产要素投入的影响：

$$\ln K_{it} = \alpha_i + \beta_1 \ln M_{it} + \beta_2 \ln L_{it} + \sum \phi_j X_{it} + \delta Policy + \varepsilon_{it} \qquad (5-3)$$

$$\ln M_{it} = \alpha_i + \beta_3 \ln K_{it} + \beta_4 \ln L_{it} + \sum \phi_j X_{it} + \delta Policy + \varepsilon_{it} \qquad (5-4)$$

$$\ln L_{it} = \alpha_i + \beta_5 \ln M_{it} + \beta_6 \ln K_{it} + \sum \phi_j X_{it} + \delta Policy + \varepsilon_{it} \qquad (5-5)$$

其中，$Policy_{it}$为核心变量，表示新一轮退耕还林政策影响的政策变量，设政策实施后一年及其随后的年份为1，其他为0；其他变量定义同模型（5-1）。新一轮退耕还林直接改变了农户的生产习惯和生产内容，因此预期会直接影响农户的生产要素配置行为，生产要素配置行为的变化可能引致生产弹性也随之发生变化。为此，本文将参与退耕与农地生产要素投入的交叉项引入C-D生产函数，得到如下模型：

$$\ln Y_{it} = \alpha + \beta_0 \ln M_{it} + \beta_1 \ln K_{it} + \beta_2 \ln L_{it} + \gamma_1 Policy \times \ln M_{it} + \gamma_2 Policy \times \ln K_{it}$$

$$+ \gamma_3 Policy \times \ln L_{it} + \sum \phi_j X_{it} + \varepsilon_{it} \qquad (5-6)$$

式（5－6）中 $Policy \times \ln M_{it}$、$Policy \times \ln K_{it}$、$Policy \times \ln L_{it}$ 分别为新一轮退耕还林补贴政策与农户土地、资本和劳动的交叉项。如果 γ_1、γ_2、γ_3 显著异于 0，则说明补贴政策实施后，农户农地生产要素产出弹性发生了变化[①]；也进一步说明参与退耕后，农户根据比较利益原则调整了生产要素投入，使得产出更有效率。

5.4.2 退耕与农户农地生产要素配置

上节我们猜测参与新一轮退耕还林后农户的农业产值不减反增可能是因为退耕后农户增加了农地上的生产要素配置，进而促进了农作物产量的增加，并最终导致农业产值的提升。因此，在进行模型实证之前有必要对退耕前后农户的生产要素配置变化进行观察和分析。由于几个调研地农户的主要农作物品种差异较大，部分农户在农地上还进行经济作物和粮食作物混种，直接进行农地农作物产量的对比不具有量的可比性，因此，此节内容选择典型农作物——玉米的生产要素投入与产出进行比较与分析（选择玉米作物的理由在上节稳健性检验中已经说明，在此不重复）。

首先是农户农地种植面积。农地是农户一切农地生产活动的载体，可耕作农地面积的变化将直接影响农户的农作物产量。从图 5－1（a）可以发现，退耕前（2014 年），农户户均农地种植面积大于 6 亩，退耕后（2015 年），农户户均农地种植面积小于 4 亩，且户均农地种植面积在随后

---

① 我们知道生产弹性系数可用边际产量与平均产量的比率求得。若以 E_p 表示生产弹性，农地总产量为 TPP，ΔTPP 表示农地产量的增量部分，可变的要素投入量用 Q 表示，ΔQ 表示要素的增量部分，则该要素的产出弹性的计算公式为：$E_p = \dfrac{\Delta TPP/TPP}{\Delta Q/Q} = \dfrac{\Delta TPP/\Delta Q}{TPP/Q} = \dfrac{MPP}{APP}$。因此在模型（5－6）中，$Policy \times \ln L_{it}$、$Policy \times \ln M_{it}$、$Policy \times \ln K_{it}$ 实际为 "$\dfrac{\Delta TPP}{TPP}$"，$\ln Y$ 实际为 "$\dfrac{\Delta Q}{Q}$"，所以 γ_1、γ_2、γ_3 实际为 "E_p"。

三年呈逐渐减少的趋势，截至 2018 年，户均种植面积约为 3 亩。① 虽然户均农地种植面积减少了，但是由图 5 - 1 （b）可以发现，农户亩均农地产值却明显增加了，相比 2014 年，所有农户 2018 年亩均产值增加至少超过 5 元/亩。显然，退耕后农户的农地产出有了比较明显的增加，在农作物品种不变的基础上，产出能力的提高离不开农户对农作物的精细管护，这也间接说明了，退耕后农户加强了对农地的经营管护，使得农作物的单产能力逐渐提升。

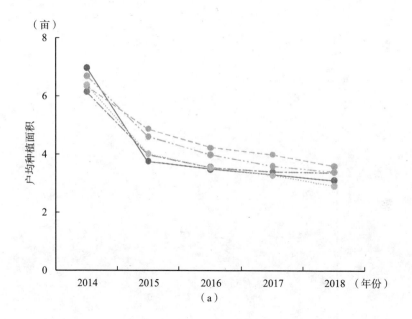

（a）

---

① 由第 4 章的农户基本情况描述我们知道，退耕后农户户均非退耕农地仅 2.9 亩，但是实际种植面积大于非退耕农地，这说明，退耕后农户家庭户均套种面积将近 1 亩，但是套种的面积逐年下降。退耕后，农户的套种行为选择可能反映出农户对非退耕农地粮食安全的担忧，因此通过套种来增加农作物产量，但也可能是因为退耕林地上林木尚处于养护阶段，可以通过套种的方式来加强林地的管护和土肥共享，实现"以农代养"。此后随着林木逐渐生长，为避免农林作物争夺水热和土肥等生长资源，套种的面积和套种的现象也逐渐减少。事实上，在实际访谈与询问过程中，农户选择套种和逐渐减少套种的的原因主要也是基于上述两点分析。

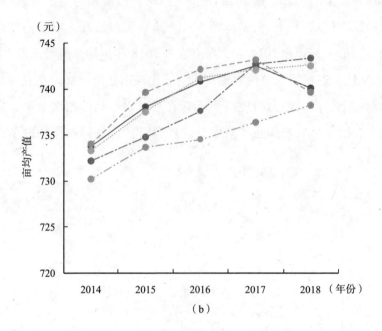

（b）

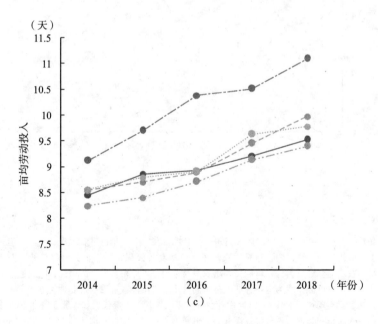

（c）

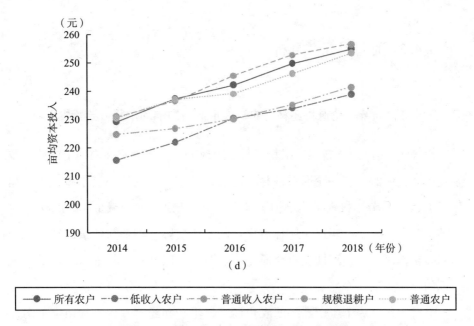

图5-1　退耕农户农地亩均要素投入与产值变化

图5-1（c）和图5-1（d）的数据特征进一步佐证了退耕后农户加强了对农地的经营管理水平的说法。观察上述两图可以发现，退耕后，农户的亩均劳动和资本投入都明显增加，相比退耕前，2018年亩均劳动投入增加约0.5天，亩均资本投入增加近20元。对比低收入农户、普通收入农户、规模退耕户、普通退耕户可以发现，尽管四类不同农户在退耕前的户均种植面积、亩产产量、亩均劳动投入和亩均资本投入的各不一样，但退耕后，这几项生产要素投入和农地产出都有不同水平的增加，且在时间上都具有趋势一致性。

基于上文的研究结果和本节的描述分析，我们可以大胆假设：新一轮退耕还林政策的实施促进了农户对非退耕农地的要素投入进而促进农作物产量的增加。从农地管理的角度我们可以说，新一轮退耕还林促进了农户对非退耕农地的管护水平，提高了农地的生产效率。下文将通过实证的方式对这一推论进行验证。

5.4.3 估计结果与分析

5.4.3.1 新一轮退耕还林对农户农地产出影响的解释：要素投入

由表5-5可知，新一轮退耕还林显著改变了退耕农户在农地上的生产要素投入。具体的，新一轮退耕还林实施后，退耕农户农地的资本投入平均增加了11.2%，劳动投入平均增加了6.2%，农地面积平均减少了51.5%。这个结果基本符合新一轮退耕还林后农户的生产实际，即退耕显著减少了农户的实际耕作面积，但理性农户会通过增加劳动时间和资本投入来提高非退耕农地的单产水平。

事实上，对一个生产熟练的农户而言，生产和经营一亩农地所需的劳动时间是相对比较固定的，农地增产更多来自化肥、农药等生产要素的投入、品种改良和机械化的精耕细作。因此，在原本熟练生产的基础上继续增加劳动投入很容易产生劳动剩余，造成劳动过度投入。但是从贵州省农业耕作条件来看，山区农业耕作还面临着灌溉不便、交通不便、土地破碎化等不利条件，导致农户生产所需的劳动时间明显要多于全国平均水平。[①] 因此从改善要素投入结构来看，增加劳动投入仍然有助于提高生产水平，即山区农户的劳动投入并未达到饱和状态。此外，尽管我们无法判断退耕后农户增加的农地上的资本投入到底是否来自退耕补贴，但模型的估计结果显示退耕后农户确实增加了农地上的资本投入，这显然符合农户理性经济人假设的行为特征，与上文的推论一致。这将有助于我们在巩固新一轮退耕还林的成果和继续改善退耕农户的生计水平方面提出有理有据的相关政策建议。

---

① 以两个主要粮食作物为例，全国玉米亩均投工6.0天，水稻亩均投工6.2天（资料来源《中国农业统计资料（2016）》；样本农户玉米亩均投工8.21天，水稻亩均投工9.38天。

表 5 - 5　新一轮退耕还林对农户农地生产要素投入的影响

变量	总体样本			低收入农户			普通收入农户			规模退耕户			普通退耕户		
	K	L	M	K	L	M	K	L	M	K	L	M	K	L	M
$Policy$	0.112***	0.062**	-0.515***	0.108**	0.071**	-0.539***	0.111***	0.067**	-0.377**	0.075*	0.040*	-0.420*	0.099***	0.055***	-0.276**
M_{it}	0.60***	0.54***	—	0.55***	0.62***	—	0.59***	0.55***	—	0.58**	0.50**	—	0.62***	0.58***	—
K_{it}	—	0.221***	0.46**	—	0.227***	0.41*	—	0.224***	0.46**	—	0.196*	0.44*	—	0.218***	0.48**
L_{it}	0.196***	—	0.27**	0.223***	—	0.30**	0.223***	—	0.27**	0.191***	—	0.26**	0.203***	—	0.29**
Non_Agri	0.090***	-0.088***	-0.061***	0.068**	-0.047***	-0.055*	0.103***	-0.117***	-0.074**	-0.096*	-0.120*	-0.099*	-0.092***	-0.094***	-0.074*
X_{it}	Yes	Yes	Yes	Yes	Yes	Yes	Yes	Yes	Yes	Yes	Yes	Yes	Yes	Yes	Yes
F - test	80.47***	29.15***	45.54***	33.16***	14.40***	22.97***	42.83***	16.63***	25.26***	39.92***	17.764***	23.01***	40.05***	18.13***	23.44***
R^2	0.69	0.73	0.56	0.72	0.77	0.60	0.66	0.70	0.54	0.70	0.72	0.57	0.71	0.74	0.60
样本数	3115	3115	3115	1190	1190	1190	1925	1925	1925	1555	1555	1555	1560	1560	1560

注：***、**、* 分别表示在 1%、5% 和 10% 的水平上显著；模型中的控制变量限于篇幅作了省略。

从收入状态和退耕规模来看，新一轮退耕还林实施后，四类不同农户都在不同显著水平下增加了劳动和资本投入。其中，低收入农户的劳动投入增加最多，普通收入农户的资本投入增加最多，规模退耕户的劳动和资本投入增加最少。对低收入农户而言，劳动时间可能是其拥有的最丰富和成本最低的生产要素了，因此在退耕后其在农地增加的劳动投入也最多。规模退耕户退耕面积最多，但是退耕增加的劳动和资本最少，一个比较合理的解释是规模退耕户拥有的耕地面积最多，即使退耕了，其农地产出所受影响也不太大，因此退耕后其生产要素的增加量不大。此时，假设2得证。

5.4.3.2 新一轮退耕还林对农户农地产出影响的解释：要素弹性

上一小节的模型估计结果证明退耕后农户的生产要素投入量有了显著增加，这一小节从边际贡献能力方面，继续观察退耕后农户的生产要素弹性是否发生了变化。如果要素的生产弹性在退耕后显著提高，那么其对农地产出增长的贡献力度也将随之提高，这也是农地增产的力量之源。

表5-6的估计结果表明（模型1），退耕后 $Policy \times \ln M$ 和 $Policy \times \ln K$ 的系数显著不为0，说明退耕后农户的土地和资本的生产弹性发生了显著变化。具体地，土地的生产弹性提高了0.011，资本弹性增加了0.028。$Policy \times \ln L$ 的系数增加了0.012，但未通过显著性检验。生产要素的弹性在参与退耕之后发生显著变化说明在退耕前这些要素并没有达到最优组合配置状态，仍然存在调整优化空间。我们知道，要素投入的量变和结构组合很可能会影响要素的弹性系数，例如，农户增加的农地化肥投入导致土壤肥力增加，会最终促进土地生产弹性的提高，即资本投入的增加导致了农地生产弹性的提高。事实上，模型1的模型估计结果也验证了这一分析逻辑，这从贵州省山区的耕地质量来看是比较符合实际且便于理解的。资本的弹性增加可能得益于农户资本的使用范围。退耕后农户增加的资本投入主要集中在肥料和灌溉等领域，而这些投入可能在退耕前并没有达到最优状态，因此增加资本的产出弹

性仍然具有进步空间，低收入农户的资本弹性系数也间接支持了这一推论。观察其他四类不同农户的资本弹性变化可以发现低收入农户的资本弹性在退耕后增加最大，在资产受限的情境下我们有理由相信在同等土地面积下退耕前农户施加在农地上的资本投入小于其他普通收入农户。退耕后，在可耕作面积减少的刺激和退耕补贴的激励下，低收入农户为了农地增产增加了非退耕农地的资本投入并显著增加了资本的产出弹性。尽管退耕后农户普遍增加了非退耕农地的劳动投入，但是劳动的产出弹性并没有发生显著变化，这意味着在退耕前农户的农地劳动投入已经达到相对饱和状态。退耕后增加的劳动投入可能只是因为施肥量等工作内容的增加而随之增加的劳动量，这是一种与耕作活动强度成比例上升的变化状态，因此弹性系数无显著变化。

表 5 - 6　　　　新一轮退耕还林对退耕农户生产要素弹性的回归结果

变量	总体样本	低收入农户	普通收入农户	规模退耕户	普通退耕户
	模型 1	模型 2	模型 3	模型 4	模型 5
$Policy \times \ln M$	0.011 ** (0.005)	0.015 ** (0.004)	0.009 * (0.003)	0.015 (0.005)	0.012 * (0.004)
$Policy \times \ln K$	0.028 ** (0.010)	0.033 *** (0.009)	0.027 ** (0.011)	0.022 (0.018)	0.021 ** (0.007)
$Policy \times \ln L$	0.012 (0.011)	0.024 * (0.013)	0.039 (0.030)	0.050 (0.051)	0.013 (0.018)
M_{it}	0.206 * (0.106)	0.229 * (0.126)	0.192 * (0.103)	0.189 * (0.151)	0.209 * (0.114)
K_{it}	0.029 ** (0.014)	0.032 * (0.018)	0.025 * (0.015)	0.031 (0.017)	0.044 * (0.025)
L_{it}	0.017 * (0.011)	0.021 * (0.012)	0.014 * (0.007)	0.023 (0.012)	0.033 * (0.019)
Non_Agri	-0.116 *** (0.038)	-0.107 *** (0.035)	-0.123 ** (0.048)	-0.144 ** (0.055)	-0.120 ** (0.046)

续表

变量	总体样本	低收入农户	普通收入农户	规模退耕户	普通退耕户
	模型 1	模型 2	模型 3	模型 4	模型 5
X_{it}	控制	控制	控制	控制	控制
F-test	60. 11	33. 94	38. 02	36. 44	35. 90
R	0. 61	0. 65	0. 69	0. 62	0. 66
样本数	3115	1190	1925	1555	1560

注： ***、 **、 * 分别表示在1%、5%和10%的水平上显著，括号内为标准误差。限于篇幅控制变量作了省略。

从收入状态和退耕规模来看，除了规模退耕户的生产弹性没有发生显著变化，其余三类农户的要素产出弹性都在不同程度上发生了变化，这也说明了不同类型农户在退耕前的要素配置未达到最优状态，退耕后的要素配置调整都在不同程度上实现了优化，并促进了农地产出的增加。显然，假设 3 得证。

5.4.4　稳健性检验

上一节的要素投入和要素弹性分析中采用的是农地上粮食作物和经济作物的平均值，事实上，不同农作物生长习性和产量差异巨大的现实让我们有理由相信施加在不同农作物上的同等比例的生产要素的产出弹性也是不同的。那么玉米作为退耕农户种植最广泛的粮食作物，退耕是否有助于提高玉米作物的要素和投入和改变其产出弹性也将直接影响农户的粮食产量，进而影响退耕后农户的生活水平。因此，本节继续采用玉米作物的种植农户数据，对上文的研究结果进行稳健性检验。

5.4.4.1　要素投入的稳健性检验

由表 5-7 可知，新一轮退耕还林显著改变了退耕农户在玉米作物上的生产要素投入（总体样本）。具体地，新一轮退耕还林实施后，农户玉米作物的资本投入平均增加了 10.1%，劳动投入平均增加了 9%，农地面积平均减少了 47.1%。这个结果与上文农地生产要素投入量的变化趋势基本一致，也基本符合新一轮退耕还林后农户的生产实际。从收入状况和退耕规模来看，新一轮退耕还林实施后，低收入农户的资本和劳动投入增加最多，分别达到 11.2% 和 11.1%，规模退耕户的资本和劳动投入增加最少，分别为 6.5% 和 8.1%。退耕后农户的资本和劳动投入的增加可能反映出两个现象：一是退耕给农户造成的一定的"粮食危机感"，因此理性农户会采取增加要素投入的方式来增加玉米产出；二是退耕在某种程度上起到了调整农户要素投入结构的作用，退耕户将原本投入在低产退耕地的要素转移到其他非退耕地上，不仅改变了"广种薄收"的种植习惯还改善了非退耕农地的要素投入结构，提升了农地的产出水平。

非农收入的估计系数表明（总体样本），家庭非农收入比重的增加能显著改善农户玉米种植的资本投入，但是会减少农户玉米种植的劳动和土地投入。农户家庭非农收入的增加势必需要进行一定的劳动投入，而增加的非农劳动投入势必会挤压农户的农业劳动时间，此外，随着非农收入逐渐成为农户家庭的主要收入来源，理性农户家庭会逐渐放弃农业方面的生产，而逐渐将劳动力转移到非农领域。可以预见的是，如果随着农户家庭非农收入比重越来越大，农户家庭的农地生产所需劳动力将逐渐转移到留守农村的老龄劳动力身上，而随着老龄劳动力逐渐丧失劳动能力，农户家庭也将逐渐放弃非农生产，抛荒地也将逐渐增加，而这正是目前我国广大农村农地生产普遍面临的问题。事实上，新一轮退耕还林正是基于上述背景展开的调整农户家庭生产行为和调整农地利用方式的一个重要政策，如何有效地对抛荒地和低产耕地进行有效开发成为新一轮退耕的重要政策内容和目标。

表5-7　新一轮退耕还林对农户农地生产要素投入的稳健性检验：玉米

变量	总体样本			低收入农户			普通收入农户			规模退耕户			普通户口		
	K	L	M	K	L	M	K	L	M	K	L	M	K	L	M
Policy	0.101**	0.090**	-0.471***	0.111***	0.112***	-0.420***	0.087*	0.100*	-0.398***	0.065**	0.081**	-0.377**	0.091**	0.096*	-0.442***
M_{it}	0.411***	0.36**	—	0.36***	0.40***	—	0.404***	0.295***	—	0.38**	0.298**	—	0.455***	0.38***	—
K_{it}	—	0.144**	0.290**	—	0.201***	0.251***	—	0.148**	0.30	—	0.119**	0.213	—	0.127***	0.300**
L_{it}	0.089***	—	0.18**	0.103***	—	0.17***	0.120***	—	0.20	0.003	—	0.014	0.044*	—	0.029
Non_Agri	0.052**	-0.100*	-0.079***	0.087***	-0.065***	-0.040***	0.111**	-0.075**	-0.048**	0.065**	-0.092**	-0.071**	0.087**	-0.068**	-0.042**
X_{it}	控制	控制	控制	控制	控制	控制	控制	控制	控制	控制	控制	控制	控制	控制	控制
F-test	61.33**	24.41**	40.08**	30.52**	10.86**	18.57**	35.52**	12.16**	20.81**	32.70**	13.12**	20.30**	29.24**	14.23**	20.43**
R^2	0.71	0.70	0.61	0.74	0.77	0.590	0.69	0.79	0.63	0.63	0.68	0.57	0.69	0.70	0.59
样本数	1845	1845	1845	700	700	700	1145	1145	1145	890	890	890	870	870	870

注：***、**、*分别表示在1%、5%和10%的水平上显著，括号内为标准误差；模型中的控制变量限于篇幅作了省略。

5.4.4.2 要素弹性的稳健性检验

从表 5 – 8 中可以看到（模型 1），退耕后 $Policy \times \ln M$ 和 $Policy \times \ln K$ 的系数显著不为 0，说明退耕后玉米种植农户的土地和资本的生产弹性发生了显著变化。具体地，土地的生产弹性提高了 0.009，资本弹性增加了 0.015。$Policy \times \ln L$ 的系数增加了 0.010，但未通过显著性检验。玉米种植农户的稳健性回归结果与上文的回归结果类似，这让本书进一步确认了在退耕前，退耕农户的土地和资本等要素的投入和使用都没有达到最优组合配置状态，仍然存在调整优化空间。同时也进一步证明了新一轮退耕还林实施后，农户农地生产增值的力量有一部分来自退耕后要素生产弹性的提高。这对解释农户农业增收的来源和继续促进农户增收的方式具有一定的参考借鉴作用，也可在一定程度上说明，新一轮退耕还林虽然减少了农户的耕作面积，但是显著提升了退耕农户的要素配置效率，进而促进非退耕农地的高效生产，即改变了农户"广种薄收"的种植习惯，促进了农户对农地的"精耕细作"。

表 5 –8　　　　　　　　　　要素弹性的稳健性检验：玉米

变量	总体样本	低收入农户	普通收入农户	规模退耕户	普通退耕户
	模型（1）	模型（2）	模型（3）	模型（4）	模型（5）
$Policy \times \ln M$	0.009 ** (0.003)	0.010 ** (0.004)	0.007 * (0.003)	0.006 (0.005)	0.010 * (0.004)
$Policy \times \ln K$	0.015 ** (0.005)	0.020 *** (0.006)	0.016 * (0.009)	0.037 (0.028)	0.018 ** (0.006)
$Policy \times \ln L$	0.010 (0.021)	0.017 * (0.009)	0.022 (0.017)	0.036 (0.040)	0.012 (0.034)
M_{it}	0.427 * (0.225)	0.429 * (0.224)	0.483 * (0.253)	0.401 * (0.219)	0.418 * (0.222)

续表

变量	总体样本	低收入农户	普通收入农户	规模退耕户	普通退耕户
	模型（1）	模型（2）	模型（3）	模型（4）	模型（5）
K_{it}	0.014 *	0.016 *	0.013 *	0.020	0.015 *
	(0.007)	(0.008)	(0.007)	(0.011)	(0.008)
L_{it}	0.010 *	0.099 *	0.087 *	0.076	0.078 *
	(0.054)	(0.055)	(0.043)	(0.062)	(0.039)
Non_Agri	-0.082 **	-0.069 **	-0.106 ***	-0.123 ***	-0.086 ***
	(0.032)	(0.024)	(0.038)	(0.039)	(0.029)
X_{it}	控制	控制	控制	控制	控制
F-test	49.81	27.38	30.33	25.89	28.14
R	0.69	0.60	0.63	0.59	0.63
样本数	1845	700	1145	890	870

注：***、**、* 分别表示在1%、5%和10%的水平上显著，括号内为标准误差。限于篇幅控制变量作了省略。

5.5 本章小结

本章利用 C-D 生产函数，构建了新一轮退耕还林政策对农户农业产出水平的研究模型，利用贵州省的退耕农户调查数据，对退耕后农户农地产出的变化和影响农户农地产出的因素进行了实证分析。研究发现：新一轮退耕还林实施后，退耕农户的非退耕农地的平均产出水平得到显著提高，从系数估计值来看农户的农地产出平均增加 8.7%。利用玉米作物进行的稳健性检验表明，该结果比较稳健，即新一轮退耕政策的实施有助于提高退耕农户非退耕农地的利用水平。

影响机制的回归证明了，新一轮退耕还林政策实施后农户农业平均产出增加的源泉主要来自农户生产要素的组合配置变化和生产要素的弹性变化。

具体地，新一轮退耕还林实施后，农户农地的资本投入平均增加了 11.2%，劳动投入平均增加了 6.2%，农地面积平均减少了 51.5%。此外，退耕后农户土地的生产弹性提高了 0.011，资本弹性增加了 0.028，劳动要素的生产弹性无显著变化。进一步的稳健性检验表明，本书的研究结果具有一致性，研究结果可信。

第6章

新一轮退耕还林对农户林业生产的
影响：经济林生产视角

6.1　主要研究问题

上一章阐释了新一轮退耕还林对农户农业生产的影响及其作用机理。本章则将研究视角进一步扩大到农户的林业生产领域。退耕后农户的"农 + 林"生产内容的形成是一个比较完整的联合决策过程，因此将农户林业生产的内容纳入研究范围不仅是研究农户完整生产决策的必然要求，也是对退耕还林政策影响范围实现全面评估不可缺少的部分。

新一轮退耕还林鼓励农户种植经济林是一次

全新的政策尝试，对政府而言，其政策目标是希望通过鼓励农户种植经济林的方式实现生态保护与促进农户增收，对参与退耕的农户而言，如何通过种植和经营经济林实现增产增收是其根本目标。从经济林生长的特点来看，经济林在进入挂果期之前其成本投入都属于"沉没成本"，因此理性农户对经济林进行持续管护的原动力将来自对经济林挂果后的预期收入。如果预期收入不能弥补经济林挂果前的前期投入，那么放弃经济林的管护和生产投入才是其最优选择。而农户的行为选择将直接影响新一轮退耕还林政策目标的实现，因此如何充分调动农户对经济林的管护和经营积极性成为政府等相关部门的重要工作内容。为此新一轮退耕还林的政策制定和执行单位等出台了一系列的鼓励和激励措施，允许退耕农户进行低矮作物套种，以及赋予农户自由的退耕地块和退耕树种选择自由等。其中最重要的措施是退耕还林每亩退耕地补助 1200 元，五年分三次下达。但是从经济林的生长周期来看，五年的补贴期内很多经济林树种并不能进入挂果期（如核桃、板栗、苹果等），这也就意味退耕五年内农户无法从种植经济林中获得收益，在这种情况下农户可能选择大面积套种，或者放弃退耕林地的管护，届时新一轮退耕还林的政策目标将难以实现。那么作为新一轮退耕还林政策中的核心措施安排，退耕补贴到底能否如预期一般实现其政策目标？即退耕补贴的持续发放是否有助于农户对经济林进行持续管护以及促进经济林生产机制的建立？特别地，新一轮退耕还林在实践中被广泛部署于低收入山区地带，那么对低收入农户而言，在减少可耕作农地面积后其经济林的管护积极性又如何，退耕补贴是否有助于低收入农户建立经济林生产机制使之成为增产增收的希望？在这些问题导向下，在实践中评估新一轮退耕还林补贴是否能够有效促进农户经济林的管护积极性和建立经济林生产机制则显得尤为重要，它不仅能够为退耕补贴同经济林生产挂钩的机制提供微观证据支持，更能进一步为五年补贴到期后是否需要追加贴期限提供重要参考。

从目前的研究成果来看，学者们在新一轮退耕还林工程对生态效益、成本有效性、益贫性等多元目标的瞄准成效性、农户参与新一轮退耕还林的风险感知，以及新一轮退耕还林过程中存在问题与难点进行了比较多的探讨（张坤等，2016；谢晨等，2016；任林静和黎洁2018），对新一轮退耕还林补贴是否能够有效持续刺激农户经济林的管护积极性和辅助建立经济林生产机制的研究较为匮乏。因此，本书以参与退耕还经济林的退耕农户为研究对象，利用一手农户的调研数据，对退耕补贴与农户经济林管护积极性和经济林生产机制建立的关系进行实证。由于新一轮退耕还林的实施过程中还涉及三类管护行为可能存在较大差异的农户：一是低收入农户；二是规模退耕户；三是速生种树①种植户。三类不同农户的管护行为和效果对实现新一轮退耕还林的政策目标具有重要意义，因此，本书在理论分析和实证分析环节将分别对其进行具体分析，以期为后续补贴的发放与管理以及农户经济林的管护与利用提供有价值的政策建议和参考。

6.2　理论分析与研究假设

6.2.1　退耕补贴与经济林管护

从理论上看，对理性农户而言，退耕补贴能够通过改变其收入水平或生产成本进而改变其经济林的管护投入。假设农户参与退耕后将退耕补贴视为生产补贴且在生产理性的驱动下，农户将退耕补贴用于增加经济林的资本投

---

①　本书以五年补贴期内经济林是否能够实现挂果为依据，将退耕经济林品种分为"速生树种"和"非速生树种"。根据这一划分依据，常见的退耕地区速生树种有刺梨、樱桃、李子、橙子、桃子、梨、枇杷、芒果等品种，退耕地区非速生树种有核桃、板栗、皂角、杜仲、苹果、石榴等。如果管护到位且生长环境适宜，苹果和石榴都能在五年内实现挂果。但是本书在调查过程中发现，选择种植苹果和石榴的退耕地区都未能在五年内实现挂果，因此根据退耕地实际情况，将其划为"非速生树种"。

入（化肥、农药等），设补贴使用率为 S，则相当于农户经济林资本投入的价格（成本）下降了（此时劳动的投入不变），为了加快经济林进入挂果期，理性农户会在补贴的激励下增加资本投入，从而促进经济林的管护水平；若农户将退耕补贴用于增加经济林的劳动投入，设补贴使用率为 S，则相当于经济林生产的劳动投入价格下降了，而资本的投入不变，而增加劳动投入亦是经济管护的重要环节；若农户将退耕补贴视为收入补贴，理性的农户会根据资本和劳动要素的相对价格重新优化资源配置来提高经济林的生产效率。假设补贴发放前农户经济林管护的等成本线为 C_1，若农户获得的退耕补贴收入为 ΔC，由此代表农户的等成本线变为 $C_3 = C_1 + \Delta C$，此时，农户经济林生产的均衡点将会与需求曲线相切于更高的均衡点，理性农户会扩大经济林管护投入，以期增加经济林产出。据此，本书提出以下假设：

假设 1：退耕补贴能够通过降低农户的管护成本进而促进农户增加经济林的管护投入和改善管护效果。

6.2.2 收入状况、退耕补贴与经济林管护

收入与管护是一对天然的矛盾。一方面，经济林在实现营收前需要长时间的管护投入，如果要缩短经济林的挂果期只能通过嫁接、追加土肥和保持精细管护等方式予以改善其成长条件。但是受低收入农户的资产限制，退耕农户会将有限的收入投入到维持日常生活所需的成本开支中，例如，将主要收入投入农地上以保障农户自身的口粮安全。如果将有限的收入投入到经济林管护过程中，必将影响低收入农户的当期生活水平，此时在较长时间内对经济林进行资本投入并不是其最优选择。另一方面，低收入农户若想改善收入水平，那么选择种植单产和单价更高的经济林则是其较优选择。此时，在增产增收的目标和经济林预期收入更高的双重激励下，低收入农户会选择将有限的资本投入到经济林管护过程中，并且在一定程度上会增加更多的劳动

投入，因为对低收入农户而言，增加劳动投入对其而言成本最低，见效最快。在这种农户行为具有不确定的状态下，退耕补贴对农户行为的引导则也将具有不确定性，因为低收入农户可能将其用于改善生活水平，也有可能将其用于增加经济林的资本投入。不过我们可以根据低收入农户选择种植经济林的行为选择上判断，农户的增收欲望是比较强烈的，因此退耕补贴可能有助于增加其资本投入，从而改善其经济林的管护效果。据此，本书提出以下假设：

假设2：收入状态对农户经济林管护行为的影响具有不确定性，但是退耕补贴可能有助于增加低收入农户的管护投入和改善其管护效果。

6.2.3　退耕规模、退耕补贴与经济林管护

退耕规模的多寡在一定程度上会影响农户的经济林管护积极性。从退耕成本的角度看，退耕规模越大，农户可耕作的农地面积越少，粮食减产的数量越多，退耕成本越高。因此对规模退耕户而言，改善其退耕成本的机会就是从退耕林地上获得"补偿"，即通过对经济林的持续管护，待经济林进入挂果期后，利用经济林的收入来弥补退耕造成的损失。因此从这一角度看，退耕补贴对其管护积极性的影响将不突出，因为保持对经济林的持续管护是规模退耕户的最优选择。对小面积退耕农户而言，经济林如果没有形成的一定的种植规模，退耕农户无法从小面积经济林管护中获得规模效益。如果退耕地块还破碎化、分散化，那么农户管护的成本将大大增加，再加上经济林的挂果周期较长，此时小规模退耕户很可能对经济林采取放任生长的管护行为，甚至以套种代替管护。此时，退耕补贴的发放对农户的激励作用难以明确，因为农户可能因为补贴而增加管护投入，也可能因为补贴不足以弥补管护成本而选择将其用在其他领域。据此，本书提出以下假设：

假设3：补贴对规模退耕户的管护行为和管护效果无影响，但对小规模退耕户的管护行为和管护效果具有不确定性。

6.2.4　退耕树种、退耕补贴与经济林管护

选择"速生树种"意味着相比非速生树种，经济林在进入挂果期前可以投入更少的资本和劳动等要素，还可以在未来经济林收入具有不确定性的情况下尽可能地减少退耕的风险损失，因此对农户而言，选择速生树种是一个比较占优的选择。此时，基于对速生树种能够在短期内实现增收效果的期待，理性农户会对其进行积极管护，以尽快地弥补退耕造成的收入损失，此时有无退耕补贴可能对经济林的管护行为影响不大。但是对选择非速生树种的农户而言，五年的补贴期内看不到经济林营收的希望，那么在成本投入见效慢和未来收入具有不定性的双重影响下，农户很可能选择套种和经济林抛荒行为。事实上，在调研中，此现象已经成为一个比较突出的现象。因此，利用退耕补贴来鼓励农户保持对非速生树种的管护成为政府等相关部门的重要政策，但其效果如何难以判断，因为退耕补贴只发放五年，农户若五年内经济林实现不了营收，那么其很有可能将补贴使用到其他领域，如增加农地投入和改善当期生活水平等方面。据此，本书提出以下假设：

假设4：退耕补贴对选择种植速生树种的农户可能具有管护激励作用，但是对选择非速生树种的农户的管护行为不具激励作用。

6.3　指标选取与模型构建

6.3.1　指标选择

6.3.1.1　被解释变量

农户的经济林管护行为（*Manage-invest*）主要包括农户对林地的施肥、

除草、剪枝、灌溉、防虫和补苗等一系列行为。从要素投入的角度看,施肥、灌溉和防虫等行为既需要一定的资本投入也需要一定的劳动投入,锄草和剪枝等行为则主要表现为劳动投入。在实际管护过程中,农户可能存在只进行锄草、剪枝等劳动投入行为而无施肥、灌溉等资本投入行为,也有可能两类要素投入行为都发生。因此,本书从要素投入的角度将农户的经济林管护行为划分为:劳动投入(*Labor-input*)和资本投入(*Capital-input*)两大行为。

管护效果(*Manage-effect*)是农户经济林管护行为的结果,是农户经济林管护目的外在表现。在经济林进入挂果期前,农户经济林管护的核心目标有两个:一是保障经济林的成活率;二是尽快实现经济林的挂果生产,即缩短经济林的挂果周期。成活率是经济林扩大产量和提高农户经济林收入的重要基础,缩短经济林的挂果期则是农户降低未来收入不确定性风险和尽快实现经济林营收的重要手段。由于树种之间的生长特征迥异,不同树种的挂果期存在巨大差异,且农户经济林的实际挂果期难以精确测量,我们无法判断在退耕农户一系列管护行为的影响下,退耕树种什么时候能够进入挂果期。因此,本书选择经济林的成活率(*Survival-rate*)作为衡量管护效果的特征变量。

6.3.1.2 核心解释变量

本书选取退耕后农户实际收到的补贴金额(*Subsidy*)为退耕补贴的衡量指标。在退耕补贴的发放过程中,由于地方政府等管理单位存在补贴发放时间滞后和发放次数调整[①]等方式,导致并非所有农户都能在规定的退耕期内获得相应的退耕补贴。因此,如果以退耕面积折算的退耕补贴金额作为解释

---

① 《关于印发新一轮退耕还林还草总体方案的通知》规定,退耕补贴1200元分三次发放,分别为退耕的第一、第三、第五年。但在实际调研过程中发现,部分地区将退耕补贴的发放方式进行调整,即采取每年发放240元,五年发完。此外,由于低收入地区地方财政困难等多种因素,部分地区的退耕补贴并未能准时发放给农户,滞后一两年的现象时有发生。

变量，会存在数据与实际不符的现象，故本书采取农户实际获得的退耕补贴金额作为自变量。

6.3.1.3 控制变量

在实际管护过程中，农户经济林管护行为和管护效果还受农户家庭特征、林地特征、农户家庭收入和农户家庭经济林管护技术等一系列因素的影响（徐秀英等，2014；李桦等，2016；陈妮等，2018；孔凡斌等，2018）。

（1）农户家庭特征方面。家庭成员的平均受教育年限越高，其进入非农户领域的概率越高，从事经济林管护的概率越低；农户家庭劳动力数量对其管护行为具有不确定性，劳动力越多可能管护投入越多，效果越好，但也可能劳动力越多的家庭其从事非农生产的机会越多，从而减少经济林的管护行为；家庭抚养比可能会降低农户家庭经济林的管护行为和管护效果，抚养比越高意味着家庭劳动力越少、收入越少，可用于经济林管护的要素投入则越少；家庭有无党员和干部对经济林管护行为和效果具有不确定性，一方面，党员和干部家庭其非农选择机会更多，经济林的劳动强度大，工作累，农户家庭可能管护积极性不高，另一方面，党员和干部家庭可能更加注重经济林的比较收益优势，因此会加大经济林的管护投入并促进管护效果的提升。

（2）林地特征方面。林地的坡度、土壤质量、灌溉便利性、交通便利性和林地细碎化等因素都被证明是影响林木生长质量的重要因素。对退耕农户而言，管护行为也很大程度受限于林地的特征。具体地，坡度越高管护难度越大，劳动投入也越大；土壤质量越好，施加的土肥次数则越少，资本投入越少；灌溉不便的地方既增加灌溉劳动量也增加灌溉费用等；交通越不便，农户管护积极性越弱，劳动投入可能越少；林地破碎化水平越高，农户管护效率越低其管护积极性可能越低，管护效果会变得更差等。

（3）经济林管护技术。经济林管护技术是影响管护效率和效果的重要因素。对普通退耕农户而言，其管护技术主要来源于两大方面：一是家庭有无经济林的管护经验；二是家庭成员有无接受过经济林管护培训。一般可以认为，有经济林管护经验和培训的农户家庭其管护行为可能更积极，效果更好。

另外，本书还考虑了农户家庭的非农收入水平和套种行为两个因素对农户家庭经济林管护行为和管护效果的影响作用。非农收入比例越高的家庭，其农林生产的积极性可能越低，因此其管护效果更差；农户家庭如果选择套种，那么其投入到经济林的劳动和资本投入可能越多。

6.3.2 实证模型构建

由于被解释变量的取值范围并非为无受限的连续变量，因此，本书将分别建立评估农户经济林管护行为和管护效果的实证模型。

6.3.2.1 农户经济林管护行为的实证模型

本书研究退耕补贴对农户经济林管护行为的影响，但是并非所有退耕农户都有对经济林进行积极管护，由于种种原因，调查样本中有相当一部分农户的劳动投入或者资本投入为0。是否对经济林进行管护是农户自选择的过程，退耕补贴对农户经济林的管护作用的高低首先取决于退耕补贴是否能引导农户进行经济林管护的行为决策。因此，本节内容采取两阶段模型：第一阶段利用所有观察值进行面板 Probit 估计，主要考察退耕补贴对农户经济林管护行为决策的影响概率（临界效应）；第二阶段利用农户经济林管护行为大于零的观察值进行面板固定效应估计，考察农户家庭有经济林管护行为的前提下，退耕补贴对管护行为的影响水平。由于各地区退耕还林补贴的方法时间并不一致，借鉴现有研究（王颜齐，2018；朱秋博等，2019），本书通过控制面板数据中农户个体和年份的双向固定效应来实现两阶段模型估计。

（1）第一阶段。

$$P_{it} = 1(\alpha + \beta \times Subsidy_{it} + \lambda \times X_{it} + T_{it} + U_{it} + \varepsilon) \quad (6-1)$$

其中，被解释变量 P_{it} 为 0 – 1 变量，当农户家庭管护投入（劳动投入或资本投入，下同）于 0 时，$P_{it} = 1$，反之 $P_{it} = 0$；$Subsidy_{it}$、X_{it} 是影响农户家庭是否有经济林管护的影响变量，T_{it} 和 U_{it} 分别表示时间固定效应和个体固定效应，ε 为随机扰动项。此模型中待决系数 β 和 λ 没有明确的经济含义，需要进一步求其边际效应：

$$\frac{\partial P(P_{it} = 1 | X)}{\partial x_k} = \phi(\alpha + \beta \times Subsidy_{it} + \lambda \times X_{it} + T_{it} + U_{it} + \varepsilon_{it}) \times \eta_k \quad (6-2)$$

其中，$Subsidy_{it}$、X_{it}、T_{it}、U_{it} 和 ε_{it} 的变量含义与式（6 – 1）一致，η_k 为 x_k 的回归系数。式（6 – 2）的经济含义为：解释变量 x_k 变动 1 个单位，农户家庭进行经济林管护的概率如何变化。

（2）第二阶段。

$$E(Manage\text{-}invest | P_{it} = 1) = \delta + \theta \times Subsidy_{it} + \varphi \times X_{it} + T_{it} + u_{it} + \varepsilon_{it}$$

$$(6-3)$$

其中，$Subsidy_{it}$、X_{it}、T_{it}、u_{it} 和 ε_{it} 的变量含义与式（6 – 1）一致，待决系数 θ 和 φ 反映的是核心自变量补贴和控制变量组对农户家庭经济林管护投入的影响作用大小。

6.3.2.2　农户经济林管护效果的实证模型

经济林生长率是一个介于 0 – 1 的受限变量，其数据为右截尾分布。如果采用传统的 OLS 进行面板回归会使研究结果产生有偏估计，因此本书采用受限因变量的 Tobit 模型检验退耕补贴对农户经济林管护效果的影响水平。此部分参考前人操作，继续使用双向固定效应模型，则回归模型如下：

$$Survival\text{-}rate_{it}^* = \alpha + \beta \times Subsidy_{it} + c \times labor\text{-}input_{it} + d \times capital\text{-}input_{it}$$

$$+ \lambda \times X_{it} + T_{it} + U_{it} + \varepsilon_{it} \quad (6-4)$$

$$Survival\text{-}rate_{it}^* = \max(0, \ Survival\text{-}rate_{it}^*) \qquad (6-5)$$

其中，$Survival\text{-}rate_{it}$ 表示第 t 年第 i 个农户家庭经济林的成活率；$Subsidy_{it}$ 为核心解释变量退耕补贴，表示第 i 个农户第 t 年获得的退耕补贴金额；X_{it} 为控制变量组，包括农户管护行为、家庭特征、农户林地特征、经济林管护技术、家庭非农收入比、家庭套种行为等；T_{it}、u_{it}、ε_{it} 分别为时间固定效应、个体效应、随机扰动项；β 和 λ 为待决系数。

由于 Tobit 模型里待决系数没有明确的经济含义，为了考察退耕补贴对经济林成活率的实际影响大小，需要进一步对退耕补贴的边际效应进行估计，这样我们就可以评估出，在控制了其他变量之后，退耕补贴变化 1 个单位能够引起经济林成活率变化的相应单位。Tobit 模型的边际效应计算公式如下：

$$\frac{\partial E[\ Survival\text{-}rate_{it}\ |\ X\ ]}{\partial x_w} = \omega \times \mathrm{prob}(\ Survivalrate_{it} > 0) \qquad (6-6)$$

其中，X_{it} 表示所有解释变量，x_w 表示某一具体的解释变量，ω 表示 x_w 的回归系数，$\mathrm{prob}(Survival\text{-}rate_{it} > 0)$ 表示变量 $Survival\text{-}rate_{it}$ 出现在可观测范围（0，1）的概率。如果在式（6-4）中将控制变量组的劳动投入和资本投入变量去掉，则形成以下模型：

$$Survival\text{-}rate_{it}^* = \alpha + \beta \times Subsidy_{it} + + \lambda \times X_{it} + T_{it} + u_{it} + \varepsilon_{it} \qquad (6-7)$$

这样我们就可以通过验证式（6-1）、式（6-4）和式（6-7）的系数显著性来判断退耕补贴是否会通过影响农户的管护行为进而影响其管护效果，即验证管护行为的中介效果。[①] 如果中介变量存在，则假设 1 将完全得证。

---

① 利用依次检验法可以验证中介效应的存在（温忠麟等，2014）。该方法的步骤为：首先，将因变量管护效果对核心解释变量退补贴进行回归估计，即式（6-7），核心解释变量显著；其次，将潜在中介变量管护行为对核心解释变量进行回归估计，即式（6-1），核心解释变量显著；再次将因变量同时对核心解释变量和潜在中介变量进行估计，即式（6-4），如果中介变量显著，则存在两种情形：一是核心解释变量退耕补贴仍显著，则中介变量发挥部分中介效应；二是核心解释变量不显著，则中介变量发挥完全中介效应。

6.3.3　数据说明与主要变量描述

6.3.3.1　数据说明

本章数据来自本书调研组于 2018 年 9～11 月调查的贵州省农户数据，涉及贵州省 2014 年首批参与新一轮退耕还林的 623 户农户，调研内容涉及退耕农户 2014～2018 年的林地管护投入、林木生长状态、林地特征、家庭特征、家庭收入等主要内容。除去选择退耕种植生态林的 18 户，共采集到种植经济林的农户 605 户，在进一步对变量数据的异常值和缺失值进行处理之后，最终得到实证分析所使用的观察值 3025 个，该数据为平衡面板数据。

6.3.3.2　变量描述性统计

本章主要变量的描述性统计如表 6-1 所示。样本农户经济林的平均成活率为 75%，经济林管护的平均劳动投入为 13.7 天，管护过程中平均资本投入为 357.02 元，农户平均获得的退耕补贴为 754.1 元。控制变量方面，农户家庭平均受教育年限为 6.89 年，比家庭户主平均受教育年限增加 2.14 年（见第五章）；林地特征方面，林地平均坡度值为 2.46，意味着林地平均坡度大于 25 度，灌溉便利性值为 1.88，表明大部分林地的灌溉都不方便，离水源较远或缺乏灌溉条件，土壤质量值为 2.49，表明大部分退耕还林的土质临近"差"等级，农户家庭平均退耕地块 4.52 块。经济林管护技术方面，12% 的农户家庭在退耕前有经济林种植经验，在实际调研中发现这部分经验主要来自首轮退耕还林和退耕前村里自发形成经济林种植产业，农户家庭平均接受经济林管护培训的平均值为 0.37，表明仍有大部分农户家庭没有接受过相关管护培训，退耕后 45% 的农户家庭发生过套种行为。

表 6 -1   变量赋值与描述性统计

	变量名称	变量符号	变量处理及赋值	均值	标准差
因变量	林地的成活率	*Survival-rate*	退耕林地林木成活率，单位：%	75.07	113.84
	林地劳动投入	*Lobor-input*	经济林劳动投工（包含雇工），单位：天	13.7	22.48
	林地资本投入	*Capital-input*	经济林资本投入金额，单位：元	367.02	511.87
核心自变量	补贴数量	*Subsidy*	补贴实际发放金额，单位：元	754.1	1204.45
控制变量	受教育水平	*Edu*	家庭成员平均受教育年限，单位：年	6.89	6.15
	家庭劳动力数	*Fnumber*	家庭劳动力人口数，单位：人	2.94	1.28
	家庭抚养比	*FD_Ratio*	家庭总人口/需要抚养人数，单位：%	0.36	0.51
	家庭党员和干部	*Party*	有 =1，没有 =0	0.13	0.34
	林地坡度	*Slope*	1 代表 15 度以下，2 代表 15 ~ 25 度，3 代表 25 度以上	2.46	0.79
	灌溉便利性	*Irrigate*	1 代表方便，2 代表不方便	1.88	1.32
	土壤质量	*Soil*	1 代表好，2 代表中等，3 代表差	2.49	0.68
	交通便利性	*Traffic*	地块离公路距离，单位：千米	1.75	0.72
	林破碎化程度	*Land frag*	林地地块数量，单位：块	4.52	3.53
	非农收入比例	*N-agriincome*	家庭非农收入占比，单位：%	0.43	0.55
	经济林管护经验	*Experience*	家庭是否有经济林生产经验：1 = 是，0 = 否	0.12	0.11
	培训经验	*Train*	家庭成员有无成员参加管护培训：1 = 是，0 = 否	0.27	0.21
	套种行为	*Interplanting*	1 = 有，0 = 没有	0.45	0.34

6.4 实证结果与分析

6.4.1 退耕补贴对经济林管护行为的影响

表 6－2 报告了对式（6－2）和式（6－3）的估计结果。表 6－2 中列（1）～列（4）为二阶段模型的估计结果，其中，列（2）和列（4）为模型的边际系数估计值。列（5）～列（6）为普通固定效应模型的估计结果，在本书中主要起对比作用，不作具体展开分析。从模型的拟合优度检验结果来看，各模型总体拟合效果较高，适合进行展开分析。从核心变量的估计结果来看，退耕补贴的对农户经济林的管护行为在 5% 的统计水平上显著为正，说明退耕补贴有助于激励农户在经济林管护方面投入更多的劳动和资本。

表 6－2　　　　退耕补贴对农户经济林管护行为影响的估计结果

变量名称		二阶段模型				FE 估计	
		劳动投入		资本投入		劳动投入 (5)	资本投入 (6)
		概率估计 (1)	系数估计 (2)	概率估计 (3)	系数估计 (4)		
核心变量	退耕补贴	0.284 ** (0.114)	0.093 ** (0.035)	0.321 ** (0.128)	0.317 ** (0.119)	0.163 (0.139)	0.504 ** (0.179)
控制变量	家庭受教育水平	−0.091 * (0.052)	−0.051 * (0.031)	0.291 (0.209)	9.247 (13.878)	−0.106 (0.175)	−6.723 * (3.547)
	家庭劳动力数	0.223 *** (0.077)	0.485 ** (0.182)	0.109 *** (0.035)	11.991 *** (3.657)	0.317 ** (0.114)	7.278 *** (2.436)
	家庭抚养比	−0.065 * (0.034)	−0.121 * (0.065)	−0.131 * (0.04)	−15.245 * (8.109)	−0.376 * (0.203)	−12.001 ** (4.545)

续表

变量名称		二阶段模型				FE 估计	
		劳动投入		资本投入		劳动投入	资本投入
		概率估计 (1)	系数估计 (2)	概率估计 (3)	系数估计 (4)	(5)	(6)
控制 变量	家庭党员和干部	0.032 * (0.018)	−0.181 (0.225)	0.091 (0.069)	4.991 (3.807)	−0.116 (0.204)	5.570 * (3.247)
	林地坡度	0.074 (0.101)	0.117 (0.302)	0.114 (0.091)	7.001 (7.512)	0.321 (0.379)	11.075 (13.006)
	灌溉便利性	0.691 (0.561)	0.087 (0.064)	0.109 (0.085)	3.958 (5.174)	0.115 ** (0.046)	6.336 (4.841)
	土壤质量	0.110 * (0.065)	0.008 (0.102)	0.320 * (0.196)	19.901 * (11.228)	0.019 (0.023)	13.207 * (7.428)
	交通便利性	0.133 ** (0.050)	0.546 ** (0.209)	0.391 (0.472)	15.182 (20.003)	0.144 ** (0.058)	5.450 (6.167)
	林地破碎化程度	0.077 * (0.041)	0.433 * (0.241)	0.225 (0.187)	6.883 (8.489)	0.241 ** (0.085)	13.140 ** (5.159)
	经济林管护经验	0.201 ** (0.078)	1.115 *** (0.359)	0.305 *** (0.096)	33.117 *** (9.597)	1.424 ** (0.753)	39.395 ** (15.137)
	培训经验	0.190 * (0.100)	0.541 * (0.287)	0.449 ** (0.183)	21.300 ** (8.890)	1.034 ** (0.378)	19.001 ** (7.431)
	非农收入比例	−0.068 ** (0.026)	−0.252 * (0.133)	0.058 * (0.031)	5.761 * (3.139)	−0.199 * (0.110)	8.704 * (4.698)
	套种行为	0.401 *** (0.126)	2.22 *** (0.723)	0.690 *** (0.215)	40.141 *** (11.566)	3.08 *** (1.031)	55.300 *** (15.237)
个体效应		控制	控制	控制	控制	控制	控制
时间效应		控制	控制	控制	控制	控制	控制
Log-likelihood		−1212.42	−1472.08	−2810.32	−3105.65	—	—
IMR		2.191 ***	—	3.488 ***	—	—	—
样本数		3025	1870	3025	1545	3025	3025

注：*、**和***分别表示在10%、5%和1%的水平上显著；括号内为估计系数的标准误。

6.4.1.1 劳动投入方面

表 6－2 的列（2）系数值表明，退耕补贴每增加 1 个单位，农户经济林的劳动投入会增加 0.093 个单位，即退耕补贴每增加 1 元，农户家庭就会增加 0.09 天的劳动投入（可折算为退耕补贴每增加 100 元，农户对经济林的管护劳动时间会增加约 0.9 天）。这个数值与目前几个调研地农户兼业的日均劳动力价格基本吻合。[①] 尽管我们无法判断这是否是农户经过对劳动力价格精细计算的行为结果，但这也表明了农户的行为是理性的，农户的生产活动是农户对自身生产要素合理配置的外在表现。

农户家庭特征的估计结果表明：第一，家庭劳动力数量与经济林劳动投入成正比，这符合劳动投入的一般特征。第二，家庭平均受教育水平、家庭抚养比与经济林劳动投入成反比，有党员和干部的家庭会减少经济林的劳动投入。一般来说，受教育水平越高的家庭其非农收入比重越大，越远离农业生产活动，因此劳动投入会减少；家庭抚养比越高的家庭，其可支配的劳动力数量越少，因此经济林的劳动投入也越少；有党员和干部的家庭可能在其他非农业务方面投入的时间越多，因此对经济林的劳动投入较为不足，这也符合党员和干部家庭在农村社会中所体现出的社会资本优势。

农户林地特征的估计结果表明：林地坡度、灌溉便利性和土壤质量对劳动投入无显著影响。这可能是因为农户在退耕前已经适应了退耕地的坡度、灌溉的不便和贫瘠的土质特征，因此对经济林的管护不受这些因素的干扰。但是不便的交通条件和破碎化的林地会对农户的劳动投入产生正向影响。这可能是因为交通不便和破碎化的地块都会显著增加农户劳动出勤的时间，此外交通不便会使得农户管护时间破碎化，降低管护效率，导致管护时间增加。

---

① 调研地非技术工种的女工价格在 80～100 元/天左右；男工价格在 80～120 元/天左右。

农户家庭有经济林管护经验和接受过经济林管护培训都会显著增加其管护劳动投入，这与预期相吻合。此外，非农收入占比越多的家庭其经济林管护的劳动投入越少，非农收入越多意味着对农林收入的依赖越少，因此其管护积极性可能越低，劳动投入时间越少。套种能够显著增加农户的劳动投入，且有套种的农户其劳动投入平均会增加2.22天，从这一点看，新一轮退耕还林放松了套种这一政策约束确实有一定的积极作用。

6.4.1.2 资本投入方面

退耕补贴对农户经济林的资本投入具有明显的激励效果。表6-2中列（4）估计值表明，退耕补贴每增加1个单位，农户经济林的资本投入会增加0.317个单位，即退耕补贴每增加1元，就有0.317元会被投入到经济林的管护过程中。从目前农户经济林管护的资本投入结构来看，资本投入主要用于购买经济林管护所需的化肥和农药等相关生产资料。尽管贵州省主要退耕地灌溉便利性并不高，但是由于贵州省雨水相对充沛，农户经济林管护除了前期幼苗的灌溉养护，后期灌溉基本"靠天养护"，因此灌溉的资本投入较少。虽然这种自然条件特征降低了农户的管护成本，但也一定程度上会影响管护效果，这在后文的相关实证中将得到证实。

6.4.1.3 其他控制变量方面

家庭劳动力数量越多的家庭在经济林管护方面投入的资本就越多。显然，劳动力越多意味着创收能力越强，因此有经济林管护的资本投入能力越强。家庭抚养比越高的农民，经济林资本管护投入越少。家庭赡养人口越多，其日常生活成本越大，因此家庭收入一般会优先安排在家庭日常消费方面，在一定程度上会挤占经济林的资本投入。土壤质量与资本投入成正比，即土质越差的林地管护资本投入越多，这符合常识，因为农户为了改良土壤质量需要通过购买肥料等生产资料，因此会增加资本投入。有经济林生产和培训经验的农户对比没有经验的农户在资本投入方面分别多投入 33.12 元和 23.10 元。这可能是因为有经验的农户对经济林管护更具积极性，并且知道经济林管护的合理投入区间，因此在经验的驱动下会增加相应的资本投入。另外，有套种的农户会比没套种的农户多 40.14 元的资本投入。目前，退耕地农户常见的套种作物有土豆、花豆、蔬菜等作物，这些作物的生长也需要进行追肥、防虫等管护行为，因此其资本投入会多于无套种农户。

表 6-2 中列（5）和列（6）固定效应模型估计结果表明，各变量的显著性与二阶段模型估计结果基本一致，虽然其估计系数不是一致估计量，二者不具有直接对比性，但可以认为，农户经济林管护投入的估计结果比较稳健。综上所述，假设 1 部分得证，即退耕补贴能够促进农户经济林的管护投入。

6.4.2 退耕补贴对经济林管护效果的影响

面板 Tobit 模型的 LR 检验结果显示，模型在 1% 的显著性水平上拒绝原假（$\sigma_\mu = 0$），即认为个体之间存在显著的异质性，所以此处选用随机效应面板 Tobit 模型。表 6-3 报告了模型的估计结果，其中，列（1）为式（6-7）的估计结果，列（2）和列（3）分别为式（6-4）和式（6-6）的估计结果，列（4）为普通固定效应模型的估计结果，在本书中主要起对比作用，不作具体展开分析。从模型的拟合优度检验结果来看，各模型总体拟合效果较高，适合进行展开分析。从核心变量的估计结果来看，退耕补贴对农户经济林管护效果的影响作用在 1% 的统计水平上显著为正，说明随着退耕补贴的增加，农户经济林的管护效果也会随之改善。

表6-3　　　　退耕补贴对农户经济林管护效果影响的估计结果

变量名称		管护效果：经济林成活率（Tobit 估计）			FE (4)
		模型1	模型2		
		边际效应 (1)	系数估计值 (2)	边际效应 (3)	
关键变量	退耕补贴	0.054 *** (0.019)	0.135 *** (0.045)	0.048 *** (0.016)	0.052 *** (0.017)
控制变量	劳动投入	—	0.077 ** (0.031)	0.140 ** (0.056)	0.038 ** (0.016)
	资本投入	—	0.062 *** (0.021)	0.029 *** (0.009)	0.047 *** (0.016)
	家庭受教育水平	-0.009 (0.007)	-0.014 (0.001)	-0.007 (0.006)	-0.010 (0.007)
	家庭劳动力数	0.151 * (0.080)	0.279 * (0.157)	0.113 * (0.059)	0.180 * (0.095)
	家庭抚养比	-0.112 ** (0.043)	-0.209 ** (0.079)	-0.103 ** (0.039)	-0.203 ** (0.078)
	家庭党员和干部	0.046 (0.038)	0.079 (0.059)	0.042 (0.036)	0.057 (0.055)
	林地坡度	-0.010 (0.006)	-0.015 (0.011)	-0.007 (0.044)	-0.017 (0.013)
	灌溉便利性	-0.097 * (0.039)	-0.184 * (0.097)	-0.091 * (0.048)	-0.131 * (0.069)
	土壤质量	-0.059 (0.042)	-0.103 (0.076)	-0.058 (0.041)	-0.086 (0.065)
	交通便利性	-0.030 ** (0.011)	-0.051 ** (0.021)	-0.025 ** (0.011)	-0.036 ** (0.014)
	林地破碎化程度	0.023 (0.017)	0.037 (0.024)	0.019 (0.018)	0.029 (0.018)

续表

变量名称		管护效果：经济林成活率（Tobit 估计）			FE (4)
		模型 1	模型 2		
		边际效应 (1)	系数估计值 (2)	边际效应 (3)	
控制变量	经济林管护经验	0. 105 ** (0. 039)	0. 200 ** (0. 074)	0. 101 ** (0. 038)	0. 156 ** (0. 057)
	培训经验	0. 098 * (0. 036)	0. 181 * (0. 095)	0. 094 * (0. 051)	0. 044 * (0. 016)
	非农收入比例	0. 027 (0. 018)	0. 041 (0. 027)	0. 021 (0. 014)	0. 060 (0. 045)
	套种行为	0. 132 *** (0. 041)	0. 258 *** (0. 078)	0. 130 *** (0. 044)	0. 188 *** (0. 059)
个体效应		控制	控制	控制	控制
时间效应		控制	控制	控制	控制
R^2		—	—		0. 51
σ_μ		2. 247 ***	2. 013 ***		—
Log-likelihood		− 3504. 17	− 3553. 74		—
Wald chi2		168. 35	176. 91		—
Prob > F		0. 000	0. 000		—
样本数		3025	3025		3025

注： * 、 ** 和 *** 分别表示在 10% 、 5% 和 1% 的水平上显著；括号内为估计系数的标准误。

表 6 - 3 中列 （1） 的估计结果表明，退耕补贴对农户经济林管护效果的边际效应为 0. 054，说明退耕补贴每增加 1 元，农户经济林的成活率会增加 0. 054。在增加了管护行为变量后，退耕补贴对管护效果估计的边际效应降为 0. 048。根据中介变量存在的依次检验法，我们可以判断，管护行为在退耕补贴与管护效果之间扮演部分中介效应的作用，即退耕补贴会通过影响农户的

管护行为进而影响经济林的管护效果。据此，假设1完全得证。管护行为中介效应的存在表明，要改善经济林的管护效果，除了退耕补贴这一因素外，管护行为也是非常重要的一环。事实上列（3）的估计结果也表明，管护行为对管护效果的影响远比补贴的作用大（劳动投入的边际效应为0.14，资本投入的边际效应为0.029，都大于补贴的边际效应）。从这一方面看，要想改善经济林的管护效果，加强管护行为才是比较有效的行为。

农户家庭特征方面的变量估计结果表明：家庭受教育水平和家庭有无党员和干部对管护效果无显著影响，家庭劳动力数量与管护效果成正比，家庭抚养比与管护效果成反比。这个估计结果与农户管护行为的影响方向基本一致，而上文已经提到，劳动力数量的增加有助于增加经济林管护的劳动和资本投入，而管护行为的中介效应存在让我们进一步确认了经济林的管护效果是农户管护行为的外在表现和直接结果。

林地特征方面的变量估计结果表明：灌溉和交通越不便的经济林管护效率越低，林地坡度、土壤质量和林地破碎化程度对管护效果无显著影响。其他方面的变量估计结果表明，有经济林生产经营、接受过管护培训和进行套种都有助于提高经济林的管护效率，家庭非农户化水平对管护效果无显著影响。这与上文的分析逻辑基本一致，在此不作展开。固定效应的系数估计方向和显著性与Tobit模型的估计结果基本一致，说明退耕补贴对经济林管护效果影响的估计结果比较稳健可信。

6.4.3　退耕补贴影响作用的分组回归

6.4.3.1　退耕补贴对管护行为的分组回归结果

表6-4分别为以收入状态、退耕规模、退耕树种为分类依据的分组回归结果。各分类模型的拟合优度均通过相关检验。

表 6 - 4　　　　　　　　　　　管护行为的分组回归结果：收入状态

变量名称	低收入农户				普通收入农户			
	劳动投入		资本投入		劳动投入		资本投入	
	概率估计 (1)	系数估计 (2)	概率估计 (3)	系数估计 (4)	概率估计 (5)	系数估计 (6)	概率估计 (7)	系数估计 (8)
退耕补贴	0.310 *** (0.104)	0.097 ** (0.037)	0.248 ** (0.100)	0.323 ** (0.123)	0.254 ** (0.098)	0.096 * (0.045)	0.307 ** (0.115)	0.318 * (0.159)
控制变量	控制	控制	控制	控制	控制	控制	控制	控制
Log-likelihood	-468.9	-570.09	-1092.15	-1204.44	-731.79	-898.9	-1716.85	-1885.45
IMR	0.851 ***	—	1.354 ***	—	1.340 ***	—	2.133 ***	—
样本数	1175	5720	1165	600	1850	1145	1850	945

注：*、**和***分别表示在10%、5%和1%的水平上显著；括号内为估计系数的标准误。

（1）以收入分组的回归结果。

表 6 - 4 中列（2）和列（4）的计量结果表明，退耕补贴在 5% 的显著性水平下对低收入农户的管护投入具有正向影响。列（6）和列（8）的计量结果表明，退耕补贴在 10% 的显著性水平下对普通收入农户的管护投入具有正向影响。具体来看，退耕补贴对低收入农户劳动投入的影响系数为 0.097，略微大于普通收入农户的 0.096，退耕补贴对低收入农户资本投入的影响系数为 0.323，也大于普通收入农户的 0.318。总体而言，退耕补贴对低收入农户管护行为的激励作用会略大于普通收入农户。因此，假设 2 部分得证，即退耕补贴有助于增加低收入农户的管护投入水平。此外本书还明确了退耕补贴对普通收入农户的管护投入也具有正向影响。这说明了退耕补贴在改善不同收入农户的管护投入方面具有明显效果，是维持农户经济林持续管护的一个重要因素。

（2）以退耕规模分组的回归结果。

表 6 - 5 中列（2）和列（6）的计量结果表明，退耕补贴对规模退耕户

和普通退耕户的劳动投入都无显著影响。列（4）和列（8）的计量结果表明，退耕补贴分别在1%和5%的显著性水平下对规模退耕户和普通退耕户的资本投入具有正向影响。具体来看，退耕补贴对规模退耕户资本投入的影响系数为0.400，略微大于普通退耕户的0.366。此结果与假设3部分不符，主要表现在退耕补贴有助于激励规模退耕户增加资本投入。前述理论分析部分本书认为规模退耕户由于退耕面积较大，农业产出将显著减少，理性农户应该会积极增加经济林的管护投入，因此退耕补贴对其管护行为应该无明显激励作用，计量结果与理论分析部分不符，这可能是因为规模退耕所获补贴较多，农户短期内可支配的转移性收入明显增加，因此增加了经济林管护的资本投入，此外规模退耕户中可能也有部分是低收入农户，对低收入农户而言，退耕补贴是其管护资本投入的重要来源，因此，退耕补贴对规模退耕户和普通退耕户的资本投入具有显著激励效果。

表6-5 管护行为的分组回归结果：退耕规模

变量	规模退耕户				普通退耕户			
	劳动投入		资本投入		劳动投入		资本投入	
	概率估计 (1)	系数估计 (2)	概率估计 (3)	系数估计 (4)	概率估计 (5)	系数估计 (6)	概率估计 (7)	系数估计 (8)
退耕补贴	0.236 (0.167)	0.093 (0.090)	0.358** (0.122)	0.400** (0.147)	0.483 (0.365)	0.111 (0.098)	0.309** (0.116)	0.366** (0.131)
控制变量	控制	控制	控制	控制	控制	控制	控制	控制
Log-likelihood	−599.39	−724.45	−1370.97	−1521.18	−618.6	−732.12	−1433.05	−1576.1
IMR	1.076***	—	1.712***	—	1.115***	—	1.776***	—
样本数	1485	920	1485	755	1540	950	1540	785

注：*、**和***分别表示在10%、5%和1%的水平上显著；括号内为估计系数的标准误。

（3）以退耕树种分组的回归结果。

表6-6中列（2）和列（4）的计量结果表明，退耕补贴在1%的显著性

水平下对种植速生树种的农户的管护投入具有正向影响。列（6）和列（8）的计量结果表明，退耕补贴对种植非速生树种的农户的管护投入无显著影响。具体来看，退耕补贴对种植速生树种的农户的劳动和资本投入的影响系数分别为 0.043 和 0.366。因此，假设 4 得证。理论分析中本书提到，农户的管护投入是根据对农林作物比较收益的判断进行的理性选择，非速生树种如果在预期内无法实现农户的增收预期，农户的管护积极性会不断减弱，退耕补贴的使用范围将逐渐转移到农业生产等其他领域，寻求非速生树种的管护投入需要在补贴以外的方面寻找突破。树种方面的回归结果也给了我们提示，尽管农户具有退耕树种选择自由权，但是如何引导农户进行合理的树种选择将显著影响其后续的管护行为。此外，树种选择是否受到行政力量的干预，这些力量的干预是否符合农户的退耕需求，是否符合退耕树种的生长习性，这些因素都将可能影响农户后续的管护行为。

表 6 - 6 　　　　　　　　　管护行为的分组回归结果：退耕树种

变量	速生树种				非速生树种			
	劳动投入		资本投入		劳动投入		资本投入	
	概率估计（1）	系数估计（2）	概率估计（3）	系数估计（4）	概率估计（5）	系数估计（6）	概率估计（7）	系数估计（8）
退耕补贴	0.313 *** (0.101)	0.043 *** (0.013)	0.441 *** (0.129)	0.366 *** (0.110)	0.376 (0.260)	0.100 (0.091)	0.325 * (0.171)	0.321 (0.229)
控制变量	控制	控制	控制	控制	控制	控制	控制	控制
Log-likelihood	-674.4	-820.22	-1569.52	-1724.67	-539.65	-647.45	-1242.47	-1375.32
IMR	1.220 ***	—	1.942 ***	—	0.971 ***	—	1.545 ***	—
样本数	1685	1045	1685	860	1340	825	1340	685

注：＊、＊＊和＊＊＊分别表示在 10%、5% 和 1% 的水平上显著；括号内为估计系数的标准误。

6.4.3.2 　退耕补贴对管护效果的分组回归结果

表 6 - 7 为以收入状态、退耕规模、退耕树种为分组的退耕补贴、管护投

表6-7　管护效果的分组回归结果

| 变量 | 管护效果：经济林成活率（Tobit） | | | | | | | | | | | |
| | 低收入农户 | | 普通收入农户 | | 规模退耕户 | | 普通退耕户 | | 速生树种 | | 非速生树种 | |
	系数估计值(1)	边际效应(2)	系数估计值(3)	边际效应(4)	系数估计值(5)	边际效应(6)	系数估计值(7)	边际效应(8)	系数估计值(9)	边际效应(10)	系数估计值(11)	边际效应(12)
退耕补贴（1）	0.177** (0.066)	0.089** (0.034)	0.143** (0.055)	0.075** (0.029)	0.212 (0.152)	0.107 (0.076)	0.142** (0.055)	0.071** (0.027)	0.124*** (0.034)	0.065** (0.023)	0.217** (0.084)	0.112* (0.059)
退耕补贴（2）	0.159** (0.061)	0.083** (0.031)	0.139* (0.074)	0.070* (0.037)	0.200 (0.149)	0.101 (0.088)	0.124** (0.040)	0.066** (0.025)	0.115** (0.042)	0.057** (0.021)	0.198* (0.108)	0.100 (0.071)
劳动投入	0.079*** (0.024)	0.040*** (0.013)	0.081** (0.027)	0.043** (0.013)	0.080** (0.030)	0.042** (0.016)	0.084** (0.031)	0.045** (0.017)	0.071** (0.027)	0.036** (0.014)	0.094** (0.036)	0.051** (0.019)
资本投入	0.050*** (0.017)	0.023*** (0.007)	0.053*** (0.018)	0.026*** (0.008)	0.058*** (0.018)	0.028*** (0.009)	0.061*** (0.016)	0.031*** (0.009)	0.053*** (0.018)	0.025*** (0.007)	0.067*** (0.020)	0.034*** (0.010)
控制变量	控制	控制	控制	控制	控制	控制	控制	控制	控制	控制	控制	控制
Log-likelihood	-1382.17	—	-2177.56	—	-1743.27	—	-2172.10	—	-1805.72	—	-1577.25	—
Wald chi2	68.71	—	108.25	—	86.89	—	90.10	—	98.60	—	78.41	—
Prob > F	0.000	—	0.000	—	0.000	—	0.000	—	0.000	—	0.000	—

注：*、**和***分别表示在10%、5%和1%的水平上显著；括号内为估计系数的标准误。因篇幅限制，此表中的劳动投入、资本投入以及其他变量系数的值为省略，式（6-4）的估计结果，式（6-7）的估计系数作了省略。

入对管护效果的模型估计结果，退耕补贴（1）为式（6-7）的回归结果，退耕补贴（2）为式（6-4）的统计结果。根据回归结果可知，除了规模退耕户，退耕补贴对其他五类农户的经济林管护效果都有显著影响。此外，根据上文提到中介效应显著的判别法可知，除了规模退耕户，其他五类农户经济林管护行为的中介效应也都显著。

（1）以收入分组的回归结果。

表6-7中列（1）~列（4）为退耕补贴对低收入农户和普通收入农户经济林管护效果的回归结果，二者分别在5%和10%的水平下通过显著性检验（加入管护行为变量后）。加入管护行为变量前，退耕补贴对低收入农户和普通收入农户经济林管护效果的边际效应分别为0.089和0.075，加入管护行为变量后，边际效应有一定程度的下降，分别为0.083和0.070。这一方面说明退耕补贴会通过影响农户的管护行为进而影响其管护效果，另一方面说明退耕补贴对低收入农户经济林管护效果的边际效应水平会略高于普通收入农户。退耕补贴对低收入农户管护效果的影响作用更大可能因为低收入农户更迫切希望通过退耕种植经济林来实现增收，因此对经济林的管护更加用心，如将利用退耕补贴增加经济林管护的资本投入。上节的研究结果也表明，退耕补贴对低收入农户资本投入的边际效用要大于普通收入农户。

（2）以退耕规模分组的回归结果。

表6-7中列（5）~列（8）为退耕补贴对规模退耕户和普通退耕户经济林管护效果的回归结果。其中，退耕补贴对规模退耕户的管护效果无显著影响，对普通退耕户在5%的水平下有显著正向影响，在加入管护行为变量前边际系数为0.071，加入之后边际系数降到0.066，管护行为对普通退耕户的中介效应存在。这个回归结果与退耕补贴对规模退耕户农户管护行为的估计结果基本一致，说明退耕补贴对规模退耕户的经济林管护行为和管护效果无影响，规模退耕户经济林的管护行为主要还是受到管护行为、林地交通便利性和管护经验及技术等方面的影响。而普通退耕户的行为和效果仍受退耕补

贴的影响，这可能是因为退耕面积较少的农户其管护行为的积极性不如规模退耕户，因此需要退耕补贴的激励。

（3）以退耕树种分组的回归结果。

表6-7中列（9）～列（12）为退耕补贴对速生树种种植户和非速生树种种植户经济林管护效果的回归结果，二者分别在1%和10%的水平下通过显著性检验（加入管护行为变量前）。加入管护行为变量前，退耕补贴对速生树种种植户和非速生树种种植户经济林管护效果的边际效应分别为0.065和0.112，加入管护行为变量后，边际效应有一定程度的下降，分别为0.057和0.100。此外，一个重要的现象是速生树种种植户的管护行为对管护效果具有部分中介效应，非速生树种种植户的管护行为对管护效果具有完全中介效应。这说明，退耕补贴对非速生树种种植户的管护效果较差，没有对速生树种种植户的激励作用大。这可能是因为非速生树种的挂果周期过长，农户对其预期收入期待性不强，可能将退耕补贴用到其他领域，非速生树种的管护效果更多依靠其他因素的影响，如套种带来的管护投入抑或其他因素。

6.4.4 稳健性检验

在补贴的实际发放过程中，不同地区退耕补贴在同一年份发放的具体时间仍存在较大差异。为避免补贴不同发放时间存在的时间差和补贴滞后发放可能带来的影响，本文将所有农户的补贴按照发放时间均滞后一年进行回归，即将核心自变量进行滞后一期进行相关回归，回归结果见表6-8。滞后一期的模型估计结果与基准回归的结论基本一致（见表6-2和表6-3），不同的是核心自变量退耕补贴、劳动投入和资本投入等变量的显著性水平有了一定的变动，但这不影响本书核心结论的稳健性。

表 6 - 8   稳健性回归结果

变量名称	因变量：滞后一期的退耕补贴					
	管护行为：二阶段模型				管护效果：Tobit	
	劳动投入		资本投入		成活率	
	概率估计	系数估计	概率估计	系数估计	系数估计	边际效应
退耕补贴	0.249 *** (0.082)	0.083 ** (0.028)	0.298 *** (0.086)	0.300 *** (0.101)	0.124 ** (0.047)	0.042 * (0.021)
劳动投入	—	—	—	—	0.091 *** (0.026)	0.18 *** (0.054)
资本投入	—	—	—	—	0.081 *** (0.024)	0.033 *** (0.011)
控制变量	控制	控制	控制	控制	控制	控制
IMR	1.903 ***	—	3.217 ***	—	—	—
Log-likelihood	−1118.94	−1304.65	−2656.83	−2984.90	−3072.40	−3114.62
Wald chi2	—	—	—	—	131.58	—
Prob > F	—	—	—	—	0.000	—
样本数	2420	1496	2420	1236	2420	2420

注：* 、 ** 和 *** 分别表示在 10%、5% 和 1% 的水平上显著；括号内为估计系数的标准误。

6.5 本 章 小 结

本章在从农户生产的另一个领域，林业生产方面评估作为新一轮退耕还林的核心政策安排退耕补贴是否有助于退耕农户建立起稳固的经济林生产机制，重点研究退耕补贴对农户经济林管护行为和管护效果的激励效果，其中农户的管护行为主要包括管护的劳动投入和资本投入，管护效果主要指经济林的成活率。研究发现：

（1）退耕补贴对农户经济林的管护行为和管护效果具有显著的正向影响

作用。具体来看，退耕补贴对劳动投入的边际效应为 0.093，对资本投入的边际效应为 0.317，对管护效果的边际效应为 0.048。

（2）农户经济林的管护行为在退耕补贴与管护效果之间充当部分中介效应的作用，退耕补贴能通过改善农户的管护投入进而提高管护效果。

（3）从收入状态来看，退耕补贴对低收入农户管护行为和管护效果的激励作用会略高于普通收入农户，从退耕规模来看，退耕补贴对规模退耕户的管护行为和管护效果无显著影响，但能提高普通退耕户的管护投入和管护效果，从退耕树种来看，退耕补贴有助于提高速生树种种植户的管护投入和管护效果，但是对非速生树种种植户的管护行为和管护效果无显著作用。

（4）其他影响经济林管护行为和管护效果的因素主要有农户家庭劳动力数量、家庭抚养比、林地交通便利性、林地破碎化程度、经济林生产经验、培训情况以及套种行为等因素。

第 7 章

新一轮退耕还林对农户长效生产的
影响：政策约束视角

7.1 问题提出

新一轮退耕还林的诸多政策安排是一套比较完整的"政策组合拳"，具体来看，新一轮退耕还林希望以"鼓励农户种植经济林"和"提供退耕补贴"的方式来促进退耕工作的快速展开和保障农户的收入水平，同时也希望以"加紧补贴期限约束"和"放松套种约束"来调整农户的生产行为①，从

① 需要明确的是，本书所界定的"放松"和"加紧"两个概念都是与首轮退耕还林的政策内容相比，具体内容差异可见第 3 章政策分析相应章节。

而促进农户对退耕林地进行长效生产①，实现退耕还林的成果巩固。从这一政策安排的逻辑来看，第5章和第6章基本实现了对农户"农+林"生产内容的完整研究，但是从政策影响研究来看，上述研究侧重的是对新一轮退耕还林的核心政策安排（"退耕还经济林"和"提供退耕补贴"）进行的评估，缺乏对新一轮退耕还林的配套政策措施（"放松套种约束"和"加紧补贴期限约束"）的影响与作用进行分析与解释。"农+林"是农户完整的生产决策下的生产内容，相似地，新一轮退耕还林对农户生产的影响也是"核心+配套措施"共同作用的结果。因此，本章有必要对相关"配套措施"的影响进行研究与讨论，从实践的角度观察"放松套种约束"和"加紧补贴期限约束"的政策安排能否起到和主要政策措施"相得益彰"的作用，即促进农户长效生产行为的实现。

由于和首轮退耕还林相比，"加紧补贴期限约束"和"放松套种约束"两个政策安排属于新的政策尝试，其政策安排的合理性和有效性在实践推广过程中受到包括基层林业主管部门、退耕农户和研究学者等群体的广泛争议和讨论（谢晨等，2015）因此，本章将分别对不同政策安排的有效性和合理性进行分析，通过对不同约束政策的效果分析来判断其是否有助于促进农户长效生产行为的实现。具体地，本章将分为两大部分，

第一部分：首先，在范围经济的内容框架下，通过测算不同套种模式下农户的范围经济程度来判断放松套种约束这一政策安排的合理性；其次，分析选择套种的农户，他们的套种强度和套种模式是否有助于农户生产的成本节约和利润增收，以及是否有助于经济林的有效管护，从而实现对该政策安排的有效性判断。

第二部分：验证新一轮退耕还林的补贴期是否符合"故兵贵胜，不贵

---

① 本书从新一轮退耕还林的政策目标入手，将农户的长效生产行为界定为：在当前的退耕还林政策安排下，农户在农林生产过程中保持积极生产的行为和态度。长效生产行为在生产过程中应当具备成本节约性、利润增收性和生产意愿持久性。

久"的战术思想。首先，在理论层面上，从学习效应和生产积极性两个角度论述对"加紧补贴期限约束"的合理性；其次，利用描述性统计和差异性分析农户对当前五年补助期限的政策期望以及对补贴到期后的生产行为意向，并采用实证的方式论证农户的政策期望与长效生产行为意向关系，从而论证当前补贴期限约束的有效性。

7.2　放松套种约束下的农户长效生产行为分析

由于新一轮退耕还林放松套种的目的在于缓解农户由于退耕造成的粮食减产压力和引导农户对经济林进行积极管护，希望借此促进农户形成长效生产行为，从而为巩固退耕还林成果打下基础。因此我们可从农户生产的成本节约、利润增收和经济管护效果的角度对套种这一政策安排的合理性和有效性进行判断。首先，通过测算农户套种的范围经济和范围利润来判断农户套种是否能够实现生产过程的成本节约和利润增收，以实现对套种这一政策安排合理性的判断。其次，由于此次放松套种约束不对农户的套种强度和套种模式进行具体限制，这种不加限制的政策安排是否会对农户套种地产生不利影响？因此，本书将继续通过分析农户不同套种强度和套种模式下范围经济、范围利润和经济成活率的变化情况来实现对该政策有效性的判断，为后续该政策的实施和调整提供理论和实践层面的参考。

7.2.1　放松套种约束对农户长效生产行为影响的理论分析

由于担心农户大面积套种和复耕会破坏退耕林地的生态效益，首轮退耕还林严禁农户对退耕林地进行任何形式的林粮间作（套种）。在这一禁令下，首轮退耕还林虽然保住了生态效益，但是后期普遍出现林分过度密集、生态林缺乏持续管护、林地无经济效益、林地多样化利用程度不高等问题。在此经验和教训的基础上，新一轮退耕还林放松了套种的政策约束，允许农户套种除了高秆作物以外的其他粮食作物和经济作物。这一政策安排目标显然是希望通过放松套种的政策约束来缓解退耕造成的农业收入减少，同时期冀以套种的方式促进农户对经济林进行持续管护，从而提高管护效果。

从经济林生长和管护所需的外在因素我们知道套种有助于农作物与经济林分享要素投入，一定程度上可以实现生产的成本节约。但是，管护与套种并不是均等分享要素投入，对不同套种模式和套种目的农户，其套种的要素投入量和投入方式很可能会对经济林的管护起到完全相反的作用，即套种不一定能够实现"农＋林"的双赢。假设一个对经济林管护不积极的农户选择了套种，那他也可能为了避免经济林与农作物争夺管护投入，选择将经济林进行"隔离"对待。即将主要生产要素，比如肥料、灌溉、除虫等生产资料和生产活动有侧重地投放到农作物生产中，尽力避免经济林与之争夺。甚至农户可能为了增加套种的产出而将经济林移除，或者进行砍伐。此外，不同套种模式的生产结果可能具有较大差异。一般来看，农户的套种模式往往是退耕前种植习惯的延续，这种延续使得农户退耕后的套种作物往往具有品类单一性和品种稳定性。但是在退耕还林后该类农作物是否能够与经济林实现"共生关系"需要时间的检验，并不是所有套种都能跟经济林实现土肥共享，从而促进双方的共同成长。此外，从农户套种的作物类型来看，农户套种的模式有矮秆作物套种、高秆作物套种、经济作物套种、粮食作物套种、混合作物套种等多种不同套种模式。由于不同作物的所需的生长环境、生长资源和生产方式差异巨大，如果不能有效区别出不同套种模式的优劣，则很难对套种的政策效果进行有效评估，也将无法判断套种这一政策安排的合理性与有效性。另外，随着经济林逐渐长大，由于林木的生长空间较大不可避免地会与农作物争夺水、热、土、肥等生长所需资源，此时若不对经济林进行"隔离"处理，将不利于农作物的生长。因此，此时套种对经济林管护弊大于利。特别地，如果经济林在五年的补贴期内无法实现挂果，那么农户套种的面积和减少经济林管护的概率很可能逐渐扩大，此时套种将进一步威胁到经济林的管护成效。

7.2.2　农户套种选择的合理性分析：范围经济与范围利润

7.2.2.1　指标构建与计算方法

（1）范围经济。假设单个农户通过套种实现的产出水平超过两个（或多个）农户分别生产某一种农作物实现的产出水平时，则表明农户的套种生产存在范围经济（economics of scope），否则为范围不经济。范围不经济（diseconomics of scope）。[①] 范围经济的水平主要通过农户的生产成本来衡量，退耕农户同时生产两种作物的范围经济的程度（degree of economics of scope，DES）可以表示为：

$$DES = \frac{C(q_1) + C(q_2) - C(q_1, q_2)}{C(q_1, q_2)} \qquad (7-1)$$

其中，$C(q_1)$ 表示生产 q_1 的产出所耗费的成本；$C(q_2)$ 表示生产 q_1 的产出所耗费的成本：$C(q_1, q_2)$ 是生产两种产出所耗费的联合生产成本，当两种产出的物质单位可加时，可表示为 $C(q_1 + q_2)$。在范围经济的情况下，套种生产成本低于各自单独生产的成本之和，此时 $DES > 0$。当范围不经济时，$DES < 0$。总之，DES 的值越大，范围经济的程度就越高。通过对套种范围经济程度的判断可以判断套种是否有益。

在实际套种过程中，部分农户不仅套种一种作物，往往进行多作物套种，且农户生产的成本也难以直接观察，需要通过一定的函数关系进行测量，假

[①] 罗伯特·S. 平狄克，丹尼尔·L. 鲁宾费尔德. 微观经济学 [M].7 版. 高远，等译，北京：中国人民大学出版社，2009.

设农户套种生产的成本为函数 $C = f(p, y, z, v)$，其中，C 为生产的总成本，p 为投入要素价格，y 为套种产出，z 为固定投入（土地面积），v 为随机扰动项。假设农户 i 进行多元套种有 n 种产出，则产出量 y_j，$j = 1, 2, \cdots, n$。又假设农户的每种产出均有专一化农户与之对应，即多元化套种农户 i 有 n 户对应单一生产的农户，每个农户均有一个唯一产出 y_j，$j = 1, 2, \cdots, n$，且单一化经营农户的成本函数与套种农户的成本函数形式一致，此时多元化套种农户的范围经济水平则可定义为：

$$DES_i(n) = \frac{\{[(C_i(y_1, 0, \cdots, 0, p, z/n, year) + \cdots \\ + C_i(0, 0, \cdots, y_n, p, z/n, year))]\} \\ - C_i(y_1, y_2, \cdots, y_n, p, z, year)}{C_i(y_1, y_2, \cdots, y_n, p, z, year)} \qquad (7-2)$$

此时，式（7-2）中 $DES_i(n)$ 的赋值意义与式（7-1）中 DES 的意义一致，不作展开。

（2）范围利润。范围经济衡量的是农户在退耕林地上同时生产多种产品形成的经济性，是一个成本节约的概念。借鉴刘傲琼（2018）的做法，本书在此基础上，从利润增加的角度提出农户多元套种的"范围利润"概念。范围利润（scope profit，SP）衡量的是在相同的产出和经营环境约束下，农户进行套种的净利润与对应的 n 个农户单一化生产净利润之间的比例差异。参考范围经济的计算方式，假设农户套种的净利润函数为 $\pi = f(p, y, z, v)$，套种农户的净利润函数与单一化生产的净利润函数形式一致。则此时农户套种的范围利润水平（scope of profit levels，SPL）定义为：

$$DPS_i(n) = \frac{\{[(\pi_i(y_1, 0, \cdots, 0, p, z/n, year) + \cdots \\ + \pi_i(0, 0, \cdots, y_n, p, z/n, year))]\} \\ - \pi_i(y_1, y_2, \cdots, y_n, p, z, year)}{\pi_i(y_1, y_2, \cdots, y_n, p, z, year)} \qquad (7-3)$$

当 $DPS_i(n) > 0$ 时，农户多元套种 n 种作物的净利润大于 n 个单一化生产农户进行单一生产的净利润总和，此时多元套种能获得范围利润，套种有益；反之，则不存在范围利润，套种无益。

根据范围经济和范围利润的计算公式可知，欲求其值需先求其成本投入（利润函数）。因此，为了验证农户的套种行为是否存在范围经济和利润增益，本书构建农户套种行为的成本参数函数 $C = f(Y, P)$，C 为套种行为的成本，Y 为套种获取的产出，P 为要素投入价格。由于在实际中部分经济林尚未实现营收，其 Y 值为 0，如果直接以 0 值纳入计算公式将得不到有效的成本函数，因此，本书参照袁斌等（2016）和刘傲琼等（2018）的做法，通过 Box-Cox 因子替换对原有产出 Y 进行转换。Box-Cox 转换的定义如下：

$$
\begin{cases}
\theta \neq 0 \text{ 时，} Y_i = (Y_i\theta - 1)/\theta \\
\theta = 0 \text{ 时，} Y_i = \ln Y_i
\end{cases}
$$

当 $Y_i = 0$ 时，令 $Y_i = -1/\theta$，用 Y_i 代替 $\ln Y_i$，可得到广义超越对数成本函数：

$$
\begin{aligned}
\ln TC = & \alpha_0 + \sum_{i=1}^{n} \alpha_i Y_i + \sum_{k=1}^{n} \beta_k \ln P_k + \sum_{i=1}^{n}\sum_{k=1}^{n} \rho_{ik} Y_i \ln P_k \\
& + \frac{1}{2}\left(\sum_{i=1}^{n}\sum_{k=1}^{n} \varphi_{ij} Y_i Y_j + \sum_{h=1}^{n}\sum_{k=1}^{n} \gamma_{hk} \ln P_h \ln P_k \right) \quad (7-4)
\end{aligned}
$$

其中，TC 代表退耕农户在经济林地上进行生产投入的总成本；Y_i 代表农户种植某类作物所获取的收入；P_k 代表农户在生产过程中所投入的各类生产要素的价格；α_i、β_k、ρ_{ik}、φ_{ij}、γ_{hk} 为待估计系数。上述广义超对数函数在实际运行过程中需要满足对称性与齐次性约束条件，即：

$$
\varphi_{ij} = \varphi_{ji}, \ \gamma_{hk} = \gamma_{kh} \text{ 和 } \sum_{k=1}^{n} \beta_k = 1, \ \sum_{i=1}^{n}\sum_{k=1}^{n} \rho_{ik} = 0, \ \sum_{h=1}^{n}\sum_{k=1}^{n} \gamma_{hk} = 0
$$

在实证中，θ 的取值是一个重点，可以在 [0，1] 范围内分别对每一种产出定义不同 θ，或者采用网格搜索法进行确定从而使用一个统一的 θ 值，合理的 θ 值应当使得模型的残差平方和最小。在实践中 θ 值常位于 0.1~0.15 之间，参照前人的研究成果，本书中 θ 的取值为 0.15。

7.2.2.2 变量选择与数据说明

（1）变量选择。根据式（7-1）～式（7-4）可知，农户套种的范围经济和范围利润水平测算需要计算农户生产过程中总成本（C_n）、各类收入（Y_n）以及各类生产要素的价格（P_n）。在本书广义超对数函数模型中，被解释变量为农户套种生产的总成本，即农户在套种过程中的成本包含生产资料成本（种苗、化肥、农膜、农药、机械灌溉等）、劳动力成本（元）和土地成本（亩），其中土地成本可视为固定成本。解释变量包括：

第一，经济林种植收入（Y_1），主要为农户种植各类经济林所获取的收入。

第二，粮食作物种植收入（Y_2），主要包括农户种植薯类、豆类、谷类等粮食作物的总产值。

第三，经济作物种植收入（Y_3），主要包括农户种植各类蔬菜、甘蔗和烤烟等作物的收入。

第四，农户的劳动力价格（P_1），通过测算农户每千元套种产值所耗费的劳动投入费用（元/千元）代替。

第五，农户的生产资料价格（P_2），通过测算农户每千元套种产值所耗费的生产资料成本（元/千元）代替。

（2）数据说明。首先，通过数据筛选，将没有选择套种的农户数据剔除，保留有套种的农户数据，共获得有效农户样本数量281户。① 其次，根据农户套种的作物类型，退耕农户的套种模式可分为"单作物套种模式"和"双作物套种模式"。其中，单作物套种模式包含"经济林+经济作物"和"经济林+粮食作物"两种类型。根据我国农业生产过程中粮食作物和经济作物的分类，粮食作物可分为：豆类、薯类和谷类三种；经济作物主要为各

---

① 农户筛选的基本原则为：只要农户在退耕期内有过套种行为即纳为套种户。在数据整理时发现，农户的套种选择往往具有固定性，只有少数农户在不同时期选择套种不同的农作物，这为本书的套种模式分类提供了便利。

类蔬菜和烤烟。双作物套种模式根据农户套种的作物类型可分为："经济林 +
粮食作物"和"经济林 + 粮食作物 + 经济作物"两种类型。不同套种类型的
投入产出情况见表 7 – 1。

表 7 – 1   农户套种的投入产出情况

套种模式	套种类型	套种作物	总收入（元）	劳动投入（天）	资本投入（元）	土地投入（亩）
单作物套种模式	经济林 + 粮食作物	经济林 + 豆类作物	535.79	9.71	319.17	1.33
		经济林 + 薯类作物	729.04	8.28	373.64	2.18
		经济林 + 谷类作物	638.46	10.96	350.55	2.02
	经济林 + 经济作物	经济林 + 烤烟*	3148.80	31.03	1567.19	3.56
		经济林 + 其他	661.76	19.74	277.09	1.07
双作物套种模式	经济林 + 粮食作物	经济林 + 豆类作物 + 薯类作物	620.61	11.12	340.10	0.79
		经济林 + 谷类作物 + 豆类作物	591.91	12.50	337.72	1.11
	经济林 + 粮食作物 + 经济作物	经济林 + 豆（薯）类作物 + 其他	611.75	11.88	300.20	0.62

注：*《新一轮退耕还林还草总体方案（2014）》规定禁止农户套种玉米、烤烟等高秆作物。但
在实际调查中发现，由于管理困难和农户迫于生计等诸多原因，不少低收入山区退耕农户仍进行高秆
作物套种。

7.2.2.3 结果与分析

（1）成本函数的参数估计结果分析。

经验研究指出，只要广义超对数成本函数的参数有 50% 能通过 T 检验即
可认为成本函数模型是可接受的（袁斌，2016）。本书借助 Stata 13.0 对经过
Box-Cox 转换过的模型进行参数估计，结果表明 20 个参数中有 11 个参数通过
显著性检验，说明该模型的估计结果可接受。此外，该模型的 p 值为 0.000，
表明模型拟合优势度为 0.619，模型的总体可信度和拟合度都较好（见

表7-2）。根据模型的参数估计结果，将其值代入式（7-2）和式（7-3）可得历年农户套种的范围经济和范围利润值。

表7-2 　　　　　Box-Cox 转换下的模型参数估计结果 （$\theta = 0.15$）

变量	估计值	T 检验
Y_1	0.00026	4.1324 **
Y_2	− 0.00045	− 2.9274 **
Y_3	− 0.00632	− 1.0293
P_1	0.00019	3.3761 ***
P_2	0.00161	0.5510
$Y_1 P_1$	0.01028	2.3213 **
$Y_1 P_2$	0.02274	5.1964 ***
$Y_2 P_1$	− 0.00995	− 0.3747
$Y_2 P_2$	− 0.01748	− 4.8742 ***
$Y_3 P_1$	− 0.00842	− 0.7329
$Y_3 P_2$	0.02655	0.8223
$Y_1 Y_1$	0.00148	− 2.2165 **
$Y_1 Y_2$	− 0.00092	0.9065
$Y_1 Y_3$	− 0.00206	6.1477 ***
$Y_2 Y_2$	0.01137	− 1.0003
$Y_2 Y_3$	0.00633	3.628 ***
$Y_3 Y_3$	− 0.00119	− 6.8533 ***
$P_1 P_1$	− 0.04612	− 0.4417
$P_1 P_2$	0.02506	4.1813 **
$P_2 P_2$	− 0.01621	− 0.7761
Prob > F	0.000	
R^2	0.619	

注：*** 、** 分别表示在1%、5%的水平上显著。

（2）套种的范围经济水平分析。

表7-3为不同套种模式下农户的范围经济水平及其在退耕后四年里的变

化水平。总体来看，农户套种的范围经济呈现以下几个特点：首先，在不同年份下各种套种模式下农户都能够通过套种实现范围经济，即实现生产成本节约。其中，"经济林+豆类作物+薯类作物"的范围经济水平最高，平均值为0.835；"经济林+豆类作物"和"经济林+豆类作物+其他"的范围经济水平最低，平均值分别为0.205和0.142，这种巨大差异跟不同套种作物的产量有较大关系。同等种植面积下薯类作物的单产相对较高，成本相对较低，在套种行为下，通过经济林实现生产成本共享，更凸显其成本节约性。而豆类作物的亩产最少，但是亩均生产成本却与其他作物相差不大，因此范围经济水平最低。其次，大部分模式下，农户套种的范围经济水平呈现逐渐下降的变化特点，这可能跟退耕林地上经济林逐年生长所占用生产空间逐步提高有关。随着经济林逐步成林，可进行套种的作物面积随之减少，因此农户的范围经济水平也逐年下降。虽然对农户生产成本节约而言这是一个消极信号，但是对经济林管护和新一轮退耕还林的成果巩固而言，这是一个积极的信号。因为这说明在套种行为下，经济林确实得到了有效管护，才能有效挤压其他农业作物争夺生长空间。最后，从农户套种的具体模式来看，"单作物套种模式"的范围经济水平要略低于"双作物套种模式"。说明套种作物类型越多越有助于提高范围经济。但是从套种户数来看，双作物套种模式的农户数量并不多，这可能跟农户的种植习惯有关。调查中发现，农户套种的作物往往为其退耕前的主要种植作物，因此在退耕后套种仍沿袭这一作物类型，很少增加新的种植作物。

表 7 – 3   农户套种的范围经济及变化水平

套种模式	套种类型	套种作物	范围经济（DES）					
			样本数	2015 年	2016 年	2017 年	2018 年	平均值
单作物 套种模式	经济林 + 粮食 作物	经济林 + 豆类作物	67	0.099	0.228	0.230	0.263	0.205
		经济林 + 薯类作物	89	0.532	0.484	0.479	0.338	0.458
		经济林 + 谷类作物	46	0.470	0.509	0.574	0.515	0.517

套种模式	套种类型	套种作物	范围经济（DES）					
			样本数	2015 年	2016 年	2017 年	2018 年	平均值
单作物套种模式	经济林 + 经济作物	经济林 + 烤烟	19	0.432	0.311	0.299	0.281	0.331
		经济林 + 其他	23	0.623	0.732	0.654	0.505	0.628
双作物套种模式	经济林 + 粮食作物	经济林 + 豆类作物 + 薯类作物	17	1.007	0.802	0.773	0.761	0.835
		经济林 + 谷类作物 + 豆类作物	9	0.716	0.626	0.704	0.615	0.665
	经济林 + 粮食作物 + 经济作物	经济林 + 豆类作物 + 其他	11	0.064	0.053	0.050	0.401	0.142

注：调研中农户套种常见的豆类作物有红豆、大豆、豌豆（个别）；薯类作物有马铃薯、红薯（个别）、魔芋（个别）；谷类作物有玉米、薏仁米（个别）；经济作物有白菜、萝卜、辣椒、花生、生姜。其他作物主要为甘蔗和各类中药材。各类套种作物中马铃薯、玉米和红豆和大豆最广泛。

（3）套种的范围利润水平分析。

表7-4 为不同套种模式下农户的范围利润水平及其在退耕后四年里的变化水平。总体来看，农户套种的范围利润水平呈现以下几个特点：首先，农户套种的范围利润水平逐年下降，并有继续下降的趋势。这个特点与范围经济逐年下降的趋势一致，一个可能性解释也是经济林的生长逐渐挤压了套种农作物的生长空间，使得套种的利润水平不断下降。其次，从套种模式来看，单作物套种模式的平均范围利润水平要高于双作物套种模式。这可能是因为套种多种作物导致规模效益作用减少，也有可能是套种作物中部分品种的产量或单价水平较低，拉低了总体利润水平，如套种豆类作物。最后，从套种类型来看，"经济林 + 经济作物"的范围利润要高于"经济林 + 粮食作物"的范围利润。具体来看，"经济林 + 豆类作物"的范围利润值最低，平均值为 -0.457，"经济林 + 烤烟"的范围利润值最高，平均值为 0.908。这种巨大的差异可能与豆类作物的产量较低，而烤烟作物的单价水平较高有关系（具体数值参照第 4 章）。但是烤烟虽然单价较高，但属于计划生产的限制性

经济作物，农户无种植自由，因此该模式无法进行有效推广。此外，严格来看，烤烟亦属于新一轮退耕还林禁止种植的高秆作物之一，虽然套种烤烟有利于实现范围经济，但是从制度层面看，这是违规的。

表 7 - 4　　　　　　　　　农户套种的范围利润及变化水平

套种模式	套种类型	套种作物	样本数	范围利润（DPS）				
				2015 年	2016 年	2017 年	2018 年	平均值
单作物套种模式	经济林＋粮食作物	经济林＋豆类作物	67	−0.267	−0.385	−0.465	−1.113	−0.457
		经济林＋薯类作物	89	0.307	0.243	0.125	0.061	0.184
		经济林＋谷类作物	46	0.200	0.212	0.136	0.094	0.160
	经济林＋经济作物	经济林＋烤烟	19	1.218	1.005	0.879	0.531	0.908
		经济林＋其他	23	0.416	0.307	0.279	0.223	0.306
双作物套种模式	经济林＋粮食作物	经济林＋豆类作物＋薯类作物	17	0.481	0.399	0.222	0.160	0.315
		经济林＋谷类作物＋豆类作物	9	0.221	0.108	0.004	−0.035	0.074
	经济林＋粮食作物＋经济作物	经济林＋豆类作物＋其他	11	−0.111	−0.120	−0.123	−0.137	−0.122

7.2.3　放松套种的政策有效性分析：套种强度与模式的影响

本书第 6 章的实证研究表明，套种选择有助于经济林的管护，本章上一节的研究继续表明，选择套种的农户基本能够实现生产过程中的成本节约，并且部分套种模式还能带来利润增收。可以认为，从农户生产的成本节约和利润增益角度来看，放松套种政策约束是比较合理的。但是，从农户长效生产行为和新一轮退耕还林的成果巩固的角度来看，套种是否真的无所不能？前文主要研究套种选择所产生的结果，对农户套种的强度、套种的模式可能产生的影响及其具体的作用方式缺乏展开解释。因为从生产实践上看，一方面，套种不可避免地会与经济林生长争夺水热肥等生长资源，过度的套种可能对经济林的管护起到适得其反的作用；另一方面，不同套种模式是否具有一样的积极效果仍需进行验证。因此，本节将分别从农户的套种强度和套种模式出发，具体研究在不同套种强度和模式下农户的套种行为是否有助于的长效生产行为的形成和退耕还林成果的巩固。

7.2.3.1 变量选择与指标描述

（1）因变量：长效生产行为。本节核心目标为检验不同套种强度和套种模式对退耕农户长效生产行为的影响。从生产的内容来看，退耕农户在退耕地上的长效生产行为既包括农业生产行为也包含经济林的生产行为。从生产过程和目标来看，成本节约和利润增收是农户保持长效生产的根本动力，而经济林的有效管护则是农户在未来实现长效生产的基本前提。此外，从政策安排的角度来看，放松套种约束和鼓励种植经济林的方式也是为了农户能够在退耕地上实现长效生产行为，进而促进新一轮退耕还林成果的有效巩固。综上所述，本书将农户的长效生产行为定义为三个替代变量，范围经济（DES）、范围利润（DPS）和经济林成活率（SR）。

（2）核心自变量：套种强度和套种模式。

①套种强度。从理论上看，套种面积的多寡是农户根据自身利益最大化做出的行为决策。但是从政策目标来看，套种的不同强度是否有助于巩固新一轮退耕还林的成果仍需检验。特别地，套种面积的增加是否有可能对经济林的管护效果起负向影响？随着经济林的生长，农户可用于套种的面积也随之发生变化，因此可以用农户套种的面积占退耕林地总面积来表示农户的套种强度（interplanting strength，IS），$0 < IS < 1$。该值越接近 1 表明农户的套种强度越高。

②套种模式。上节关于范围经济的测算已经提及农户主要的套种模式有双作物套种模式和单作物套种模式两类。具体的套种类型中还包含经济林 + 各类粮食作物和经济作物。但是从农户主要套种的类型的来看，套种豆类、

薯类、谷类和经济作物占据主要数量，因此，本书将从两个角度对套种模式（interplanting model，*IM*）的作用进行展开。首先，直接以是否属于单（双）作物模式作为虚拟变量来衡量农户的套种模式；其次，设置一组套种作物的虚拟变量，分别为"经济林＋豆类作物""经济林＋薯类作物""经济林＋谷类作物""经济林＋经济作物"四个虚拟变量。

（3）控制变量：参照前人研究成果以及上文中关于经济林管护效果的相关变量选择，本书选取劳动投入、资本投入、户主年龄、户主受教育水平、林地破碎化程度、非农收入比例、家庭劳动力数量、交通便利性等变量作为影响退耕农户长效生产行为和退耕成果巩固的控制变量，同时加入年份和地区（以市为地区分类）的虚拟变量，以控制在不同年份和地区的作用差异。变量定义与描述性统计见表 7－5。

表 7－5　　　　　　　　　　变量定义与描述性统计

变量	符号	变量定义和计算	平均值	标准差
套种强度	*Inter_str*	实际套种面积，单位：亩	1.998	0.686
套种模式	*Inter_model*	单作物模式 ＝1，双作物模式 ＝0	0.868	0.453
经济林＋豆类作物	*Ef_beans model*	是否属于该套种类型？是 ＝1，否 ＝0	0.238	0.307
经济林＋薯类作物	*Ef_potato model*	同上。是 ＝1，否 ＝0	0.317	0.331
经济林＋谷类作物	*Ef_cereal model*	同上。是 ＝1，否 ＝0	0.164	0.210
经济林＋经济作物	*Ef_Crops model*	同上。是 ＝1，否 ＝0	0.085	0.124
劳动投入	*Labor_invs*	退耕地劳动投入量，单位：天	13.7	22.48
资本投入	*Capital_invs*	退耕地资本投入量，单位：元	367.02	511.87
户主年龄	*Household_Age*	户主实际年龄，单位：年	53.4	16.40
户主受教育水平	*Household_Edu*	户主受教育年限，单位：年	6.89	6.15
林地破碎化程度	*fragmentation*	林地地块数量，单位：块	4.52	3.53
非农收入比例	*Non-agri*	家庭非农收入占比，单位：%	0.43	0.55
家庭退耕面积	*Forest_Area*	实际退耕面积，单位：亩	3.19	3.90
家庭劳动力数量	*Labor_num*	家庭劳动力数量，单位：个	2.94	1.28
交通便利性	*Traffic_Con*	林地离马路距离，单位：千米	1.75	0.72

7.2.3.2　模型构建与数据说明

根据研究目标和相关变量选择，本书构建如下研究模型：

$$\begin{cases} DES_{it} = \alpha + \beta \times Inter\_str_{it} + c \times Inter\_model_{it} + \lambda \times X_{it} + \varepsilon_{it} \\ DPS_{it} = \alpha + \beta \times Inter\_str_{it} + c \times Inter\_model_{it} + \lambda \times X_{it} + \varepsilon_{it} \end{cases} \quad (7-5)$$

$$SR_{it} = \alpha + \beta \times Inter\_str_{it} + c \times Inter\_model_{it} + \lambda \times X_{it} + \varepsilon_{it} \quad (7-6)$$

上述模型中，DES、DPS 和 SR 分别表示范围经济、范围利润和经济林成活率；$Inter\_str$ 和 $Inter\_model$ 分别表示套种强度和套种模式，X 为控制变量组；β、c 和 λ 为待决系数，ε 为随机扰动项。由于模型（7-5）的随机扰动项可能存在相关关系，即可能存在不可直接估量因素同时影响农户的范围经济水平和范围利润水平，此时如果采用传统 OLS 估计将得到有偏估计。因此，本书对此模型采用似不相关回归法（SUR），并以 OLS 回归作为稳健性检验。

似不相关回归的模型设定如下，假设有 n 个待估计方程，每个方程共有 T 个观测值，$T>n$，在第 i 个方程中，共有 K_i 个解释变量。则第 i 个方程可表述为：

$$\underset{T \times 1}{y_i} = \underset{T \times Ki}{X_i} \underset{Ki \times 1}{\beta_i} + \underset{T \times 1}{\varepsilon_i}, \ (i=1, 2, \cdots, n) \quad (7-7)$$

将 n 个方程叠放在一起可得：

$$y = \underset{nT \times 1}{\begin{bmatrix} y_1 \\ y_2 \\ \cdots \\ y_n \end{bmatrix}} = \underset{nT \times \sum\limits_{i=1}^{n} K_i}{\begin{bmatrix} X_1 & & \\ & X_2 & 0 \\ 0 & & \cdots \\ & & & X_n \end{bmatrix}} \underset{\sum\limits_{i=1}^{n} K_1 \times 1}{\begin{bmatrix} \beta_1 \\ \beta_2 \\ \cdots \\ \beta_n \end{bmatrix}} + \underset{nT \times 1}{\begin{bmatrix} \varepsilon_1 \\ \varepsilon_2 \\ \cdots \\ \varepsilon_n \end{bmatrix}} \equiv \beta X + \varepsilon \quad (7-8)$$

似不相关回归通过检验不同方程的扰动项 ε 之间的协方差矩阵 Ω 是否存在同期相关性来判断到底该使用 OLS 回归还是 SUR 回归。一般认为如果扰动项互不相关，则 Ω 是单位矩阵，那么系统估计与单一估计并无差异。此外，由于变量 SR 是一个取值范围为［0，1］的受限因变量，本书继续采用和上章一致的方法，即面板 Tobit 法。

7.2.3.3 结果与分析

（1）套种强度、模式与范围经济（利润）。

表 7-6 报告了对模型（7-5）的估计结果。其中，列（1）~列（3）为因变量表示范围经济的模型估计结果，列（1）不放入核心变量的二次项及交叉项。列（4）~列（6）为因变量为范围利润的模型估计结果，列（4）不放入核心变量的二次项及交叉项，并分别以 OLS 回归结果作为稳健性检验。其中，表 7-6 的最后一行汇报了两个方程扰动项之间"无同期相关"的检验结果，结果表明该检验的 p 值均在 1% 的显著性水平拒绝各方程的扰动项相关独立的假设，证明采用 SUR 进行系统估计可以提高估计的效率。下面以 SUR 的估计结果进行模型结果分析。

表 7-6 套种强度、模式与范围经济（利润）

变量		因变量：范围经济			因变量：范围利润		
		SUR（1）	SUR（2）	OLS（3）	SUR（4）	SUR（5）	OLS（6）
核心自变量	套种强度	0.104 * (1.64)	0.112 * (1.76)	0.117 (1.05)	0.037 * (1.90)	0.030 * (1.87)	0.046 ** (2.33)
	套种模式	0.040 *** (12.45)	0.036 *** (12.45)	0.042 ** (2.89)	0.100 *** (9.04)	0.097 *** (9.04)	0.105 *** (4.90)
	套种强度二次项	—	-0.071 *** (4.25)	-0.079 *** (3.25)	—	-0.066 *** (7.45)	-0.732 *** (3.98)
	强度×套种模式	—	0.017 ** (2.37)	0.022 ** (2.14)	—	0.309 *** (8.74)	0.314 *** (5.71)

续表

变量		因变量：范围经济			因变量：范围利润		
		SUR (1)	SUR (2)	OLS (3)	SUR (4)	SUR (5)	OLS (6)
控制变量	劳动投入	0.041 (1.14)	0.034 (0.79)	0.039 ** (1.02)	0.055 (0.60)	0.053 (0.56)	0.061 (0.41)
	资本投入	0.100 ** (2.45)	0.104 ** (2.52)	0.115 ** (2.27)	0.118 *** (6.15)	0.117 *** (6.05)	0.230 *** (11.02)
	户主年龄	0.202 (0.95)	0.201 (0.88)	0.234 (1.16)	0.225 (1.11)	0.217 (1.00)	0.225 (0.98)
	户主受教育水平	0.121 (1.08)	0.114 (1.04)	0.505 (1.31)	0.124 (1.16)	0.123 (1.09)	0.161 (0.82)
	林地破碎化程度	− 0.004 ** (2.71)	− 0.004 ** (2.77)	− 0.011 ** (2.69)	− 0.005 ** (2.44)	− 0.003 ** (2.42)	− 0.011 * (1.45)
	退耕面积	—	—	—	− 0.015 *** (6.33)	− 0.014 *** (6.71)	− 0.020 *** (9.40)
	家庭劳动力数量	0.012 * (1.69)	0.039 ** (1.77)	0.030 ** (2.25)	—	—	—
	交通便利性	− 0.217 ** (2.24)	− 0.321 ** (2.09)	− 0.235 *** (3.42)	− 0.109 *** (4.28)	− 0.116 *** (4.14)	− 0.107 *** (5.03)
年份		控制	控制	控制	控制	控制	控制
地区		控制	控制	控制	控制	控制	控制
样本数		1405	1405	1405	1405	1405	1405
R^2		0.478	0.533	0.451	0.503	0.522	0.430
Breusch-Pagan test		0.000 ***	0.000 ***		0.001 ***	0.001 ***	

注：*、** 和 *** 分别表示在 10%、5% 和 1% 的水平上显著；SUR 括号内为估计系数的 Z 值，OLS 括号内为估计系数的 T 值。

从关键变量套种强度的参数估计结果来看，农户的套种强度与范围经济、范围利润具有显著的正向影响（见表 7 - 6 列（1）和列（4）），表明农户套种强度越大，范围经济和范围利润水平越高。这个结果与上文理论分析的逻辑一致，即通过套种可以有效实现林地各类作物之间的生长要素共享，共同促进经济林与套种作物的生长，从而实现成本节约与利润增收。但是，套种强度的积极作用并非毫无限制，套种强度的二次项回归结果表明（见表 7-6 列（2）和列（5）），套种强度与农户的范围经济林和范围利润存在倒 U 形影响关系。随着套种强度的不断增加，农户套种的范围经济和范围利润水平都呈现先增后减的变化趋势。这一估计结果表明，套种在一定范围内可取，但是不可大规模大面积套种，否则将使得原本作为"副作物"的农作物变为"主作物"，反而使得经济林变为"套种作物"，从而失去退耕还林的本质。

从关键变量套种模式的参数估计结果来看，农户的套种模式与范围经济、范围利润也具有显著的正向影响（见表 7-6 列（1）和列（4）），表明农户"单作物套种模式"的套种效果确实优于"双作物套种模式"。这与上文中关于范围经济和范围利润值的测算估计结果基本一致。说明多作物套种确实可能导致种植的规模效应下降，同时，多样化种植也可能因为不同作物之间不同的生长习性和产量水平导致成本不节约、利润不经济。两个核心变量的交叉项估计结果表明，"套种强度×单作物模式"与范围经济和范围具有显著正向影响，但是"套种强度×双作物模式"与范围经济和范围不具有显著影响。这表明，对单作物套种模式的农户而言，其套种强度越大，范围经济和范围利润水平越高；但是双作物套种模式的农户其生产结果不具有相同特点。

其余控制变量的估计结果表明，农户的范围经济和范围利润水平还受到资本投入、林地破碎化程度、家庭退耕面积、家庭劳动力数量和交通便利性等因素的影响。模型的稳健性检验结果表明（见表 7-6 列（3）和列（6）），除了个别变量的显著性有略微差异，OLS 回归的结果与 SUR 的回归结果在显著性水平方面基本一致，但具体系数略有差异。这说明 SUR 的估计结果具有较好的稳定性，模型估计结果较为可信。

（2）套种强度、模式与经济林成活率。

表 7 - 7 报告了对式（7 - 7）的估计结果。其中，列（1）~ 列（3）为面板 FE-Tobit 法的模型估计结果，并在模型中逐步加入套种强度的二次项、套种强度和套种模式的交叉项以及不同套种类型的虚拟变量，以具体验证不同套种强度和模式的具体作用；列（4）为采用 FE-OLS 法的模型估计结果，作为稳健性检验。从模型拟合效果检验来看，各模型总体拟合效果较好，可以进行分析。为便于从整体上对变量进行解释，下文的内容分析都是基于列（3）的估计结果，列（1）~ 列（2）的估计结果仅作为参照作用。

表 7 - 7　　　　　　　套种强度、模式与经济林成活率

变量		因变量：*Survival Rate*			
		FE-Tobit（1）	FE-Tobit（2）	FE-Tobit（3）	FE-OLS（4）
核心自变量	套种强度	0.036 ** (0.013)	0.034 * (0.018)	0.030 (0.021)	0.040 (0.027)
	套种模式	0.060 * (0.032)	0.062 (0.048)	0.072 (0.49)	0.112 ** (0.043)
	套种强度二次项	—	- 0.037 *** (0.012)	- 0.029 *** (0.009)	- 0.038 ** (0.014)
	强度 × 套种模式	—	0.047 * (0.025)	0.042 (0.029)	0.052 (0.038)
	经济林 + 豆类作物	—	—	0.019 * (0.010)	0.031 (0.023)
	经济林 + 薯类作物	—	—	0.036 ** (0.013)	0.043 * (0.023)
	经济林 + 谷类作物	—	—	0.022 ** (0.008)	0.029 * (0.015)
	经济林 + 经济作物	—	—	- 0.011 * (0.006)	- 0.015 *** (0.004)

续表

变量		因变量：*Survival Rate*			
		FE-Tobit（1）	FE-Tobit（2）	FE-Tobit（3）	FE-OLS（4）
控制变量	劳动投入	0.101 ** (0.038)	0.094 ** (0.035)	0.087 * (0.033)	0.105 *** (0.036)
	资本投入	0.064 *** (0.022)	0.061 ** (0.023)	0.060 ** (0.023)	0.073 *** (0.024)
	户主年龄	− 0.006 (0.004)	− 0.011 (0.008)	− 0.009 (0.006)	− 0.016 (0.011)
	户主受教育水平	− 0.014 (0.010)	− 0.011 (0.009)	− 0.013 (0.008)	− 0.021 * (0.011)
	林地破碎化程度	− 0.033 ** (0.013)	− 0.030 *** (0.010)	− 0.022 *** (0.007)	− 0.039 *** (0.013)
	非农收入比例	0.026 (0.019)	0.025 (0.021)	0.023 ** (0.009)	0.028 (0.019)
	家庭劳动力数量	0.106 ** (0.038)	0.098 ** (0.035)	0.090 ** (0.035)	0.112 *** (0.037)
	交通便利性	− 0.025 * (0.012)	− 0.027 * (0.015)	− 0.022 ** (0.008)	− 0.027 ** (0.010)
	退耕树种	0.130 *** (0.038)	0.114 ** (0.040)	0.112 *** (0.041)	0.204 *** (0.063)
年份		控制	控制	控制	控制
地区		控制	控制	控制	控制
样本数		1405	1405	1405	1405
R^2		0.611	0.567	0.551	0.604

注：在套种类型的分类中，以"经济林 + 其他作物"为参照组。*、** 和 *** 分别表示在 10%、5% 和 1% 的水平上显著；括号内为估计系数的标准误。

从核心变量的估计结果来看，套种强度每增加 1%，经济林的成活率会增加3.0%，但是套种模式对经济林成活率无显著影响。套种强度的增加意味着林地生产要素投入量的增加，而生产要素投入量与成活率的关系已在第6章得到验证。套种模式对成活率无显著影响，说明不管是单作物套种还是双作物套种对成活率都无显著差异，这可能是因为两种套种模式都需要进行相应的生产投入，因此在成活率方面无显著差异。套种强度的二次项估计结果表明，随着套种强度的增加，经济林的成活率将逐步下降（估计系数 −0.029）。这一点表明，过度的套种行为不可取，盲目地扩大套种面积容易引起经济林与农作物争夺生长资源，导致经济林成活率的下降。套种强度和套种模式交叉项的系数为正，但并不显著，这进一步说明了单作物套种模式与双作物套种模式对成活率无显著影响。

不同套种类型的虚拟变量结果表明，不同套种类型对经济林成活率具有较大影响。具体来看，"经济林 + 豆类作物""经济林 + 薯类作物""经济林 + 谷类作物"的估计系数都显著为正，但是"经济林 + 经济作物"的估计系数显著为负。这说明，相比套种粮食作物，种植经济作物更不利于经济林的管护。出现这一现象的可能性解释为经济作物的经济价值更高，农户可能为了扩大可套种面积，人为破坏经济林的生长环境。另外，也可能因为农户套种的主要经济作物为烤烟和各类蔬菜，这些经济作物所需的土肥较多，过多的施肥行为可能影响了正处于成长期的经济林幼苗，导致经济林成活率下降。

从其他控制变量估计结果来看，影响经济林成活率的影响因素还有劳动投入、资本投入、林地破碎化程度、交通便利性、非农收入比重、劳动力数量等因素。这些因素的作用路径在第6章都曾提过，在此不作展开。另外，稳健性检验结果表明，FE-OLS法的估计结果与FE-Tobit的估计结果除了在系数上略有差异，各变量的显著性无明显差异，说明本书的方法估计有效，模型估计结果可信。

7.3　补贴期限约束下的农户长效生产行为分析

新一轮退耕还林的补贴期限只有五年，与首轮种植经济林的退耕农户相比，补贴时长直接减半。这个新的政策安排在退耕实践中引起了广泛的争议，是否需要在五年补贴到期后继续追加补贴成为广大退耕地区农户和退耕还林管护单位讨论最多的话题。从调研实际情况来看，五年的补贴期内不少非速生经济林尚未挂果，部分地区的树种甚至需要管护超过八年才能挂果，极大挫伤了农户的经济林生产积极性，不利于农户长效生产行为的形成和巩固。因此，有必要对该政策安排的合理性和有效性展开论证。

7.3.1　补贴期限约束对农户长效生产影响的合理性论证

从理论上看，退耕补助到底应该发放几年才是合理的，在很大程度上取决于补贴激励有效性随补贴期限的变化。如果在现有五年的补助期上继续延长补助期限有助于继续调动农户的生产积极性和促进新一轮退耕还林的成果巩固，那么就可以适当的延长补助期，相反，如果延长补助期对政策成果巩固没有帮助，反而会弱化农户生产积极性，那么现有的五年补助期则不予变动。而补助期限的长短会同时对农户的生产能力和生产积极性产生影响，二者的综合作用方能反映退耕补助对退耕目标的最终影响。

7.3.1.1　农户生产学习能力随补助期变化的理论逻辑

退耕还经济林发挥作用的必要条件之一就是农户需掌握经济林生产经营的经验或者技术能力。为此，各地区在进行退耕还林时都会主动征求农户的意见，让农户来挑选退耕树种，并且在退耕后退耕主管部门往往会举办各种类型的生产培训和技术指导。在经济林种植初期，大部分农户对生产和经营经济林的信息掌握较少，专业能力匮乏，经验不足，或者说能够胜任经济林生产的能力有限。而随着补助期的延长，农户参与技术培训的机会和次数增多，与其他退耕农户的经验交流增多，从而对经济林的生产和经营具备更专业的知识，胜任能力随补助期的增加而提高。类似于学习曲线效应（见图7-1和图7-2），农户的经济林生产经验和知识一开始会以较快的速率得到积累，但最终会在某一水平下逐渐稳定下来，大家的知识和经验在后期趋于一致，快速积累阶段被称为学习阶段，稳定阶段被称为饱和阶段。① 此时，若不考虑农户获取其他市场信息的成本和能力，则饱和阶段农户掌握的信息就是经济林生产经营所需掌握的必要信息。在实际中，农户进一步获取其他农户所不具备的生产技术或者市场信息时往往需要耗费更多的信息成本，这些成本显著内生于农户家庭的信息搜索能力，因此，农户的学习曲线并不会随着任期的延长而无限增加，只会在某一补助期内趋于稳定。

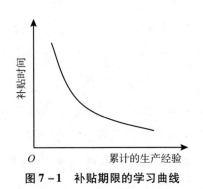

图7-1 补贴期限的学习曲线

---

① 首先，当退耕农户在经济林的生产经营环节中更有经验和更有效率时，农户的生产成本会逐渐下降。学习曲线代表了当累计产出增长时每单位产出所需的劳动时间的下降程度。其次，当存在着递增的规模报酬时（AC_1曲线上由A到B的移动），农户的平均生产成本因销售量的增加而逐渐下降，或者平均生产成本由于学习曲线的存在而下降（由AC_1曲线上的A点移至AC_2曲线上的C点）。

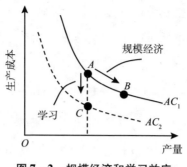

图7-2 规模经济和学习效应

7.3.1.2 农户生产积极性随补助期变化的理论逻辑

农户生产积极性至少在三个方面会受补助期限的影响。首先，从农户观望心态的角度分析。在退耕初期，农户对经济林的生产经营处于一个探索学习阶段，对经济林的增收效果保持谨慎态度，往往会抱有"观望学习"心态，不敢在前期进行较多的生产投入，此时农户的生产积极性相对不明显。而随着退耕补助期限的延长，农户参加经济林生产培训的机会和次数增多，与其他退耕农户关于经济林生产经营的交流沟通也增多，经济林生产经营的技术规范、经验教训、市场信息被不断讨论、识别和认知。此外，随着补助期限的延长，农户在经济林上投入的资本、劳动要素不断增多，对经济林的增收期望也会越高，此时农户的生产积极性也随之提高。

其次，从农户收益变动的角度分析。如果退耕后，经济林的生产经营和退耕补贴不足以弥补农户退耕的损失，则农户生产积极性难以显现。因此，农户往往会有其生产"兜底线"，即保留一定面积的坡耕地不退耕，或者在退耕地上进行林粮间作（套种），从而降低自己的退耕风险。如果退耕后农户发现无法从退耕地中获取足够的收益，则延长补助期无助于生产积极性的提高，农户会通过套种或者抛荒的方式来进行"生产兜底"，避免持续的投入产生较低的收入。此时对个体农户而言，退耕的边际风险成本等于边际风险收益，退耕补助的激励有效性处于最低水平。

最后，从经济林的生长周期角度分析。不同经济林树种的挂果期和盛产期差异巨大，过长的挂果期可能会耗尽农户的生产耐心，从而降低农户的生产积极性。以樱桃和核桃为例，在贵州部分地区，樱桃种植 3 年可进入挂果期，5 年即可进入盛产期，农户生产积极性普遍较高。但是核桃基本要 6~8 年后才进入挂果期，10~12 年后才能进入盛产期，五年的补助期结束后，农户仍没能从种植核桃树中获取收益，反而因为退耕而减少了农地收入，将退耕地抛荒的现象屡屡出现，此时补助的激励有效性在五年后基本降到最低点，即使是再延长补助期也很难有效提高农户的经济林生产积极性。

7.3.1.3　退耕补助激励有效性的综合分析

上述内容分析了农户生产能力和生产积极性随补助期限的变化，接下来分析这二者的相互作用对补助激励有效性产生何种影响。假设退耕补助对农户的激励有效性为 $U = B \times P$，其中 B 表示退耕农户在退耕补助期内的生产能力，P 表示此时的生产积极性。根据上述分析，B 和 P 都是补助期 t 的函数，同时退耕农户的生产能力随时间的增加边际递减，而生产积极性的降低边际递减，但存在一定的兜底线。为简化分析，假设其他条件不变，则可以得到如下关于补助期 t 的函数。

退耕补助有效性随补助期限的变化函数为：

$$U(t) = B(t) \times P(t) \tag{7-9}$$

由学习效应可知：

$$dB(t) > 0 \text{ 且 } d^2B(t)/dt^2 < 0 \tag{7-10}$$

由积极性效应可知：

$$P(t) = i(t) + i_0 ; \ dP(t) < 0 \text{ 且 } d^2P(t)/dt^2 < 0 \tag{7-11}$$

根据式（7-10）和式（7-11）对式（7-9）分别求 $U(t)$ 关于 t 的一阶和二阶导数，

$$dU(t) = dB(t)P(t) + dP(t)B(t) \tag{7-12}$$

$$D^2 U(t) = [\,\mathrm{d}^2 B(t) P(t) + \mathrm{d} B(t) P(t) + \mathrm{d}^2 P(t) B(t) + \mathrm{d} P(t) B(t)\,]/\mathrm{d}t^2$$

$$(7-13)$$

根据式（7－10）和式（7－11），无法判断式（7－12）的导数符号，但可以确定式（7－13）显著小于0。因此，从导数的数学原理看，补贴有效性随补贴期限变化的函数图像在二维直角坐标系中是凹向原点的。由于 $U(t)$ 关于 t 的一阶导数不确定，则无法确定是否存在一个确定的补贴期限 T_0，使得式（7－9）在 T_0 处取得极值。因此，补贴有效性随补贴期限变化的函数图像可能具有以下三种形态（见图7－3）。

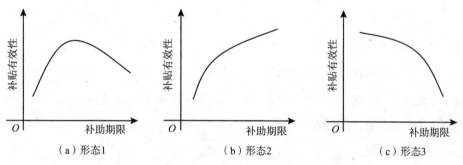

图7－3　补贴有效性随补贴期限变化的3种可能性形态

形态1表示补贴有效性存在极值现象，即存在某一确定的时间长度 T_0 使得彼时补贴有效性达到最大值。即在 T_0 之前退耕农户的生产能力发挥主要作用，表现为退耕目标不断实现，当补贴期限超过 T_0 后，农户生产积极性的下降作用超过其生产能力，表现为退耕目标渐行渐远。形态2表示极值不存在，且 $U(t)$ 的一阶导大于零，即退耕农户的生产学习能力一直占据主导作用，此时补贴激励有效性随补贴期限的变化趋势与农户的生产学习能力的变动趋于相似。形态3表示退耕农户的生产积极性下降一直占据主导作用，表现为 $U(t)$ 的一阶导小于零，此时，随着补贴期的延长，农户的生产积极性下降。

上述三种情形代表着理论上存在的三种情况，在实际退耕过程中，形态2

为最理想的状态，但同时也是最难以实现的状态。因为从理论上看，经济林的相关技术存在明显的技术边界，所以农户在补贴期限内的学习效应并不会无限递增。此外农户生产的积极性也存在类似的边界问题，因此形态2只存在于理论情形，现实中基本不可能发生。形态3为最不理想的状态，也是新一轮退耕还林在政策实施过程中要竭力避免出现的情形。不过从调研实际来看，形态3在现实中并未出现，出现的可能性也不大。首先，退耕农户普遍选择种植经济林，这本身就是一个希望以种植经济林促进增收的积极信号，且在退耕补贴的激励下，大部分农户都对经济林采取比较积极的管护行为（第6章已验证）。此外，农户调查发现，大部分农户希望继续延长补贴期限，希望继续利用退耕补贴来保持对经济林的有效生产。因此，形态1在实践中出现的可能性最大，它一方面体现了农户学习曲线存在的技术边界，另一方面也可以体现农户生产积极性不可能无限增长的现象。实际调查中也可以发现，有不少农户表示在补贴到期后将选择对退耕林地采取抛荒、闲置和复耕。显然，对这部分农户而言，形态1符合其实际情况。

7.3.2 补贴期限约束对农户长效生产影响的有效性验证

第7.3.1小节从政策安排合理性角度阐述了退耕补贴期限约束与农户长效生产行为的逻辑关系，并从理论上指出对退耕补贴进行时间限制是合理的。本节将从实证的角度来验证当前退耕补贴只发放五年的有效性。进行实证需要一个前提设定，即如何从农户生产的角度判断五年补贴期限约束是有效的。在实证中如果需要对五年补贴期限的有效性进行验证，还需要一个前提条件，即农户所获得实际补贴年限不一样。只有农户实际获得的补贴年限不一致，我们才便于采用建模的方式对补贴效果与时间期限的关系进行验证。但由于新一轮退耕还林在实际安排中直接借鉴了首轮退耕还林的建设经验，采取一步到位法，并没有实施政策试验期，因此我们无法对基于上述的理论分析从实证方面进行验证。为此，本书拟从两个角度进行验证：

第一，分析农户对当前补贴期限约束的政策评价，即农户对当前补贴政策的期望（延长补贴期限）和补贴到期后的生产行为意向。如果农户普遍认为补贴期限偏短，需要延长补贴期限，那么当前五年期限的合理性和有效性将"失去民意"。同样的，如果补贴到期后，农户失去对退耕林地的管护和生产积极性并改为他用，很明显，此时五年的补贴期限约束是失效的。

第二，采用实证的方式，验证农户对当前补贴期限约束的政策期望对其补贴到期后的生产行为意向的影响关系。如果农户的希望延长补贴期限的政策期望会对农户的行为意向产生负向的影响作用，则证明当前的五年补贴期限很可能是偏短的，需要适当地延长补贴期限。

7.3.2.1 补贴期内农户的政策期望与长效生产行为意向

由于异质性农户的政策期望和长效生产行为意向可能存在较大差异，本书将按照收入状态、退耕规模、退耕树种和退耕地区对农户进行分类比较。表7-8为农户补贴到期后各类农户的政策期望及其后续生产行为意向的差异性比较。

（1）政策期望方面。从各分组农户的期望结果来看，有将近一半的农户期望能够在补贴到期后继续延长补贴期限。从具体数值来看，有49.79%的低收入农户、49.49%的规模退耕户和56.99%的非速生树种种植户希望延长补贴期限。从数量比例上看，非速生树种退耕户更希望延长补助期限可能是因为所种经济林在补贴期内未能实现挂果营收，因此农户希望能够继续延长补助期限。此外，还有将近25%的农户希望能够提供与经济林有关的技术培训和相关配套的惠农措施。在实际调研中我们发现，有此相关政策期望的农户多为对经济林的预期收入持有较大期待的农户。农户希望利用经济林实现增产增收的目的不仅与新一轮退耕还林的政策目标相吻合也符合新一轮退耕还林在实践中被广泛视为扶贫工程的政策性质。从差异性比较结果来看，以收

表7-8　不同类型农户的政策期望、长效生产行为意向的差异性比较

单位：%

类型	变量内容	收入状态			退耕规模			退耕树种			退耕地区			
		低收入退耕户（样本数=235）	普通收入退耕户（样本数=388）	T值	规模退耕户（样本数=297）	普通退耕户（样本数=326）	T值	速生树种退耕户（样本数=337）	非速生树种退耕户（样本数=286）	T值	毕节市（样本数=252）	安顺市（样本数=171）	黔西南州（样本数=200）	F值
政策期望	到期后，延长补贴期限	49.79	46.13	2.14*	49.49	45.71	5.01***	39.47	56.99	5.01***	46.03	50.29	47.00	39.33*
	到期后，提高补贴金额	25.96	25.52	1.39	23.57	27.61	0.98	30.27	20.28	6.09***	24.60	25.15	27.50	33.50
	到期后，提供技术培训	11.91	16.49	2.72	12.46	16.87	3.81***	18.10	10.84	1.04	16.67	11.11	15.50	19.09***
	到期后，其他惠农政策	12.34	11.86	1.67	14.48	9.82	1.19	12.17	11.89	2.73**	12.70	13.45	10.00	29.76
长效生产意愿	补贴到期，继续管护	52.34	58.51	0.91	57.91	54.60	2.34**	70.33	39.51	2.25**	50.40	63.74	57.00	46.19
	补贴到期，闲置不管	14.89	14.95	1.98*	14.81	15.03	1.42	10.39	20.28	1.27	16.67	11.70	15.50	79.04***
	补贴到期，流转出去	12.77	8.76	1.40	9.76	10.74	0.65	7.72	13.29	1.40	11.51	8.77	10.00	67.52*
	补贴到期，复耕/套种	20.00	17.78	1.95*	17.51	19.63	2.01*	11.57	26.92	5.95***	21.43	15.79	17.50	34.16

注：农户占比数据采用四舍五入法，因此部分数据之和约等于1。收入状态、退耕规模和退耕树种的农户分类比较采用独立样本T检验；不同地区农户的分类比较采用ANOVA分析。*、**和***分别表示在10%、5%和1%的水平上显著。

入状态、退耕规模和退耕树种分组的不同类型农户在延长补助期限方面分别在 10%、1% 和 1% 的水平下具有显著性。通过对比其平均值，可以发现，在延长补贴期望方面，低收入农户 > 普通收入农户、规模退耕户 > 普通退耕户、非速生树种退耕户 > 速生树种种植户。

（2）长效生产行为意向。从各分组农户的期望结果来看，有将近 55% 的农户表示在补贴到期后愿意继续从事经济林管护。从具体数值来看，有 52.34% 的低收入农户、57.91% 的规模退耕户和 70.33% 的速生树种种植户表示愿意在补贴到期后继续从事经济林管护。从数量比例上看，速生树种退耕户更偏好经济林管护，这与这部分农户基本能够在补贴期内实行经济林营收不无关系。上文曾指出，部分速生经济林 3 年可挂果，5 年可进入盛产期，且由于部分经济林品种单价较高，农户在补助期间就实现了脱贫增收，极大激励了农户继续管护的积极性。此外，还有将近 15% 的农户表示在补贴到期后可能会对经济林进行抛荒处理。这部分农户之所以有此想法与其所种树种未能在五年补贴期内实现挂果不无关系。可见，非速生退耕树种的管护是新一轮退耕还林在补贴到期后实现成果巩固的重要内容。从差异性比较结果来看，除了退耕树种分类户，以收入类型和退耕规模分组的不同类型农户在补贴到期后行为意向并无显著差异，这进一步说明了在补贴到期后对不同退耕树种退耕户进行差异化管理的重要性。

此外，不同地区农户的政策期望和长效生产行为意愿也具有一定的差异。造成这种地区差异的原因可能与地方政府在政策执行过程的管理有关，也可能跟该地区经济发展水平和退耕树种等方面息息相关，在此不作具体展开分析。

7.3.2.2 农户的政策期望与长效生产意向的关系验证

第 7.3.2.1 小节利用描述性分析和差异性比较法，从农户对当前补贴期限约束的政策期望和行为意向角度对五年补贴期限的有效性进行论述。本节将采用实证的方式，验证农户的政策期望对其补贴到期后的生产行为意向的影响关系。经验研究指出，行为主体对政策内容的期望差距很可能会引致最终政策目标的偏离，即如果行为主体的政策期望得不到有效满足，其采取非合作手段来阻止政策内容的成效的可能性会增加（廖俊等，2017；李晨光等，2018；钱龙等，2019）。因此，如果实证发现农户的政策期望会对农户的行为意向产生负向的影响作用，则表明当前的五年补贴期限很可能会失效。

（1）变量选择、模型构建与指标描述。

①变量选择。

因变量：长效生产行为意向。本节的核心为验证农户的政策期望对其长效生产行为意向的影响关系。农户的长效生产行为意向可用补贴到期后农户的行为意向来替代，具体地，以补贴到期后农户"补贴到期后继续从事退耕林地营林生产意愿"替代（愿意＝1，不愿意＝0）。农户愿意在补贴到期后继续从事营林生产的意愿是退耕还林成果巩固的重要内容，同时也是农户长效生产行为得以保持的重要前提。

核心自变量：政策期望。上述内容指出如果农户普遍认为五年的补贴期限偏短，需要延长补贴期限，那么该政策安排的合理性和有效性可能值得商榷。农户希望延长补贴期限的这种政策期望在一定程度上表达了农户对当前补贴期限约束的不满。因此，本书以农户"是否认为应该延长补贴期限"的回答情况作为政策期望的观测值，该变量为回答为"是＝1，否＝0"的二分变量。

控制变量。农户在补贴到期后的生产行为意向不仅可能受其主观政策期望的影响，也会受农户家庭特征、农户退耕情况、其他就业机会和产业基础等因素的影响（谢晨等，2015；陈儒等，2016；任林静和黎洁，2017）。因此，本书采用家庭受教育水平、家庭劳动力数量、家庭非农收入比重、家庭收入状态等变量来衡量农户的家庭特征；以退耕规模、退耕树种来衡量农户家庭的退耕情况；以所在村庄是否位于城市郊区①来替代农户家庭的非农就

---

① 本书以农户所在乡镇是否与县政府所在乡镇毗邻作为是否位于城市郊区的衡量值。

业机会。一般认为，位于城郊地区的农户拥有更多的非农就业机会（罗奎等，2014），因此可用此变量替代农户的非农就业机会；以退耕前村庄是否具有经济林产业基础来衡量产业基础。

此外，本书还考虑了新一轮退耕还林的政策执行偏差对农户行为意向的可能性影响。退耕补贴期内补贴是否能够按期发放不仅直接体现了退耕地区执政部门的行政效率，也体现了该地区主管部门对新一轮退耕还林的重视程度。补贴是否准时发放这种政策偏差不仅可能影响农户生产积极性也可能影响农户对退耕政策的信任程度，进而影响农户后续的行为意向，因此本书将其纳入控制变量。

②模型构建。

为验证农户对五年补贴期限的政策期望对农户补贴到期后的行为意向（长效生产行为意向）的影响关系，本书构建了如下函数模型：

$$Long\text{-}term\ Behavior = \alpha + \beta \times Policy\_perception + \gamma X + \varepsilon \qquad (7-14)$$

其中，$Long\text{-}term\ Behavior$ 为农户长效生产行为的替代变量，即补贴到期后继续从事营林生产的意愿；$Policy\_perception$ 为核心自变量，农户的政策期望；X 为可能影响农户长效生产行为的一组控制变量，包括农户的家庭特征、退耕情况、非农就业机会和政策执行偏差等。β 和 γ 为待估计系数，ε 为扰动项。

由于农户的长效生产行为变量为二值离散变量，因此本书采用二元 Logistics 回归进行模型系数回归，并采用 Probit 回归进行稳健性检验，需要指出的是，该回归模型为截面数据。回归模型的具体形式为：

$$\ln\left(\frac{P_i}{1-P_i}\right) = \alpha + \sum_{ij}^{n} x_{ij}\beta_j \qquad (7-15)$$

其中，P_i 表示农户愿意在补贴到期后继续从事营林生产的概率，α 为常数项，β 为回归系数，X_{ij} 为包含核心自变量在内的所有可能影响农户行为意向的变量。各变量的赋值及描述性统计见表 7-9。

表 7 – 9　　　　　　　　　　　　变量定义与描述性统计

变量名称		变量处理及赋值	平均值	标准差	预期
因变量	长效生产意愿	补贴到期后继续从事营林生产的意愿：愿意 = 1，不愿意 = 0	0.56	0.30	
核心自变量	政策期望	是否认为该延长补贴期限：是 = 1，否 = 0	0.48	0.18	+
控制变量	家庭受教育水平	家庭成员平均受教育年限，单位：年	6.89	6.15	—
	家庭劳动力数	家庭劳动力人口数，单位：人	2.94	1.28	-/+
	非农收入比例	家庭非农收入占比，单位：%	0.43	0.55	-/+
	退耕规模	农户家庭实际退耕亩数，单位：亩	3.28	3.67	+
	退耕树种	是否速生树种：是 = 1，否 = 0	0.54	0.22	—
	收入状态	是否为低收入农户：是 = 1，否 = 0	0.37	0.16	-/+
	非农就业机会	所在村庄是否位于城市郊区：是 = 1，否 = 0	0.24	0.21	—
	产业基础	村庄退耕前是否有经济林产业基础：是 = 1，否 = 0	0.16	0.11	+
	政策执行偏差	补贴期内是否有按时发放补贴：是 = 1，否 = 0	0.41	0.29	+

（2）结果分析。

①基准结果分析。

表 7 – 10 为式（7 – 14）和式（7 – 15）的模型估计结果，表中的 R^2 平均值大于 0.25，LR 统计量的对应的 p 值均为 0.000，可见整个方程所有系数的联合显著性和拟合效果较好，可用于结果分析。其中，列（1）~列（4）为不放入变量交叉项的模型估计结果，列（5）~列（6）为放入"政策期望×退耕规模""政策期望×退耕树种""政策期望×收入状态"等三个交叉变量的模型估计结果。

表 7 – 10 中列（3）的估计结果显示，政策期望的估计系数为正，且在 1% 的水平上显著，同时其边际效应的估计系数为 0.137，且在 5% 的水平上的显著。可见，农户的政策期望确实会显著影响农户的长效生产行为意向。具体地，在保持其他因素不变的前提下，农户希望延长补助期限的期望每增加 1

个单位农户继续从事营林生产的意愿概率就增加 13.7%。这个结果表明，若要提高农户的长效生产意愿，继续延长补助期限是一个有效的政策选择。

控制变量的估计结果表明，退耕规模、退耕树种和收入状态都会影响农户的长效生产行为意愿。其中，退耕规模每增长 1 个单位，农户提高长效生产行为的意愿概率会增加 12.3%。退耕规模越大的农户越希望延长补贴期限这可能有两个主要缘由。第一，退耕规模越大，农户减少的农业收入越多，因此农户更希望通过延长补贴期限来弥补损失。第二，退耕规模越大的农户在经济林上营林生产成本可能越大，需要通过延长补贴来减少成本压力。相比速生树种种植户，非速生树种种植户继续从事营林生产的概率多 11.7%，这可能是因为非速生树种普遍还没在补贴期限内实行营收，因为农户更希望延长补贴期限。相比普通收入农户，低收入农户愿意继续从事营林生产的概率多 0.9%。此外，政策执行偏差也显著影响农户的长效生产行为意愿，能够准时收到退耕补贴的农户比不能准时收到退耕补贴的农户在继续从事长效生产行为的意愿概率上要多出 9.1%。

②交互效应检验。

上述基准结果表明，农户的长效生产行为意愿不仅受到政策预期的影响，还受到退耕规模、退耕树种和收入状态的影响。然而，从理论上看，农户的政策预期与退耕规模、退耕树种和收入状态密切相关，农户的政策预期是否会通过这些因素间接作用与长效生产行为意愿有待检验。因此，下文将"政策期望×退耕规模""政策期望×退耕树种""政策期望×收入状态"等三个交叉变量纳入模型，以便确定其具体作用路径。

表 7-10 中列（5）~列（6）汇报了包含三个交叉项的模型估计结果。结果显示，三个交叉变量分别在 1%、10% 和 5% 的水平下显著。具体来看，对希望延长补贴期限的农户而言，其继续从事营林生产的意愿会随着退耕规模面积的增大而增大（政策期望×退耕规模）；对非速生树种种植户而言，农户希望延长补助期限的概率每增加 1 个单位，其愿意继续从事营林生产的

概率会增加 7.0%（政策期望×退耕树种）；对低收入农户而言，农户希望延长补助期限的概率每增长 1 个单位，其愿意继续从事营林生产的概率会增加 11.8%（政策期望×收入状态）。可见农户的政策期望确实会通过退耕规模、退耕树种和收入状态进而影响其长效生产行为意愿。因此，在后续成果巩固的相关策略制定上要充分考虑不同异质性农户的政策需求，方便有效实现政策效果的最大化。

表 7 - 10　　　　　　　　　政策期望与长效生产行为的回归结果

变量名称		因变量：长效生产行为意向（Logit）					
		估计系数	边际效应	估计系数	边际效应	估计系数	边际效应
		（1）	（2）	（3）	（4）	（5）	（6）
核心自变量	政策期望	0.970 ***	0.141 ***	0.933 ***	0.137 **	0.957 ***	0.155 **
控制变量	退耕规模	—	—	0.701 **	0.123 **	0.630 **	0.118 **
	退耕树种	—	—	- 0.684 ***	- 0.117 **	- 0.654 ***	- 0.130 ***
	收入状态	—	—	0.067 **	0.009 *	0.087 *	0.014 *
	政策期望×退耕规模	—	—	—	—	0.326 ***	0.075 ***
	政策期望×退耕树种	—	—	—	—	0.070 *	0.011 *
	政策期望×收入状态	—	—	—	—	0.118 **	0.015 **
	家庭劳动力数	0.660	0.120	0.639 *	0.114	0.662	0.107
	受教育水平	- 0.117 *	- 0.023	- 0.121 *	- 0.019	- 0.125 *	- 0.019
	非农收入比例	- 0.142 **	- 0.024 **	- 0.145 **	- 0.027 **	- 0.134	- 0.022 **
	非农就业机会	- 0.124	- 0.018	- 0.094	- 0.017	- 0.072	- 0.016
	产业基础	0.129 **	0.021 **	0.110 **	0.018 *	0.098 *	0.013 *
	政策执行偏差	0.513 ***	0.076 ***	0.500 ***	0.091 **	0.493 **	0.096 **
Log-likelihood		- 1021.78		- 1024.60		- 1031.17	
Wald chi^2		360.11 ***		366.75 ***		368.32 ***	
Pseudo R^2		0.254		0.309		0.321	
样本数		623		623		623	

注：*、**、***分别表示在10%、5%、1%水平下显著。

③稳健性检验。

为检验本书模型估计结果的稳健性，特采用 Probit 回归对农户政策期望与长效生产行为意向的关系进行检验，表 7 – 11 为模型估计系数结果。稳健性检验结果表明，采用 Probit 回归与 Logistic 回归的变量估计结果基本一致，除了模型的估计系数有所变化外，主要核心变量和控制变量的显著性都无明显变化。这表明前文标准模型具有较好的稳健性，研究结果可信，即农户的政策期望确实会对农户的长效生产行为意向产生影响，在后续成果巩固的制度建设和方案设定上应充分考虑农户对延长补贴期限的政策诉求。

表 7 – 11　　　　　　　　　　稳健性回归结果

变量名称		因变量：长效生产行为意向（Probit）					
		估计系数	边际效应	估计系数	边际效应	估计系数	边际效应
		（1）	（2）	（3）	（4）	（5）	（6）
核心自变量	政策期望	0.737 ***	0.137 ***	0.726 ***	0.131 **	0.665 ***	0.148 **
控制变量	退耕规模	—	—	0.619 **	0.120 **	0.611 ***	0.119 **
	退耕树种	—	—	– 0.590 ***	– 0.119 **	– 0.499 ***	– 0.126 ***
	收入状态	—	—	0.074 **	0.011 *	0.081 *	0.013 *
	政策期望 × 退耕规模	—	—	—	—	0.265 **	0.080 **
	政策期望 × 退耕树种	—	—	—	—	0.116 *	0.015 *
	政策期望 × 收入状态	—	—	—	—	0.300 **	0.011 **
	政策执行偏差	0.404 ***	0.071 ***	0.423 **	0.089 **	0.513 **	0.095 **
其他控制变量		控制	控制	控制	控制	控制	控制
Log-likelihood		– 1021.72		– 1023.98		– 1031.22	
Wald chi^2		360.10 ***		366.00 ***		367.97 ***	
Pseudo R^2		0.252		0.308		0.319	
样本数		623		623		623	

注：*、**、*** 分别表示在 10%、5%、1% 水平下显著。

7.4 本章小结

本章从政策约束的视角下对新一轮退耕还林的"两大政策约束"的具体效果展开了分析，具体从政策安排合理性和有效性角度分别论证"放松套种政策与农户长效生产的关系"和"加强补贴期限约束对农户长效生产的影响"。研究结果表明：

（1）放松套种约束的合理性分析表明，放松套种约束有助于农户在退耕林地上实现生产过程的成本节约（范围经济）和生产结果中的利润增收（范围利润）。总体来看，"单作物套种模式"要优于"双作物套种模式"；从时间轴来看，农户套种带来的积极效益正在随着经济林的逐渐成长而消失。

（2）放松套种约束的有效性研究表明，农户的套种强度与范围经济和范围利润之间存在倒 U 形的关系，套种强度并非越多越好，合理的套种规模才是保持成本节约和利润增收的有效途径。此外，套种强度会通过套种模式间而影响农户的范围经济水平和范围利润水平。套种强度、套种模式与经济林成活率的关系与范围利润的结果类似。套种在一定程度和一定模式下具有积极效果，但是需要控制其套种强度和进行模式区分，不可盲目套种。

（3）加强补贴期限约束的合理性论证表明，从理论上看农户退耕后在经济林营林生产过程的学习能力和生产积极性都会呈现由较低水平到较高水平的一个快速进步过程，但随后会趋于稳定，同时从理论上看，补贴对农户生产激励的有效性也可能存在先增后减的结果，因此需要对补贴期限进行一定的约束，防止过度补贴，从而出现补贴激励失效。

（4）加强补贴期限约束的有效性分析表明，有超过50%的退耕农户认为当前退耕补贴期限不够长并期望能够延长补助期限，并且只有不到50%的农户表示愿意在补贴到期后继续从事经济林的营林生产，还有50%左右的农户表示在补贴到期后可能会将林地抛荒、流转或者进行复耕。农户的政策期望与补贴到期后的长效生产行为意愿的回归结果表明，农户的长效生产行为意向会受到政策期望的显著影响，并且这种影响会通过农户的退耕规模、退耕树种和收入状态发挥作用。

第8章

新一轮退耕还林对农户生产结果的
影响：农户收入视角

8.1 主要研究问题

从农户生产的过程和内容来看，第5~7章实现了在新一轮退耕还林诸多政策的影响下农户生产内容、生产要素配置和生产结果等方面的变动研究。因此，本章将在此基础上进一步分析新一轮退耕还林对农户生产目标的影响研究，即分析新一轮退耕还林对农户脱贫增收的实际效果，从而实现从生产的视角下对新一轮退耕还林政策影响的全过程分析。上述研究表明参与新一轮退耕还林使得农户的生产行为、生产内容和生产方式都发生显著变化，但农户的生产目标不会改变，即退耕农户希望以退耕的方式来促进自身生产行为和内容的调整与优化并最终实现增收的目标。新一轮退耕还林的核心目标之一就是通过鼓励农户种植经济林的方式来促进退耕农户增产增收。从这一点来看，农户的退耕参与动机与新一轮退耕还林的政策动机具有高度一致性。由于新一轮退耕还林在实际退耕过程中采取低收入地区、低收入农户优先退耕的组织方式，使得新一轮退耕还林被广泛布局到低收入地区并被多地的地方政府视为巩固脱贫增收政策，利用退耕补贴和种植经济林来促进和实现山区农户增收成为不少地区实现巩固脱贫增收的重要举措。

新一轮退耕还林作为一项农地利用方式调整的政策安排被视为重要巩固脱贫增收手段，最重要的缘由在于可以利用退耕补贴和种植经济林实现增收的理论预期。从既有研究来看，学界对退耕还林在促进农户增收的机制分析上存在一定的争议，有学者认为退耕还林促进农户生产效率的提高（李桦等，2011；薛彩霞等，2013），有学者认为退耕还林释放农户家庭劳动力，降低对农地的生产依赖（李卫忠等，2007；汪阳洁等，2012），也有学者认为退耕还林促进非农劳动力转移，增加农户家庭非农收入（刘璨，2007；Yao et al，2010；朱长宁和王树进，2014），但也有学者持相反观点（易福金等，2006；王庶等，2017）。但从不同研究阶段的成果来看，退耕还林确实在一定程度上促进农户增收和生计改善（徐晋涛等，2004；Liu et al，2010；李桦等，2013；王庶等，2017；Yin et al，2018）。

相较于首轮退耕还林的丰硕研究成果和新一轮退耕还林工程在实践中的快速展开，学术界对新一轮退耕还林在促进山区和农户增收方面的研究十分匮乏。总体看来，学者从退耕成本有效性、退耕益贫性、农户风险感知、资本分配、存在的问题及改进措施等方面进行了探讨（谢晨等，2015；张朝辉，2015；张坤等，2016；任林静和黎洁，2018），但对新一轮退耕还林在增收有效性的理论分析和实证方面极为不足，也缺乏对其扶贫稳定性的分析，更缺乏结合低收入山区的现实困境进行理论与现实检验。由于两轮退耕还林的政策内容存在较大差异，另外，随着我国农村社会的加速转型和社会经济的快速发展，以及地区收入差异增大的现实，新一轮退耕还林能否实现促进低收入地区农户增收的政策预期，不仅关系退耕农户生计问题的解决和增收经验的推广，更关系到工程成果长久巩固机制的建立。鉴于此，本书以政策影响评估为研究目标，首先以山区增收的多重困局分析为逻辑起点，然后从理论上分析新一轮退耕还林与增收工作的契合性，最后以贵州省 6 个典型案例的发展结果和经验，从综合效率、精准性和可持续性等方面对新一轮退耕还林在促进低收入山区实现增收的有效性进行现实检验。

8.2 低收入山区增收治理的多重困局

改革开放任务实施以来，中国的消除贫困事业取得令人惊叹的成绩，但是由于历史的、地理的、人为的因素等方面限制，山区增收仍面临多重困局。这些困局既有一般性特征也有山区的特殊性。下面做具体分析。

（1）农户困局。农户自主增收失灵，已有研究指出"个体性致贫"与"结构性致贫"导致目前广大山区农户自主增收失灵（邢成举，2017）。个体性致贫因素主要指农户因病、因残、因懒和因老等方面造成的个体收入低下，由于健康、个人意志和家庭特征等因素限制，这部分群体在不依靠政府和社会帮扶的前提下一般很难实现增收。结构性致贫主要指因自然生产条件恶劣、社会结构分化、家庭禀赋结构异化、经济结构层级低下和教育结构劣势等方面造成的收入低下，使得农户缺失了经济基础、发展机会、社会资本、工作技能、教育等多方面的平等的初始竞争条件，直接体现为山区低收入人口很难通过参与市场竞争来获得收益，从而陷入低收入的结构性陷阱，导致自主增收失灵，结构性贫困还极易造成贫困的代际传递。

（2）市场困局。扶贫市场主体参与不足，多元帮扶机制不健全。由于山区普遍存在交通不便、信息闭塞、要素流通困难和资源开发成本大等问题，导致社会经济发展基础和条件都比较落后。甚至不少山区的基础设施和人力资源存在严重缺失的现象，极大地影响山区经济发展的现实可能性，不仅就地治贫、脱贫的实际困难非常大，也缺乏参与市场经济竞争并取得市场机会与利益所必需的基本条件。此外，由于贫困属于民生和社会保障问题，经济市场的行为主体在逐利的本质目的下轻易不会进入扶贫领域，更不会选择扶贫难度最大的山区地带，从而导致我国的扶贫工作主要依靠政府治理，市场参与程度极其有限，多元帮扶机制的建立亟待完善。

（3）政府困局。政府扶贫资金有限，扶贫工作量繁重，脱贫压力艰巨，这在山区尤为突出，这不仅有历史遗留问题，也有山区政府自身的困难问题。尽管政府一直以来都是扶贫工作的最主要治理单位，但是由于政府失灵造成的脱贫困局也不可忽视。首先，政府有限的扶贫供给对农户的脱贫需求的响应严重不足。我国大部分低收入群体基本生活在广袤的山区，相较于这部分群体的增收需求而言，我国巩固拓展脱贫攻坚成果的资金缺口仍旧巨大，尤其对低收入山区的各级政府而言，财政压力更大。其次，我国的巩固脱贫增收工作通过层层分解的方式最终落实到了基层政府的肩上，但无论从财政能力、政策执行还是社会治理等角度看，基层政府在各级政府中都是力量最为薄弱的。而长期以来，由于社会经济等各方面条件的限制，山区地方各级政府很难留住具有复合治理能力的人才，进一步降低了综合治贫的能力（邢成举，2017）。

（4）社会困局。首先，老龄化带来的低收入化问题日益突出。我国已经步入老龄化社会，农村老年人口的低收入发生率为13.83%（刘生龙和李军，2012）。由于身体素质下降和精力不足，老年人口相对于青壮年人口而言更容易陷入低收入困境，在山区这个问题则更加凸显。其次，城乡发展的巨大差异还加速了农村青壮劳动力和财富大量向城市流动，造成农村的空心化和老龄化,进一步加剧了农村的贫富不均(国务院发展研究中心农村经济研究部课题组,2014)。我国西南山区、秦巴山区等地,由于自然资源和地形条件等方面限制,造成产业转型升级难度大,经济发展带动就业水平不高,农村多为封闭落后状态,农村空心化现象蔓延迅速,"人走屋空、两栖占用"现象普遍存在。

显然,山区"增收难"不仅难在四大困局的存在,更难在四大困局之间的叠加作用。例如,山区发展条件差,农户积弱现象突出,农户增收又严重依赖政府的帮助,而政府力量的有限又急需市场力量的参与,但是市场趋利的行为特点决定了其只会选择社会资源条件好的地区进行投资经营,而在这种农户结构性贫困、政府能力不足、市场参与程度不高的多重作用下,农村青壮劳动力将进一步外流,加速了村庄的发展困境。正是这种多重困局的存在和交互作用导致了目前我国广大山区"增收难"和"易返贫"的社会症结。

8.3 新一轮退耕还林与山区农户脱贫增收的理论分析

从《新一轮退耕还林实施方案(2014)》的内容来看,新一轮退耕还林政策包含扶贫的"四大模式":退耕补贴实现"救济式扶贫",退耕选择实现"参与式扶贫"、发展经济林实现"开发式扶贫",生态护林员实现"购买服务式扶贫"(见表8-1)。具体表现为:利用退耕补贴可以直接提高低收入农户的转移收入,对改善低收入农户的当期生活水平具有显著作用;自愿和自由的退耕选择让农户可以不受限制地在"农"和"林"之间随意组合,通过最优配置生产要素来实现农户个体的帕累托最优;利用退耕还经济林的政策安排发展经济林产业,以产业发展带动地区农户增收致富,具有开发式扶贫的典型特征;雇用生态护林员对退耕还林在森林防火、防盗、防乱砍滥伐等领域开展巡逻和监督,既能有效实现经济林的成果巩固还能促进低收入农户增收。此外，在总结首轮退耕还林经验的基础上，新一轮退耕还林在政策安排上进行了诸多改变，其中最具影响的改变是新一轮退耕还林放松了退耕的约束条件，鼓励农户种植经济林、允许农户进行矮秆作物套种，并且赋予农户更自由的退耕地和退耕树种选择机会。在这种政策安排下，以生态保护为根本目标的新一轮退耕还林在实际退耕安排过程中逐渐被广大山区视为"扶贫工程"。以贵州省为例，在新一轮退耕还林工程中，贵州更加重视产业发展、生态建设和脱贫攻坚的紧密结合。一方面，在任务安排上向贫困地区倾斜，新一轮退耕还林实施四年来，累计安排给武陵山区、乌蒙山区、滇桂黔石漠化区三大集中连片特殊困难地区的面积占全省总任务的 85.9%。另外，因地制宜选择一批优质、高效和市场前景好的经济树种，大力发展山地高效特色经济林。目前贵州省新一轮退耕还林工程中已完成的 1057.4 万亩面积中，经济林达 787.29 万亩，占完成数的 74.46%。① 新一轮退耕还林在山区治贫过程中所体现出的契合性与优越性，使其逐渐成为山区治贫的重要手段。

表 8 - 1   农村扶贫的四种主要模式

扶贫模式	优势	缺陷或低效性
救济式扶贫 （RPA）	①直接瞄准低收入个体，契合精准扶贫的战略要求，可迅速提高低收入人群收入水平，树立榜样 ②通过民政救助、医疗保障和养老保险等进行扶贫，降低扶贫成本	①"输血式"帮扶，忽略了增强低收入人口的生计能力，不具有稳定脱贫效果 ②极易造成扶贫对象对施助方的过度依赖，影响其他扶贫措施的落实和生效
参与式扶贫 （PPA）	①具有扶贫项目的从设计、规划、实施、监管和验收的全过程，扶贫过程可控 ②"赋权于民"，通过自下而上的决策方式，激发群众的积极性、主动性和参与性，增强群众对项目的拥有感 ③确保项目瞄准低收入人群，提高扶贫精准度和扶贫资金使用效率	①项目实施过程中，各级政府和相关部门以不同方式、不同角度积极推动是项目实施成功的必要条件 ②低收入农户缺乏参与的积极性和自主性，参与能力不足，"参与决策权"易遭剥夺

---

① "绿水青山"变"金山银山"退耕还林，退出的是脱贫的希望和幸福的生活 [EB/OL]. 贵州省林业局，https://lyj.guizhou.gov.cn/zfxxgk/fdzdgknr/zdgc/tghl_5620852/202101/t20210129_66612166.html, 2019 - 09 - 03.

扶贫模式	优势	缺陷或低效性
开发式扶贫（DPA）	①扶贫与发展经济相挂钩，通过资源挖掘和项目开发的形式增强地区经济实力 ②帮扶者与被扶贫者主动联系，建立共生、共享机制 ③具有扶贫瞄准性和脱贫稳定性，可以有效防止返贫	①需要依赖一定资源和项目，开发前期对资金投入要求较大 ②项目收益具有不确定性，开发主体的经营决策错误可能导致扶贫项目的失败
购买服务式扶贫*（PSPA）	①扶贫与"公益性"岗位相结合，通过定员定岗实现稳定就业 ②提高低收入人口的乡村建设热情，有助于提高社区建设能力、乡村治理能力 ③由政府牵头、社会组织参与和科研人员评估与监测共同合作完成，扶贫效率高	①名额有限，难以实现低收入人群的覆盖 ②发展经验不足，除政府以外的社会组织和大个体参与程度不够，有待进一步推广 ③缺乏岗位运行的第三方评估，常态化的第三方评估、监测体系有待完善

注：＊2015年12月出台的《中共中央 国务院关于打赢脱贫攻坚战的决定》中明确提出"在扶贫开发中推广政府与社会资本合作、政府购买服务等模式"。

8.3.1 新一轮退耕还林在"山区治贫"中的政策安排与理论效用

新一轮退耕还林在解决山区农户增收困局方面将发挥重要作用。山区低收入农户多处于社会底层，弱势的社会地位使其在资源的信息获取、项目参与、利益分享等多个方面都处于十分困窘和被动的状态，缺乏资源索取能力，对政策缺乏响应感。新一轮退耕还林按照公开、自愿退耕的原则，要求退耕指标优先向低收入农户倾斜，且农户可以自由选择退耕地块和退耕树种。这种政策有助于提高农户的参与积极性并确保低收入农户有充分的机会参与退耕，获取退耕指标和享受退耕补贴，有效防止了扶贫过程中的信息不公开、机会不均等、农户不积极的弊端。此外，退耕补贴的多寡与退耕面积直接挂钩，理性农户会选择将低产耕地和撂荒地进行退耕种植经济林，实现退耕增加补贴收入的同时还能促进农户生产结构调整。另外，利用经济林拥有较长的生命周期，较高的单产和单价，在经济林进入挂果期后退耕农户将获得持续而稳定的收入，稳定和可持续的产业发展有助于形成开发式扶贫，是防止农户返贫的最有效手段。

在摆脱山区增收"政府困局"方面，首先，参与退耕还林可以直接获得国家财政的资金支持，这对缓解地方政府财政压力是一个重要途径，且有助于地方政府加快工作进程。据国家林业和草原局监测，2016~2018 年全国共安排集中连片特殊困难地区有关县和国家扶贫开发工作重点县退耕还林还草任务 2946.6 万亩，超过退耕还林还草总任务的 1/2。[①] 其次，新一轮退耕还林实施地区与"连片脱贫攻坚"实施处在同一空间，退耕政策与增收要求在范围上具有重合性、目标上具有一致性、措施上具有相似性等"四同性"。这就必然要求各级发展改革部门、林业部门、农业部门、扶贫部门等相关职能部门的政策同时出现在同一空间，在部门协同、政策聚合的效果下，政府参与新一轮退耕还林的积极性将大大提高，有利于统筹各方面的力量，改变过往有心无力的困局，加快进入巩固脱贫阶段。

在走出"市场困局"方面，山区多元帮扶体制的建立离不开市场力量的参与，过往由于自然资源禀赋、市场生态环境等诸多因素的限制，市场行为主体在广大山区的开发与参与水平普遍不高。新一轮退耕还林实施后，集中连片的经济林一旦进入规模生产阶段，市场主体出于逐利的动机，也将逐渐进入经济林的市场发展环节。例如，企业通过土地流转，从事规模化经济林经营活动；企业在经济林主产区建立林产品加工制造基地，对经济林产品进行深加工，提高经济林的附加值等。此外，随着退耕后林权证的发放，经济林的流转潜力也将进一步激发，市场力量的参与积极性也将随之高涨。集体林权制度的改革经验表明，林地确权后，林地的流转潜力不断提高，市场中林地的流转行为和能力变强，交易规模和交易频率增加，并促进了生产性服

---

① 中国林业网：http://www.forestry.gov.cn。

务市场的出现和各个生产环节分工的细化，进而促进林地经营规模的扩大，实现林业经济的规模化发展。

在突破"社会困局"方面，从政策内容和实施过程来看，新一轮退耕还林对直接改善山区增收难的社会困局作用并不凸显，更多是通过对其他困局的改善进而使得社会困局的"枷锁"发生松动。例如，经济林一旦形成规模化种植且市场主体也逐渐加入其中，势必增加更多的就业机会，并吸引外出就业的劳动力回流。此外，通过发展经济林带动农户增收和农村发展，也将有效改善农户家庭条件和村庄福利，为老龄人口提供更好的生活条件和社会保障。

8.3.2　参与新一轮退耕还林对"农户增收"的理论效用

从目前山区增收过程中存在多种困局及其核心目标来看，根本问题还在于农户"增收难"，克服困难的根本要义还在于如何有效持续性地提高农户收入水平。广大山区在增收治理过程中引入新一轮退耕还林政策的最终目的也是提高农户收入水平，从这一角度看，农户参与程度以及农户能否通过参与新一轮退耕还林实现增收是制约新一轮退耕还林在山区增收效果发挥的根本因素。

从政策安排来看，新一轮退耕还林在促进农户增收的理论效用主要表现在四个方面：首先，退耕补贴有助于提高低收入农户的转移收入，能够改善低收入农户的当期生活水平；其次，退耕树种的自愿选择可以降低生产风险并调动农户的种植积极性，有助于农户生产要素在"农"与"林"间的组合配置实现农户个体的帕累托最优；再次，允许套种的政策安排使得农户可以通过套种来缓解退耕造成的粮食减产压力，防止退耕后粮食开支剧增，同时也有助于提高农地的利用率；最后，还有部分低收入农户将有机会依托退耕还林成为生态护林员，从而获得相对稳定的工作机会和改善收入水平。

此外，退耕补贴不仅直接提高了农户的转移性收入水平，从理论上看，退耕补贴和种苗种植补贴更有助于调整农户的生产方式和生产要素投入，进而通过产出结果影响农户的收入水平。与农业方面的生产补贴不同，新一轮退耕还林补贴并非严格意义上的生产补贴或者收入补贴，因此我们可以分开讨论其在促进农户土地增产和增收过程中的理论效用。借鉴前人对生产补贴和收入补贴的分析，本文做出如下假设与推导：

假设参与退耕前，农户的生产函数线为 Q_1，等成本线为 C_1。Q_1 和 C_1 相切于 E_0，即 E_0 为退耕前农户生产的均衡点（见图 8-1）。显然，这一均衡点的形成受限于农户的生产投入和产出结果。假设农户参与退耕后将退耕补贴视为生产补贴且在生产理性的驱动下，农户将退耕补贴用于增加经济林的资本投入（化肥、农药等），设补贴使用率为 S，则相当于农户经济林资本投入的价格（成本）下降了（此时劳动的投入不变），那么在补贴的作用下，农民生产将形成新的等成本线为 C_1，且此时农户经济林生产的均衡点会从 E_0 移动到 E_1，E_1 点相切于更高的等产量曲线上。显然，与生产资料挂钩的退耕补贴增加了农户资本投入，有助于经济林产量增产。若农户将退耕补贴用于增加经济林的劳动投入，设补贴使用率为 S，则相当于经济林生产的劳动投入价格下降了，而资本的投入不变。此时，新的等成本线为 C_2，此时，农户经济林生产的均衡点会从 E_0 移动到 E_2，经济林产量也将随之增加。

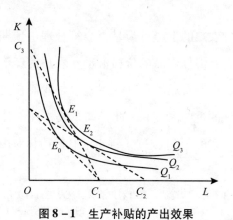

图 8-1　生产补贴的产出效果

若农户将退耕补贴视为收入补贴，理性的农户会根据资本和劳动要素的相对价格重新优化资源配置来提高经济林的生产效率。假设退耕农户获得的退耕补贴收入为 ΔC，由此，代表农户的等成本线变为 $C_3 = C_1 + \Delta C$，此时，农户经济林生产的均衡点会从 E_1 移动到 E_2，从而实现增产（见图8-2）。理论上，在经济林的收入可预期的前提下，如果农户有更多可退耕的土地，或者土地流转市场较为自由时，理性农户会沿着生产拓展线扩张，从而扩大经济林经营规模，从而增加经济林产出。

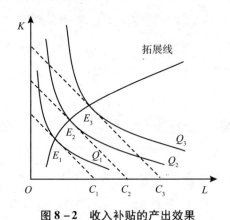

图8-2　收入补贴的产出效果

然而，在实际中农户的生产行为是否会符合理论预期，还受到诸多现实因素的影响，例如，经济林产品的价格波动、农户的经济林种植经验、经济林的生长环境和地区产业布局等。这些因素也是我们在接下来的分析中将进一步进行分析和验证的重要内容。因此，如果放松理论分析的前提假设（如林产品价格变动①、竞争市场状态），新一轮退耕还林对山区低收入农户的增

————————

① 在实际中，产量并不意味着产值，只有农户能够将产品进行自由流通和买卖，农户增产的产品才可能转化为商品，从而实现增收的目的。因此，下文的理论分析还基于一个重要的假设，即退耕农户所生产经济林产品都处于一个完全竞争的市场状态下，在市场中农户可以自由地进行产品交换和商品买卖，农户是市场价格的接受者。

收实际效果可能与预期相差甚大。政策实施的理论预期是否在实践中达成，正是政策影响评估研究的重要目标，而这更凸显了本书研究的重要性。

8.4　案例选择与案例描述

8.4.1　案例选择与数据收集

新一轮退耕还林实施五年来，贵州省累计安排给武陵山区、乌蒙山区、滇桂黔石漠化区等三大山区的 66 个县的退耕还林面积占全省总任务的 85.9%。因此，以贵州作为案例调查省具有典型性。课题组以退耕地区的社会经济与村庄规模、地理环境与土地性质、退耕规模与退耕树种、经营组织模式等为选择依据，在贵州省选取了 26 个具有代表性的退耕还经济林项目，并于 2018 年 9 ~ 11 月针对林业主管和服务单位、各乡镇负责人和退耕农户进行了实地观察、问卷调查和半结构访谈。调查和访谈人次超过 700 人次，累计形成调查问卷 600 余份，访谈记录 80 余份。

为保证案例的典型性和代表性，本书最终在 26 个案例点中选择 6 个进行典型案例分析。主要选择依据为：第一，案例点包含了位于山区的普通收入村、低收入村和深度低收入村（每种 2 个），6 个案例都是 2014 年首批次进行退耕还经济林，到 2018 年都通过了退耕验收，具有较强的代表性；第二，6 个案例点的退耕树种和经营模式相差较大，为检验退耕还经济林的增收效果提供了宝贵的差异化模式借鉴；第三，6 个案例点的调查过程中都得到县市级林业主管部门的大力支持，为案例点的实地调查和资料获取提供了有效保障，使得案例选择具有代表性。由于当研究对象具有层级感（低收入山区、低收入农户）且具有异质性（农户异质性）时，单独的多案例分析仅能考察某一现象整体性质，无法从层级结构和异质性方面进行深入对比分析，对涉及多层次现象中的"为什么"和"怎么样"的管理问题无法做出准确回答。因此本书还在每个案例点选择 1 户低收入农户（退耕前为低收入农户，访谈对象为户主）进行嵌入性案例分析①，主要从农户收入状态、致贫原因、家庭特征、退耕行为和收入变化等方面进行筛选（具体内容见表 8 - 2）。嵌入性案例不做展开描述，但其内容可为 6 个典型案例的分析提供场景参考和数据支撑。

表 8 - 2　　　　　　　　　　　案例村退耕前基本情况

案例	社会经济与村庄规模	地理环境与土地资源	劳动力与人力资本
案例 1	以种植业和经济林为主，主要作物为玉米、水稻、红薯、樱桃；总人口 2600 余人，2014 年贫困率 5.7%	岩溶地貌为主，土地贫瘠。水田面积 488 亩，旱地面积 2141 亩，林地面积 1264.9 亩	青壮劳动力普遍外出务工，父辈劳动力普遍在家务农，近年来陆续有劳动力回流现象
案例 2	以种植业和经济林为主，主要作物为玉米、土豆、蔬菜、冰糖李；总人口 1700 余人，2014 年贫困率 7.6%	石漠化山区，地质以砂砾石为主。耕地面积 3010 亩，林地面积 4000 余亩	青壮劳动力普遍外出，由于镇里有若干林产品加工厂，近年来农户家庭非农收入逐渐提高
案例 3	以种植业为主，主要作物为玉米、水稻、土豆。总人口 2400 余人。2014 年贫困率 16.4%	石漠化山区，土地贫瘠。耕地面积 4800 余亩，林地面积 4660 亩	青壮劳动力普遍外出，剩余劳动力以种植业为生
案例 4	以种植业为主，主要作物为白菜、水稻。总人口 1200 余人。2014 年贫困率 17.8%	位于高原山区，交通不便。水田面积 812 亩，旱地面积 2900 余亩，林地面积 5660 亩	青壮劳动力普遍外出，剩余劳动力以种植业为生，交通不便，与外界沟通不足

---

　①　使用抽样技术或者簇群技术（cluster techniques）抽取出次级分析单位，通过对主分析单位与次级分析单位的考察而开展的案例研究，称之为嵌入式案例研究。嵌入式案例研究相较于整体式案例研究的不同之处主要在于引入了多个具有异质性特点的次级分析单位，使得案例不局限于对整体性质的考察，还从层次上、数量上和异质性上对案例现象进行补充描述，对涉及多层次现象中"为什么"和"怎么样"的管理问题能够构建起更为精致的场景和理论（韦影和王昀，2017）。

案例	社会经济与村庄规模	地理环境与土地资源	劳动力与人力资本
案例 5	以种植业为主，主要作物有玉米、土豆、蔬菜。总人口 1200 余人。2014 年贫困率 34%	岩溶地貌为主，土地贫瘠。村庄耕地面积 3600.15 亩，林地面积 4400 亩	劳动力外流严重，剩余劳动力以贫困人口居多，缺乏劳动力是当地脱贫难的主要因素之一
案例 6	以种植业为主，主要作物有甘蔗、玉米、稻谷、花生。总人口 1550 人。2014 年贫困率 37%	高原山区，地形崎岖，交通不便。村庄耕地面积 5445.86 亩，林地面积 3050.1 亩	劳动力外流严重，剩余劳动力以贫困人口居多，缺乏劳动力是当地脱贫难的主要因素之一

注：村庄基本情况主要用于各案例间的可比性对照与参考，书中不作展开分析。

资料来源：实地调研。

8.4.2 案例描述

根据 6 个案例点退耕后经济林的种植和经营情况，其基本情况可分为以下 3 类：

（1）运行良好的经济林项目。案例 1 是位于毕节市纳雍县的非贫困村，是"玛瑙红"樱桃品种的发源地，直接销售范围覆盖贵州、广东、广西、云南等数省。2014 年，利用新一轮退耕还林的政策安排成功扩大种植 1000 余亩，退耕政策下达后，村民自发购苗种植樱桃，种苗造林费 300 元/亩和退耕补贴 1200 元/亩，已分三次全部发给农户。为进一步确保玛瑙红品牌的质量、市场地位和提高村民的收入水平，该村由村委牵头成立经营内容包括"种苗研发、产品设计、市场推广、旅游开发"为一体的股份公司，通过设置苗木基地、修建副产品加工厂和旅游观光步道、提供休闲餐饮等方式将全村的樱桃林进行统筹规划，并制定了翔实的经营管理制度，得到县市领导的高度肯定。新一轮退耕还林的实施进一步扩大了该村农户的参与水平，实现部分低收入农户的脱贫目标，成为贵州省依靠经济林实现脱贫致富的典型地区。

案例 2 是位于安顺市镇宁县的非贫困村，该乡镇在新一轮退耕还林实施之前已有大户通过流转其他农户坡耕地进行种植蜂糖李，并成立了专业合作社。鉴于此，2014 年该村村干部和退耕农户在考虑当地气候条件和种植经验的基础上同意整村种植"蜂糖李"1400 余亩，采用"合作社 + 农户"的经营模式。为确保苗木品质可靠，减少假苗和价格纠纷，由退耕农户自主购苗并种植，种苗种植补贴 300 元/亩归农户所有，退耕补贴 1200 元/亩，已分三次全部发给农户。2016 年当地"蜂糖李"开始挂果，2017 年基本全面上市，2018 年开始进入盛产期。由于"蜂糖李"单位售价较高，该地区退耕农户大多从中获益，并自发扩大种植规模。

（2）摸索中前进的经济林项目。案例 3 是位于黔西南州册亨县的低收入村，2014 年当地村干部在考察其他地区种植李子的经验下，在结合当地气候条件和征求退耕农户意见的基础上，引进"四月李"品种，退耕面积 2215 亩，采用"农户自组织"模式。种苗由镇林业站统一采购，提供给农户自行种植（42 棵/亩）和管护，农户无种苗造林费，退耕补贴 1200 元已分三次全部发给农户。为提高农户的管护水平，实现以经济林促增收的产业效果，该地林业站和乡镇政府在经济林防虫、除草、剪枝和施肥等环节对退耕农户进行多批次的指导和培训。由于三次冰雹，2018 年该地区四月李绝收，但农户的种植积极性并未显著受创，继续管护和主动防灾成为退耕农户今后的主要生产任务。

案例 6 是位于黔西南州贞丰县的深度低收入村。2014 年利用退耕还林政策，引入李子种植，因长势不好，2016 年全部换种芒果和百香果，其中芒果种植 3000 余亩，百香果种植超过 10000 亩。退耕地流转给公司和基地进行统一经营和规划，公司雇用退耕农户从事生产劳动，雇工费 80 元/天。种苗造林费归公司和基地，退耕补贴归农户，截至 2018 年 11 月退耕补贴尚有 300 元未发放。但是该案例点并没有采取农户分红的模式，农户土地流转之后，虽然可以通过雇用关系获取劳动报酬，但失去对退耕经济林的经营权。

（3）可能失败的经济林项目。案例 4 为位于安顺市普定县的一个低收入村。2014 年整村种植艳红桃 1717 亩，采用"农户自组织"模式。种苗由镇林业站统一采购，提供给农户自行种植（42 棵/亩）和管护，农户无种苗造林费，退耕补贴还有 300 元未发放。由于该品种不适应当地的自然条件，所结果实虽大但甜度较低，市场价值偏低，产品难以充分进入市场，农户难以通过售卖桃子获益。由于增收效果不明显，部分农户出现毁林复耕的心态，此外该地区大部分农户在桃树进入挂果期后仍进行大面积套种，降低了桃树产量。从访谈结果来看，该地区农户对桃子的增收期望偏低，由于品种缺陷，随着抛荒、套种现象的增多和补贴的到期，该地区项目的增收效果很可能面临失败。

案例 5 为位于毕节市大方县的深度低收入村。2014 年引入麻壳核桃，种植面积 2620 亩，采用"农户自组织"模式。退耕树种由种植公司进行统一种植，采用验收方式分三次给种苗公司造林费 300 元/亩。验收通过后，退耕地经营权归农户。农户无购苗补贴，退耕补贴尚有 300 元未发放。该村是该省百万亩核桃林种植目标的直接产物。为进一步扩大毕节市的核桃种植规模，该市相关领导对以该地区为主要范围的多个乡镇的退耕树种进行直接"认养"。由于没有考虑核桃生长周期以及农户的种植选择自由，农户在五年的补贴期内未能看到增收潜力，管护积极性偏差，基本处于抛荒和套种状态。

8.5 现实检验：退耕还经济林脱贫增收的有效性分析

对退耕还经济林的脱贫增收有效性进行现实检验是评价其项目稳定性和促进后期管理的关键，更是从政策安排走向实践推广和经验传播的必要之举。根据前文的理论分析结合案例研究的特点，本书采用嵌入性案例研究法来分析退耕还经济林的增收有效性，并结合山市农村的特殊性和扶贫要求，剖析退耕还经济林在扶贫和脱贫方面的精准性与可持续性。

8.5.1 退耕还经济林脱贫增收的综合效率

表 8-3 集中展示了退耕还经济林农户的收入变化情况，通过不同农户收入的变化分析可实现对退耕还经济林脱贫增收综合效率的分析。

表 8-3   退耕还经济林农户的收入变化情况

农户	收入状态	农户家庭特征与退耕参与行为	收入变化与期望
案例1——农户A	低收入农户（因学致贫，已脱贫）	户主，男，42岁，由于三个未成年子女上学需要照看无法外出打工。家有耕地面积0.8亩，荒山1.03亩。退耕前依靠打零工和耕地产物贴补家用。2014年利用退耕政策在1.03亩荒山上种植樱桃55棵，共种植樱桃1.83亩	**退耕前**：依靠0.8亩樱桃树，年产值约10000元 **退耕后**：依靠1.83亩樱桃树，年产值约28000元 **期 望**：继续从事樱桃种植，保持对樱桃地的追肥、除虫和除草行为；打算明年在房前屋后和其他闲置边角地也种植上樱桃树
案例2——农户B	低收入农户（缺资金致贫，已脱贫）	户主，男，56岁，儿子失联，家里仅靠夫妻两人种植农作物和打零工维持生计。2014年利用退耕政策，种植蜂糖李1.6亩，由于缺乏资金，4年来仅对林地施过一次肥，林地长势不如邻里	**退耕前**：依靠0.8亩水田和1.6亩旱地，务农年收入不足3000元 **退耕后**：2018年卖出"蜂糖李"300斤左右，收入8000余元 **期 望**：打算2019年增加林地的追肥量，提高蜂糖李的产量。计划在水田里也种上蜂糖李
案例3——农户C	低收入农户（缺资金致贫，未脱贫）	户主，男，66岁，两个女儿远嫁他乡，老两口年纪大，缺资金。退耕后利用林业站提供的树苗，种植了2.5亩左右的四月李。利用退耕补贴给李子树施过两次肥，除草、追肥和剪枝技术都学自他人	**退耕前**：坡耕地种植玉米和土豆 **退耕后**：专业种植四月李，管护到位，受限天灾，2018年绝收 **期 望**：继续林地的管护和投入。希望政府在防灾和救灾等方面提供帮助，否则"靠天吃饭"，再绝收一次，就不敢再继续种下去了

农户	收入状态	农户家庭特征与退耕参与行为	收入变化与期望
案例4——农户D	低收入农户（因病致贫，未脱贫）	户主，男，62岁。女儿患先天性左腿肌肉萎缩，老伴患有甲亢，常年吃药。退耕政策下来后，跟随其他农户种植"艳红桃"，种植面积3.5亩。平均每年给桃树施1次农家肥，每年剪枝1~2次，除草3次左右。同时，在离家较近的退耕地上种有1亩多的蔬菜	**退耕前**：种植玉米和蔬菜，依靠低保维持生计 **退耕后**：种植桃树，并套种蔬菜，管护到位，受限价格，2018年仅卖出500元左右的桃子，经济林收入小于耕作收入 **期　望**：桃了价格太低，打算砍掉一些，换上李子树。另外还想套种点土豆和玉米
案例5——农户E	低收入农户（缺劳动力致贫，未脱贫）	户主，女，47岁，丧偶，独自抚养两个未成年子女。退耕前家里有坡耕地11亩，其中抛荒的有8亩左右。退耕后村里统一种上核桃，目前有2亩左右的核桃地套种有土豆和芸豆，其余退耕地在退耕后处于撂荒状态	**退耕前**：依靠4亩玉米地和低保收入来维持生计 **退耕后**：依靠2亩多玉米和低保收入维持生计 **期　望**：希望政府提高低保标准；不打算对核桃地进行管护，一是缺劳动力，二是生长期太长，即使以后挂果了，也不见得能卖出好价格
案例6——农户F	低收入农户（因伤致贫，已脱贫）	户主，男，51岁，5年前因工伤失去右臂后回家务农。退耕后，家里3.2亩坡耕地全部流转给公司进行统一种植芒果。流转费600元/亩（年）。户主受雇于公司主要从事芒果林的除草、浇水、施肥等工作	**退耕前**：在家待业，种植玉米和蔬菜，维持生计 **退耕后**：受雇于公司，80元/天，月均工作15天，2018年实现劳动增收超过8000元 **期　望**：现在仅有雇工收入，希望芒果进入挂果期后，公司能够提供分红

注：①退耕前均指2014年的基本情况；退耕后均为2018年的基本情况。②根据贵州省贫困户认定标准，农户当年年均纯收入低于3050元视为低收入农户。

资料来源：课题组调查。

8.5.1.1　直接提高农户的转移性收入

根据《新一轮退耕还林还草总体方案》内容，国家按照退耕还林每亩1500元发放给农户，其中财政部通过专项资金安排现金补助1200元，国家发展改革委通过中央预算安排种苗造林费300元（2017年增加到400元/亩）。退耕补助五年分三次发放，种苗造林费一次性发放。在贵州省低收入山区，农户家庭普遍拥有闲置抛荒的坡耕地，所退坡耕地越多，补贴收入越多。退耕还林补贴在增加农户收入，尤其是改善低收入农户生活条件的积极效果在访谈中有充分体现：

"今年农户脱贫线是 3050 元，退耕补贴每亩 1200 元，老百姓只要退耕 3 亩地基本当年就可以实现脱贫了……现在四月李价格超过 10 元/斤，这可比种苞谷（玉米）划算多了。"（访谈对象：案例 3 所在村的村支书，52 岁）。

也有低收入农户表示：

"退耕还林不仅给我们退耕补贴，连买果苗的钱也是政府出的，如果没这笔钱，我根本没钱买蜂糖李树苗，只能继续种玉米。"（访谈对象：案例 2 中农户 B）。

在整理案例点资料时，调研组还发现，普通地区对退耕还经济林的政策响应积极性明显低于低收入地区，且二者对政策的理解也相差较大。本书的 6 个案例中，案例 1 和案例 2 在推行新一轮退耕还林时主要是希望借助政策的合法性将更多的坡耕地转为林地，从而扩大当地的经济林产业，而低收入地区更热衷于借助退耕补贴来完成该地区的脱贫任务，实现增收目标。例如，案例 3 和案例 4 在退耕前的低收入比例高于 20%，通过参与退耕还林，2018 年二者的低收入比例都低于 10%，并且都打算继续申请更多的退耕面积配额，从而利用退耕补贴进一步实现该村的脱贫任务。这直接说明了，退耕补助在补助期内帮助低收入农户增收方面具有较为显著的作用，但能否在补贴停止后，有效防止农户返贫仍需继续观察。

8.5.1.2　促进农户改变低效的生产习惯

农户习惯性种植低产玉米已经成为贵州省山区农户增收的重要产业阻碍。[①] 退耕还经济林直接改变了山区退耕农户的生产习惯，摒弃低产的农耕

---

① "坚决打好减少玉米种植面积硬仗"是《贵州省巩固提升脱贫成果的指导意见（2018）》的重要工作安排。

作业，转而寻求经济价值更高的经济林。6 个案例都可以反映出：退耕前受限于生产环境、生产习惯和迫于生计，种植玉米和土豆等价格低廉农作物成为农户进行耕地利用的单一选择，抛荒更是成为外出打工农户的唯一选择。受限于山区地形地貌条件，几个案例地区的农作物单产都特别低①，"亏本式种植"已经成为常态。种植经济林以后，农地不仅得到休耕的机会，还有助于防治水土流失，利用经济林的较高市场价格和更高效的单产，农户可以获取更高的生产报酬。这在访谈中得到了明确回应：

"受到地形和地质条件限制，我们这里土层农作物产量严重偏低……现在好了，种经济林，产量基本不受地形影响，最重要的是价格比玉米高太多了。"（访谈对象：案例 2 所在县林业局副局长，43 岁）。

同时，退耕补贴还促进了农户的生产要素优化配置，提高农地的利用率，提高土地的综合产值。单一结构的种植模式不仅造成单产较低，还容易造成生产要素的低效率配置。退耕种植经济林后，农户将抛荒的耕地进行重新利用并在林地进入挂果期前进行套种矮秆作物，实现农作物和经济林的土肥共享，减少重复施肥造成的成本上升，减少重复除草等农作内容，节约农作时间。以套种的形式优化生产要素的配置，从而提高土地的综合产值，这可从农户的访谈中得到证实：

"套种施的化肥土豆跟核桃都能长得好，还不用重复除草，你看那些没套种的核桃林，草都比树还高。"（访谈农户：案例 5 中农户 E）。

利用补贴调整农户生产行为进而提高农地生产效率，实现农户的增产和增收在农业领域的实施历史较为悠久。但是通过补贴同时实现对农地和林地生产行为的调整和优化配置较为罕见。新一轮退耕还林鼓励退耕农户放弃对低产坡耕地的耕作增加对经济林的生产投入在很大程度上调整了农户过往低效的生产行为，通过"农地转林地"和"套种"的方式优化了生产要素的配

---

① 贵州省玉米每公顷产量为 4246 千克，全国排名倒数第三；土豆每公顷产量 3351 千克，全国排名倒数第六；豆类每公顷产量 1045 千克，全国排名倒数第二（《中国农业统计年鉴（2016）》）。

置，提高了土地的综合产出，促进了农户的增产，进而实现了增收目标（如案例1、案例2）。

8.5.1.3　建立扶贫产业，实现"造血式扶贫"

退耕还经济林为部分低收入山区明确了产业发展方向，并依托规模化和专业种植实现"造血式扶贫"。例如，案例5通过雇用专业化苗木公司进行核桃种植和养护，实现整村核桃专业化种植2600余亩，其中集中连片超过300亩的有6块地。案例6更是实现百香果集中连片种植超过10000亩，规模化种植可以有效降低生产成本、提高管护效率。在五年的补贴期内，诸如樱桃、李子、桃子、百香果等经济林都能进入挂果期，部分品种可以进入盛产期。利用经济林较长的生命周期特性，农户只要对林地保持管护和经营，在合理的市场价格下，通过销售林果来保持稳定的收入来源和促进收入增长具有现实可行性，这在部分地区也已得到充分验证。在案例1所在地区的一个访谈记录中可以得到进一步明确：

"A村（案例1所在村庄）以前也是低收入村，后来通过发展樱桃产业在全省率先实现了整村脱贫……很多种植樱桃的农户现在都有房有车了……，只要有生产能力的农户现在都脱贫了，以后通过樱桃发家致富也不是没可能。"（访谈对象：案例1中A村所在乡党委书记）。

同时，退耕还经济林还可以促进地区产业结构调整与优化，并实现三产融合发展，进一步实现"造血式"扶贫的可能性。例如，案例6所在村依托规模化种植，不仅发展种植业，还规划发展林产品加工、观光农业，通过第一、第二、第三产业的整合实现该地区产业结构的优化调整，摆脱过去"无产业、无方向、无作为"的发展状态。

虽然，种植经济林在不少地区实现了预期目标，但由于退耕还经济林在贵州省山区的推广时间尚短，政府与其他社会参与主体在这方面的经验还不足，市场价格波动引起的农户恐慌、退耕地流转造成的农户被边缘化、经济林受自然灾害（强降雨、冰雹；霜冻、病虫害）影响较大，以及经济林产品附加价值提升难等问题一直存在。政府等相关主管部门在引导农户规范种植、林产品价格波动防范、规范林产品市场秩序、防治病虫害和自然灾害和提升林业产品附加价值以及产业链提升、产业结构调整与优化等方面仍需要不断做出配套与探索。此外，退耕树种的选择在很大程度上直接影响了经济林的脱贫增收效果。例如，案例 1 和案例 2 选择单价较高的樱桃和冰糖李不仅成功实现增收目标，还成为所在地区的主要产业之一，但是案例 4 和案例 5 选择的艳红桃和麻壳核桃并没有取得预期成效。各地区在挑选退耕树种的过程中不仅需要考虑与当地产业的配套和整合、还需考虑树种对当地气候、土壤等自然条件的适应性，更需要考虑树种的经济价值和附加价值。虽然，《新一轮退耕还林还草总体方案》明确指出，退耕树种的选择遵循农户的意愿，但在实际调研中，不少地区仍然采取领导制定、村委统一安排的方式，例如，案例 5 选择种植麻壳核桃受到当地产业布局的直接影响。

从 6 个案例的发展情况来看，脱贫增收效果较好的经济林基本需要满足以下几个条件：一是经济林的产品单价要显著高于退耕地农产品的单位价格；二是适宜选择速生经济林，生长周期较长的经济林需慎重；三是采取"农户 +"的组织模式，例如，"公司 + 农户""合作社 + 农户""村委 + 公司 + 农户"等模式。根据案例点的调查可以发现，"农户 +"的组织模式在统一管理、技术指导、价格谈判和风险管控上要明显优于农户组织模式。

8.5.2　精准性与可持续性

8.5.2.1　基本可以实现脱贫资源瞄准与传递

实现精准脱贫的目标无异于三个维度的内容：一是帮扶对象要精准认定；二是帮扶政策和措施要具有瞄准性；三是帮扶过程要精准落实。落实到新一轮退耕还林的帮扶过程中，则主要体现为：

（1）退耕地区低收入农户的精准认定。低收入农户的精准认定是开展帮扶工作和有效帮扶的基础决定因素，在贵州省调研过程中我们发现，低收入农户的认定不仅以建档立卡的方式给予精准认定，还在低收入农户的住宅粘贴有与帮扶认定相关的"明白卡"，低收入认定实现公开化，以接受群众监督的方式进一步提高了低收入认定的精准性。

（2）退耕还林政策的"规定性"精准帮扶。新一轮退耕还林从政策目标上对精准性做了明确要求，低收入农户优先退耕，退耕补贴优先向低收入农户发放，这已经成为广大退耕地区的基本操作，且在各级项目验收上也明确要求低收入农户优先退耕。

（3）最重要的是政策落实的实际精准性，即退耕选择和退耕补助是否优先向低收入农户倾斜。这一点通过本书的大范围调查是可以明确的且贵州省相关统计数据也可以给予证实。例如，案例1、案例3和案例6等地区在推行退耕还经济林政策时明确指出低收入农户优先参与，低收入农户可以自由选择退耕地块、退耕面积，不受任何限制。此外，依靠退耕还经济林发展起来的企业和其他经营组织必须优先雇用低收入农户，并且雇用价格不低于市场平均工价。这种类似为对低收入农户进行的"保护性"参与退耕，不仅实现了帮扶的精准传递也有助于扶贫措施的稳定生效，确保低收入农户不会在补贴到期后因为失去耕地而出现返贫现象。此外，经济林种植和经营方面的技术培训还实现了在扶贫方式上，由单纯的重视物质资本开发建设转向更加重视人力资本投资开发。多项惠民举措使得低收入农户更加积极、主动参与到村庄内部事业的民主决策过程中，通过参与村庄内部事业决策，提高参与意识、民主意识，增强个人脱贫意志，实现"扶贫与扶志"相结合的扶贫效果。

精准扶贫要求扶贫工作者要针对低收入农户的具体情况制定具体的扶贫措施和方式，但由于各地区情况差异巨大，若缺乏相关规章制度来约束退耕承包单位（合作社、企业）的过度逐利行为，将很可能导致退耕农户被边缘化，退耕福利与农户咫尺天涯。例如，案例 6 的退耕规模较大，投资规模巨大，承包单位更热衷于承包农户的土地开发生态旅游和观光农业，并且在利益分配中并无农户分红的合同选项，不少农户都担心土地流转后实现的利益增收惠不及民（案例 6 农户只有土地流转收入 400 元/亩/年和自愿受雇用劳动 80 元/天，经济林的收益不归农户所有）。

8.5.2.2 退耕还经济林的扶贫可持续性因地制宜

从案例地区经济林在促进农户稳定脱贫的情况来看，案例 1、案例 2 和案例 3 的可持续性相对较强，其他案例则存在一些问题。案例 4 退耕树种缺乏经济效益，市场前景不乐观；案例 5 退耕树种生长周期偏长，农户至今未从经济林种植上直接获利；案例 6 农地全部流转，农户失去经济林的经营权。此外，除了退耕树种本身的问题之外，组织模式、政府组织能力和项目产业化路径也是重要影响因素。

农户自组织无法有效提高经营绩效。部分地区在退耕工作结束后，采取放任自由的方式让农户自行管护，这使得经济林产品在走向市场的过程中，由于主体分散、缺少信息、组织化程度低，在市场上处于劣势地位。例如，案例 4，退耕后村委除了在发放补贴时才跟退耕农户联系，平时退耕农户完全处于经营自由状态，农户之间缺乏有效的信息沟通，在访谈中发现，到村里收购的桃价为 0.8 元/斤，但是若农户将桃子拉到乡里的收购价则为 1.3～1.5 元/斤。很多农户以为桃价只有 0.8 元/斤，不知道乡里的收购价更高，而卖到更高价位的农户则隐瞒其更高价位的事实，认为大家都拉到乡里，会导致桃子价格的进一步下降。甚至在购买肥料方面，不同农户所购买的肥料价格也差异较大，这在不同程度上使得农户的生产成本出现分化，进而导致收入产生分化。从村庄发展整体层面来看，自组织并不利于整体绩效的提升。相比而言，采用"公司＋农户""合作社＋农户""村委＋公司＋农户"等模式的案例点都处于稳定的发展阶段。这些采取多主体合作的模式，从一开始的树种选择就因地制宜的精挑细选，成林后在营林技术培训、生产资料购买、市场议价、统一采购等方面都明显优于农户自组织。

地方领导的组织能力直接影响经济林的产业化道路。从实际脱贫工作来看，扶贫脱贫的可持续性在很大程度上受到地方领导组织能力的影响。这从案例 5 和案例 6 的对比分析中可以直接反映出来。同为低收入村，案例 5 首先在退耕树种选择方面就没有充分考虑退耕农户的群众意见，而是直接依附于县里的产业布局，而案例 6 则是召开农户民主评议会的基础上，采用财政出资，以"公司经营 + 农户参与"的发展模式，从退耕树种选择到组织模式到产业布局都有清晰的规划和落实措施。

政策的内容安排（补贴发放的时间和金额）也是影响可持续发展的重要因素。从实际调查和案例分析来看，选择速生经济林树种和发展进程较为顺利的地区对退耕补贴的依赖较低，而选择非速生经济林树种（如核桃）和发展进程较为缓慢的地区对退耕补贴的依赖较高。这种依赖差异不仅体现在基层政府层面上，也体现在农户层面上。在访谈中有农户反映：

"补贴停止对我家没什么影响……现在树都长好了，只要管护到位，每年都可以采摘……"（访谈对象：案例 1 中农户 A）。

但也有农户表示：

"肯定希望延长补贴时间的……树（核桃树）还不知道什么时候结果子，又不让我们种玉米，这几年的算荒废了。"（受访农户：案例 5 中农户 E）。

8.5.3 案例总结

从 6 个案例存在的共性和个性问题可以发现，经济林实现可持续发展的关键在于因地制宜的退耕树种选择和合理的产业发展规划，在具体落实过程中还需依赖于一定的组织模式、组织能力和政策内容安排。具体而言，经济林项目实现可持续发展需要满足两个基本条件：一是要形成多元参与机制，在充分的农户参与基础上，实现合作共赢和公平竞争；二是需要政府的产业引导和配套服务，实现项目规模适宜、经营机制健全和市场运行顺畅。退耕还经济林是一个新的政策尝试，在满足一定条件的基础上，退耕还经济林可以成为实现山区农户脱贫增收的稳定途径。这意味着，对于我国幅员广袤的山区农村而言，退耕还经济林在促进农户脱贫增收方面具有巨大的潜力，特别是在广大南方的山区里，发展经济林产业可以有效提高生产效率，克服恶劣的自然地理条件带来的发展困境。但是退耕还经济林在扶贫增收方面的有效性发挥还需要克服政府管理经验不足、前期开发投入大、市场行情不稳定和农户参与程度不深等问题。进而可推论，退耕还经济林要想在广大山区得到广泛推广，必须充分关注这一发展模式的前提条件，即潜在困难和存在的不确定性，并让农户、政府、企业、合作社等多元主体共同参与进来，形成多元合作机制，形成政府实现脱贫工作，农户实现增收目标，企业获得利润空间，地区经济形成稳定发展的共赢局面。

8.6 本章小结

新一轮退耕还林作为土地利用方式调整的重要政策安排，在巩固山区脱贫攻坚成果，提高农户收入方面被赋予重要期待。本书在理论分析的基础上，阐释了当前山区脱贫的主要困局和推行退耕还经济林的项目优势，并基于贵州省 6 个典型案例点从综合效率、精准性和可持续性角度对退耕还经济林的脱贫增收有效性进行分析。研究发现退耕还经济林对巩固低收入地区农户脱贫攻坚成果具有较大潜力。

现实检验表明，参与退耕还经济林有助于增加农户转移性收入、提高农地利用率和生产效率，有利于开发式扶贫产业的建立和扶贫资源的精准瞄准与传递。但在实践过程中，退耕还经济林存在复杂的经营管理问题，例如，农户抗风险能力弱、政府组织能力差异大、多元参与主体缺失等。只有在满足一定的条件（因地制宜的退耕树种选择、高效的项目管理和组织能力、合理科学的项目规划与布局、多元主体的共同参与等）的基础上，退耕还经济林才可以成为实现山区农户巩固脱贫增收的稳定途径。

第9章

结论、建议与展望

9.1 主 要 结 论

本书以参与新一轮退耕还林的农户为研究对象，基于贵州省的实际调研数据，从农户生产的角度对新一轮退耕还林的政策影响和作用进行研究。首先，重点分析参与新一轮退耕还林对农户农地利用的影响和新一轮退耕还林补贴对农户经济林管护行为和效果的影响；其次，进一步从政策安排的合理性和有效性角度分别研究"放松套种约束"和"加强补贴期限约束"对退耕农户长效生产行为及意愿的影响作用和差异；最后，采用嵌入性案例研究法从农户生产的核心目标脱贫增收的角度对新一轮退耕还林的政策效果进行分析与总结，以期为后续成果巩固相关措施的提出提供理论与实践方面的参考。研究发现：

（1）新一轮退耕还林政策的实施有助于改善退耕农户过去对坡耕地"广种薄收"的种植习惯，参与新一轮退耕还林后农户普遍提高了非退耕农地的利用效率，退耕后非退耕农地的农作物产量平均亩产增幅达到 8.7%，在一定程度上弥补了耕地面积减少引致的粮食生存压力。其中，低收入农户的粮食增产幅度大于普通收入农户，规模退耕户的增产幅度略大于普通退耕户。进一步的政策作用机制检验表明，新一轮退耕还林政策实施后农户农业平均产出增加的源泉主要来自农户生产要素的组合配置变化和生产要素的弹性变化。具体地，新一轮退耕还林政策实施后，农户农地的资本投入平均增加了 11.2%，劳动投入平均增加了 6.2%，农地面积平均减少了 51.5%。此外，农地生产要素弹性系数的变化也在一定程度上为农地增产做出了贡献，其中，退耕后农户土地的生产弹性提高了 0.011，资本弹性增加了 0.028。以农户种植面积最大、种植人数最多的玉米作物的稳健性检验进一步支持了上述的主要结论。

（2）新一轮退耕还林补贴有助于促进退耕农户建立经济林生产机制。新一轮退耕还林补贴对农户经济林的管护行为和管护效果具有显著的正向激励作用，有助于激励农户增加经济林的管护投入。具体来看，退耕补贴对劳动投入的边际效应为 0.093，对资本投入的边际效应为 0.317，对管护效果的边际效应为 0.048。退耕补贴在农户经济林的管护行为和管护效果之间充当部分中介效应的作用，即退耕补贴通过改善农户的管护投入进而改善其管护效果。进一步的分组检验发现，退耕补贴对低收入农户管护行为和管护效果的激励作用会略高于普通收入农户；退耕补贴对规模退耕户的管护行为和管护效果无显著影响，但能提高普通退耕户的管护投入和管护效果；退耕补贴有助于提高速生树种种植户的管护投入和管护效果，但是对非速生树种种植户的管护行为和管护效果无显著作用。此外，其他影响经济林管护行为和管护效果的因素主要有农户家庭劳动力数量、家庭抚养比、林地交通便利性、林地破碎化程度、经济林生产经验、培训情况以及套种行为等因素。

（3）新一轮退耕还林"放松套种约束"具有政策合理性，因为放松套种约束有助于农户在退耕林地上实现生产过程的成本节约（范围经济）和生产结果中的利润增收（范围利润）。从套种行为分类来看，"经济林＋豆类＋薯类"的范围经济水平最高，平均值为 0.835；"经济林＋豆类"和"经济林＋烤烟"的范围经济水平最低，平均值分别为 0.205 和 0.142。从时间趋势来看，农户套种带来的积极效益正在随着经济林的逐渐成长而消失，这正符合新一轮退耕还林放松套种的政策目标。从政策安排有效性来看，放松套种约束需要对套种行为进行一定程度上的限制，因为农户的套种带来的范围经济和范围利润水平会随着套种强度的增加而呈现先增后减的变化趋势，特别地，套种强度的不断增加将不利于经济林成活率的稳定，农户的套种强度与经济林成活率的关系之间也存在倒 U 形的关系。

（4）新一轮退耕还林"加强补贴期限约束"具有政策合理性，因为补贴期限对农户生产激励的有效性存在先增后减的作用，因此需要对补贴期限进行一定的约束，防止补贴期限过长导致补贴的激励作用失效。从政策安排的有效性来看，在现行五年补贴期限约束下，农户的长效生产行为和行为意向存在一定的挑战。农户对延长补贴期限存在较大期望，有超过 50% 的退耕农户期望能够延长补助期限，并且只有不到 50% 的农户表示愿意在补贴到期后继续从事经济林的营林生产，还有约 50% 的农户表示在补贴到期后可能会将林地抛荒、流转或者进行复耕。进一步的实证检验也表明，农户的长效生产行为意向受到延长补贴期限这一政策期望的显著影响，并且这种影响会通过农户的退耕规模、退耕树种和收入状态发挥作用。

（5）新一轮退耕还林作为一项土地利用调整政策，在促进低收入山区巩固拓展脱贫攻坚成果方面具有较大潜力。在山区巩固拓展脱贫攻坚成果面临多重困局的局面下，退耕还经济林以退耕补贴直接提高农户的转移性收入、种植经济林的生产选择促进农户改变低效的生产习惯，提高了退耕地的生产效率。此外新一轮退耕还林以推广经济林的方式普遍建立起益贫产业，在不少地区开始实现"造血式扶贫"以种植经济林促进农户增收与开发式扶贫在理论上具有逻辑一致性，在部分地区的实践中取得了积极成效。新一轮退耕还林在政策实行过程中基本可以实现扶贫资源瞄准与传递。但是该政策在促进山区农户巩固脱贫增收可持续性方面存在较大的地区差异和项目差异：因地制宜的退耕树种选择、多元经营主体的共同参与、强有力的政府服务配套能力是保障可持续性的关键。具体来看，速生经济林的巩固脱贫效果明显优于慢生经济林、"农户+"的组织模式明显优于农户自组织、有为政府参与明显优于放任自由的政府。

（6）保障退耕还经济林效果的长效发挥不能忽视经济林经营管理的复杂性、市场发展的不确定性和地方政府的管理能力挑战。退耕还经济林的政策落实与推广，必须建立在对不同经济林的生长秉性有充分了解并对其市场价值具有合理估计的基础上，同时在不同发展模式选择上要充分考虑不同利益主体的诉求，严防将农户排斥在利益边缘，应当鼓励多元主体共同参与进来，形成多元合作机制。

9.2 政策建议

为促进新一轮退耕还林的有效推广和已退耕地区退耕成果的长效巩固，根据上述研究发现特提出以下几点建议：

（1）当农户积极投身于新一轮退耕还林政策之中时，相关部门应当承担起更为重要的责任，即开展全面而深入的退耕农户农业种植结构优化调整指导与培训工作。这一举措的核心目的在于，通过科学合理的种植结构调整，促进农户农业产出水平的稳步提升，进而为退耕还林的长期成效奠定坚实基础。这不仅关乎生态环境的改善，更是对农户生计与农村经济发展的有力支持。具体而言，指导与培训的内容应涵盖农业种植结构的优化策略、高效作物品种的推广，以及生态农业技术的应用等多个方面。同时，加强对农户生产技术的培训至关重要，它能够帮助农户掌握更加先进、高效的生产要素组合方式，提升生产要素的利用效率与产出弹性，从而在有限的土地资源上实现更高的农业产出。这一过程不仅要求技术的传授，更需激发农户的学习热情与创新意识，鼓励他们结合本地实际情况，探索适合自身的农业生产模式。针对不同地区、不同类型的退耕农户，指导与培训工作应当体现出高度的差异化与精准性。对于低收入农户，应给予特别的关注与支持，确保他们在退耕过程中不会因为收入减少而陷入更深的低收入境地。这可能需要通过提供专项补贴、引入适合低收入群体的生态农业项目，以及加强技能培训与就业指导等措施来实现。对于普通收入农户、规模退耕户和普通退耕户，也应根据其具体情况，制定相应的指导方案，确保退耕政策的实施能够兼顾公平与效率，促进各类农户的共同发展。

（2）为了更有效地巩固新一轮退耕还林的成果，并兼顾不同地区与农户群体的实际情况，可以深入考虑并采纳差异性的"后续补贴计划"。这一计划的实施，首先需要有关部门对补贴政策到期后的延续性问题进行深入细致的调查与广泛讨论，确保决策的科学性与合理性。特别是对于那些种植非速生树种的低收入地区和低收入农户，应当给予特别的关注与倾斜。由于非速生树种生长周期长、见效慢，这些农户在补贴到期后可能会面临较大的经济压力，容易滋生抛荒林地或大面积套种高秆作物以快速获取经济收益的行为。这种行为不仅会降低林地的成活率，破坏退耕还林已取得的生态成效，还可能引发一系列连锁反应，如土壤退化、水土流失等，从而严重阻碍新一轮退耕还林政策的长远目标的实现。因此，对于上述地区和农户，有关部门应综合考虑其经济状况、生态环境脆弱性以及退耕还林政策的整体布局，审慎决定是否延长补助期限，并制定出相应的补助标准与监管机制。通过延长补助期限，可以有效缓解农户的经济压力，激励他们继续投入精力与资源于林地管护，确保非速生树种能够健康成长，最终实现生态效益与经济效益的双赢。同时，这也体现了政策的人文关怀与公平正义，有助于增强农户对退耕还林政策的认同感与参与度，为构建绿色、和谐、可持续的生态环境贡献力量。

（3）在深入实施退耕还林政策的过程中，可以考虑进一步放宽"禁止套种玉米和烟叶等高秆作物"的政策限制，这一调整是基于实际调研数据与实证结果的深思熟虑。通过细致的现场观察和数据分析，我们发现农户在经济林中套种玉米等高秆作物，并未对经济林的有效管护产生负面影响，反而形成了一种意想不到的共生效应。具体而言，高秆作物与经济林在生长空间上形成了互补，不仅没有影响经济林的生长发育，反而在一定程度上为其提供了更加丰富的生态环境，促进了生态多样性与土壤肥力的提升。此外，放宽套种玉米的政策约束，对于农户而言，具有深远的经济与社会意义。在经济林尚未达到挂果营收的阶段，套种玉米可以有效补充农户的粮食来源，缓解因退耕导致的短期粮食减产压力，这对于保障农户的基本生活需求、维护社会稳定具有重要意义。特别是对于贵州等广大低收入地区，玉米不仅是农户日常饮食的重要组成部分，更是其重要的经济收入来源之一。在这些地区，套种玉米不仅能够促进经济林的健康成长，还能在一定程度上保障农户的粮食安全，减轻他们的经济负担，从而增强他们参与退耕还林政策的积极性与可持续性。因此，从促进生态、经济与社会效益和谐统一的角度出发，适度放宽套种高秆作物的政策限制，是值得我们深入探讨与实践的政策选项。

（4）在新一轮退耕还林政策广泛推广的关键时期，各地区主管部门务必秉持客观、理性的态度，审慎而积极地看待退耕还经济林的发展前景。这一过程中，退耕树种的选择不仅关乎农户的切身利益，更直接影响到退耕还林政策的实施效果与生态环境的长期改善。因此，在选择退耕树种时，既要充分尊重农户的意愿，确保政策的群众基础与接受度，更要紧密结合当地的自然条件、气候特征、土壤状况等实际情况，因地制宜、科学合理地作出决策。

尤为重要的是，主管部门应坚决避免为了追求短期的产业布局效果或政绩展示，而盲目推动大规模的"认养"活动。这种缺乏长远规划与科学论证的做法，很可能导致树种选择不当，不仅无法发挥预期的生态效益，还可能给农户带来经济损失，影响政策的可持续性。特别是对于那些缺乏经济林产业基础的退耕地区，在选择"非速生经济林"品种时，更需格外慎重。因为这类树种在现行补贴期限内往往难以实现挂果，其经济效益的显现需要一个相对漫长的周期。一旦补贴到期，若缺乏有效的后续资金支持与科学的管护措施，这些非速生树种将面临严峻的生存挑战，极有可能导致退耕还林成果的流失与生态恢复的倒退。因此，主管部门在制定退耕树种选择方案时，必须进行全面深入的市场调研与风险评估，确保所选树种既能适应当地环境，又能在补贴结束后实现自我维持与发展，从而真正发挥退耕还林政策的长期效益。

（5）新一轮退耕还林政策的实施，犹如在退耕地区播撒下一颗颗经济林发展的"种子"，这一举措无疑为生态环境的改善与农村经济的多元化发展播下了希望的种子。然而，这仅仅是万里长征的第一步，如何在"种子"破土而出，苗壮成长，最终蔚然成林后，有效地将这些经济林产品推向市场，才是对林业相关部门管理与协调能力的真正考验。这一过程不仅关乎退耕农户的切身利益，更将深刻影响新一轮退耕还林政策成果的长远效应与持续发挥。因此，当经济林普遍进入成熟期，地方政府的作用显得尤为重要。他们必须提升自身的参与水平和组织能力，不仅要成为政策落地的推动者，更要成为产业发展的引导者和服务者。在规范市场竞争环境方面，地方政府应建立健全相关法律法规，打击不正当竞争行为，维护公平、公正、透明的市场环境，确保经济林产品能够凭借自身质量而非其他不正当手段赢得市场。在引导多元主体参与方面，应积极搭建平台，鼓励和支持企业、合作社、科研机构等多方力量参与经济林产业的发展，形成产学研用紧密结合的产业链，提升产业整体竞争力。同时，地方政府还需在提供配套服务设施上加大投入，包括建设仓储物流体系、完善交通基础设施、加强信息服务与技术支持等，为经济林产品的采摘、加工、运输、销售等各个环节提供有力保障。通过这些综合措施的实施，地方政府将为地区经济林产业的发展提供全方位的"保驾护航"，确保退耕还林政策的长远效益得以充分释放，助力乡村振兴与生态文明建设的双丰收。

（6）退耕地区经济林产业的发展，绝非农户和退耕政策单方面努力所能成就，它呼唤着政府、企业、合作社以及社会各界多元主体的深度参与和协同合作。这一产业要想实现持续繁荣与升级，就必须构建一个多元化的支持体系，其中政府需要提供政策引导、资金扶持和技术指导，企业则通过资金注入、市场拓展和品牌建设等方式为产业发展注入活力，而合作社则发挥着桥梁与纽带的作用，帮助农户对接市场、优化资源配置。在多元主体共同推动的背景下，"农户＋"的发展模式已经被广泛实践并证明其在多个维度上展现出显著优势。在信息交流方面，它促进了农户与市场、科研机构之间的有效沟通，确保了信息的及时传递与共享；在产品规范与质量提升上，通过引入标准化生产流程和质量控制体系，有效提升了经济林产品的市场竞争力；而在市场竞争层面，借助合作社或企业的力量，农户能够更好地应对市场波动，增强议价能力，分享产业增值的更多红利。因此，应当积极鼓励有条件的地区和农户，依托各自的地域特色与资源优势，加快对经济林发展模式的探索与创新。各地方政府需结合本地实际，因地制宜地制定发展策略，引导农户走出一条既符合地方特色又具备可持续性的经济林发展之路，力求避免在退耕还林过程中出现"有经济林，无经济效益"的尴尬局面，确保每一片经济林都能成为农户增收致富的"绿色银行"，为乡村振兴战略的深入实施贡献力量

（7）在新一轮退耕还林政策的实施过程中，由于采取了自愿退耕原则，导致不少地区和农户的退耕地块非常分散，林地破碎化现象严重，给林业的规模经济发展带来了挑战。规模经济的缺失意味着资源利用效率难以最大化，生产成本可能上升，经济效益与生态效益的双重提升面临阻碍。为了有效应

对这一问题，应当加快林权证的发放速度，鼓励并引导农户通过林地市场进行自由流转，将闲散、破碎的林地有效整合起来，形成连片、集中的林地经营区域，以便充分发挥规模化经营的优势，提升林地的生产效率和产出质量，从而实现经济林生态效益与经济效益的双重飞跃。通过上述措施，不仅能够增强农户的产权意识，提升他们参与林地管理的积极性，还能够为林地市场的自由流转奠定坚实基础，促进林业资源的优化配置和高效利用，推动林业产业的持续健康发展。

9.3 不足与展望

受限于研究数据、时间和个人能力，研究在以下几个方面有待完善：

（1）进行政策影响评估，除了纵向前后对比，也可进行横向对比。本书如果有未参与退耕农户的相关数据，则可将有参与退耕的农户与无参与退耕的农户的生产行为和结果进行对比分析，特别是新一轮退耕还林政策对农户非退耕农地利用水平的净影响受限于数据收集，未能实现对净效应的评估。后续相关研究在展开类似调查时应当充分考虑参与退耕农户的生产情况，通过对比两者之间的差异来更好地体现政策的实际影响。

（2）受时间和资金的限制，本书的研究样本范围不够大，仅限于贵州一省。同时本书的调查数据跨度为五年，由于缺乏连续性跟踪调查，数据方面难免存在偏差，农户采取回忆方式填写的回答可能与当时实际存在一定的差异。因此，后续研究可以在此次调研的基础上继续对退耕农户的生产内容等相关内容进行跟踪调查，尤其是继续调查补贴到期后农户经济林实际的生产行为及其变化，这可为其他补贴未到期地区的退耕成果巩固提供有益参考。

（3）由于不少地区农户经济林尚未进入挂果期，使得本书中有经济林种植收益的农户比重不够大，样本量不够多，因此在第 8 章参与退耕与农户脱贫增收有效性的研究中无法采取计量分析与案例分析相结合的方式进行交叉验证。后续相关调查可继续对农户情况展开调查，并采用实证的方式与案例研究结果进行验证。

新一轮退耕还林农户调查问卷

问卷编号：_____

调研者姓名：_____调研日期：_____

受访者姓名：_____与户主关系：_____联系方式：_____

农户所在县名：_____乡镇名：_____村庄名：_____

您家是否参与新一轮退耕还林：是□　否□

哪一年参与退耕还林：_____

问卷填写评价：_____（差/一般/挺好/很好）

问卷修改时间：_____

填 表 说 明

1. 问卷所有空格都要按要求填写，并且只填写数字。答案为不知道的话填"999"，文字说明请写在页边空白处。

2. 本调查数据用于学术研究，请务必客观、如实填写，感谢支持和配合！

一、家庭基本情况（2018 年）

（1）您的家庭人口数为_____人，其中，劳动力人口数为_____人，纯农业劳动力人口数为_____人，非农业劳动力人口数为_____人；需抚养的儿童/子女有_____人，需扶养的老人有_____人。

劳动力：指年龄在 16 ~ 60 岁、具有劳动能力的人数，包括未达到劳动年龄或超过 60 岁但实际参加劳动的人数，不包括在校学生。

（2）是否建档立卡的贫困户_____，哪一年确立为贫困户_____，是否已经"脱贫摘帽"_____，哪一年脱贫_____。

（3）致贫原因：_____（1－因病，2－因残，3－因学，4－因灾，5－缺劳动力，6－其他，结合贫困户建档立卡/扶贫手册上信息填写）。

（4）是否属于低保户_____。

主要劳动力基本情况：

劳动力编码	与户主关系 (1＝户主，2＝配偶，3＝子女或其配偶，4＝孙子辈，5＝父母，6＝祖父母，7＝兄弟姐妹，8＝其他)	性别 (1＝男，0＝女)	年龄 (岁)	教育程度 (读过几年书)	当过村干部 (1＝是，0＝否)	是否党员 (1＝是，0＝否)	民族 (1＝汉族，2＝其他)	健康情况 (1＝挺好的，2＝一般，3＝不太好，4＝很不好)	从事职业 (1＝纯务农，2＝务农兼打工，3＝务农兼工副业(小卖部等)，4＝企业职工，5＝事业单位和公职单位，6＝其他)	工作地点 (1＝本乡(镇)，2＝本县(市)，3＝本省城，4＝外省)	2018年年收入 (元)	2014年年收入 (元)
1												
2												
3												
4												
5												

二、家庭土地情况（农地与退耕地）

无退耕还林农户：家里有耕地_____块，共_____亩；林地_____块，共_____亩。

有退耕还林农户：家里有退耕地_____块，共_____亩，非退耕地_____块，共_____亩；林地_____块，共_____亩。

（一）农地特征（不含退耕地块）

地块编码	面积（亩）	土地分类（1＝水田，2＝旱地）	离家距离（千米）	离水源距离（1＝方便，2＝不方便）	离公路距离（千米）	土壤肥力（1＝好，2＝中，3＝差）	坡度（1≤15度，2＝15～25度，3≥25度）	土壤类型（1＝沙土，2＝壤土，3＝黏土，4＝其他）	经营方式（1＝自营，2＝流转，3＝委托经营，4＝闲置抛荒）	流转期限（年）	流转金额（元/亩/年）
地块1											
地块2											
地块3											
地块4											

（二）林地特征（含退耕地）

地块编码	面积（亩）	土地分类（1＝水田，2＝旱地）	离家距离（千米）	离水源距离（1＝方便，2＝不方便）	离公路距离（千米）	土壤肥力（1＝好，2＝中，3＝差）	坡度（1≤15度，2＝15～25度，3≥25度）	土壤类型（1＝沙土，2＝壤土，3＝黏土，4＝其他）	经营方式（1＝自营，2＝流转，3＝委托经营）	流转期限（年）	流转金额（元）	是否退耕林地（1＝是，0＝不是）
地块1												
地块2												
地块3												
地块4												

（三）农地投入与产出（包含非退耕农户）

年份	作物名称	种植面积（亩）	亩产（斤）	销售（斤）	售价（元/斤）	销售渠道	自用（斤）	亩均成本（元）	自投工（含帮工）（天）	雇工（天）	雇工（元/天）	种子种苗（元）	农药化肥（元）	地膜（元）	机耕灌溉收割（元）
2018															

续表

年份	作物名称	种植面积（亩）	亩产（斤）	销售（斤）	售价（元/斤）	销售渠道	自用（斤）	亩均成本（元）	自投工（含帮工）（天）	雇工（天）	雇工（元/天）	种子种苗（元）	农药化肥（元）	地膜（元）	机耕灌溉收割（元）
2017															
2016															
2015															
2014															
2013															

注：销售渠道：1 = 自己找买家，2 = 村委组织收购，3 = 合作社组织销售，4 = 涉农企业统一收购，5 = 其他。

（四）林地投入与产出（包含非退耕农户）

年份	种植作物	种植面积（亩）	产量（斤）	销售（斤）	售价（元/斤）	自用（斤）	销售渠道	经营形式	投工（天）	雇工（天）	雇工（元/天）	种子种苗（元）	农药化肥（元）	果袋（元）	机耕灌溉采摘（元）	是否退耕林地：是/否	成活率（%）
2018																	

续表

年份	种植作物	种植面积（亩）	产量（斤）	销售（斤）	售价（元/斤）	自用（斤）	销售渠道	经营形式	投工（天）	雇工（天）	雇工（元/天）	种子种苗（元）	农药化肥（元）	果袋（元）	机耕灌溉采摘（元）	是否退耕林地：是/否	成活率（%）
2017																	
2016																	
2015																	
2014																	

注：①补充问题：您家林地亩均种植_____株树，丰收季节平均一棵树能产多少斤_____果实，歉收季节平均一棵树能产多少斤_____果实。

②销售渠道：1 = 自己找买家，2 = 村委组织收购，3 = 合作社组织销售，4 = 涉农企业统一收购，5 = 其他。

③经营形式：1 = 独自经营，2 = 联户经营，3 = 大户经营，4 = 合作社经营，5 = 企业经营，6 = 公司 + 农户 + 基地，7 = 其他。

（五）林下种植（林粮间作）

注：先问农户家里是否有林下种植，若无，则跳过此表。如有，继续问哪一年开始林下种植，如果是 2013 年以前开始，则需问 2013～2018 年的数据；如果是 2015 年开始，则无须问 2013 年、2014 年的数据，以此类推。

年份	种植作物	种植面积（亩）	产量（斤）	销售（斤）	自用（斤）	收购价（元/斤）	投工（天）	销售渠道	种植效果	雇工（天）	种子种苗（元）	农药化肥（元）	是否种在退耕地上
2018													

续表

年份	种植作物	种植面积（亩）	产量（斤）	销售（斤）	自用（斤）	收购价（元/斤）	投工（天）	销售渠道	种植效果	雇工（天）	种子种苗（元）	农药化肥（元）	是否种在退耕地上
2017													
2016													
2015													
2014													

注：①销售渠道：1＝自己找买家，2＝村委组织收购，3＝合作社组织销售，4＝涉农企业统一收购，5＝其他。

②种植效果：1＝好，2＝一般，3＝一般，4＝还不清楚。

（六）养殖业：养殖、畜牧、渔业

注：先问农户家里是否有养殖业，若无，则跳过此表。如有，继续问哪一年开始养殖，如果是 2013 年以前开始，则需问 2013～2018 年的数据；如果是 2015 年开始，则无须问 2013 年、2014 年的数据，以此类推。

年份	品种	年末出栏数量（头/只）（销售＋自用）	年末存栏数量（头/只）	销售数量	每只销售价格	每只养殖成本	是否养在退耕林地上（是/否）
2018							

续表

年份	品种	年末出栏数量（头/只）（销售＋自用）	年末存栏数量（头/只）	销售数量	每只销售价格	每只养殖成本	是否养在退耕林地上（是/否）
2017							
2016							
2015							
2014							

三、家庭收入情况

（一）农业劳动力非农收入情况

此处为首页家庭劳动力中职业类型回答为：务农兼打工/务农兼工副业（小卖部等）者的非农收入情况，不包括企业、事业单位等人员收入。

年份	劳动力编码	工作内容	日薪	工作时长（天/年）
2014	1			
	2			
	3			
2015	1			
	2			
	3			

续表

年份	劳动力编码	工作内容	日薪	工作时长（天/年）
2016	1			
	2			
	3			
2017	1			
	2			
	3			
2018	1			
	2			
	3			

（二）其他收入来源

单位：元

类型	细分类型	2018 年	2017 年	2016 年	2015 年	2014 年
补贴收入	粮食直补收入					
	农资综合补贴					
	退耕补贴					
	天然林补贴					
转移性收入	子女赡养费					
	离退休金					
财产性收入	借贷利息					
	土地流转收入					
	房屋租金					
其他收入	如政府赈灾、扶贫					
	低保、残疾补贴、高龄老人补贴					

注：农资综合补贴是指政府对农民购买农业生产资料（包括化肥、柴油、种子、农机）实行的一种直接补贴制度。粮食直补是国家财政按一定的补贴标准和粮食实际种植面积，对农户直接给予的补贴。

（三）家庭日常开支

单位：元

项目	2018 年	2017 年	2016 年	2015 年	2014 年
饮食支出					
隔代教育支出（学费＋生活费）					
生活用水、用电、用燃气					
医疗保健支出					
社保、医保支出					
农机购买支出（生产工具）					
交通支出（含购买交通工具）					
通信费用（含购手机）					
人情往来（红白喜事）					
其他：如饮酒、婴儿用品					

（四）家庭存款与借贷开支

存款情况	借出款情况	贷款情况							借款主要抵押物是
家庭存款	家庭借出款	银行贷款		其中用于生产	信用社贷款		其中用于生产	私人借款（亲戚朋友）	
金额（元）	年利率	金额（元）	年利率	金额（元）	年利率	金额（元）	金额（元）	年利率	金额（元）	金额（元）	年利率	

（五）家庭其他情况

1. 您的手机联系人有多少个_____。微信联系人有多少个_____。遇到困难时能够借钱帮你的人大概有_____个。

2. 您对邻居的信任程度如何？

A. 非常不信任　B. 信任　C. 一般　D. 信任　E. 非常信任

3. 您对陌生人的信任程度如何？

A. 非常不信任　B. 信任　C. 一般　D. 信任　E. 非常信任

4. 您对村干部的信任程度如何？

A. 非常不信任　B. 信任　C. 一般　D. 信任　E. 非常信任

5. 您参与村集体活动的程度如何？

A. 从不参加　B. 偶尔参加　C. 有时参加　D. 参加　E. 经常参加

6. 您关注国家大事和社会热点的程度如何？

A. 从不关注　B. 偶尔关注　C. 经常关注　D. 非常关注

7. 您家有亲戚朋友当官或者经商的吗？

A. 有　B. 没有

若有，您家跟这些亲戚朋友平时联系多吗？

A. 从不联系　B. 很少联系　C. 有事就联系　C. 经常联系

四、其他问题（可由农户自行填写）

此问题针对无退耕农户

1. 您家未参与退耕还林工程的主要原因是什么？

A. 耕地太少或没有坡耕地　B. 补助不如种地收益高　C. 还林后风险太大 D. 家里没有多余劳动力参与　E. 没人通知可以参与退耕还林　F. 不知道可以种经济林　G. 其他_____

以下问题针对退耕农户

2. 您家退耕树种是自己选择的，还是被安排的？

A. 自己选择　B. 被安排

3. 您家退耕地块是自己选择的，还是被安排退耕的？

A. 自己选择　B. 被安排

4. 您家参加退耕还林工程主要是基于什么原因考虑的？

A. 参加退耕还林有补助可增加收入　B. 坡耕地不适合种粮食　C. 种地

收益太少　D. 政府连片规划指定参加退耕　E. 希望从农业生产中解脱出来从事其他活动　H. 其他_____

5. 您参与退耕还林属于哪种类型？

A. 主动自愿退耕　B. 被动从众退耕

6. 您家退耕地是否接受了检查验收？

A. 已接受验收　B. 未接受验收

7. 您家供给的种苗质量如何？

A. 好　B. 一般　C. 差

8. 您对种苗供给情况满意吗？

A. 满意　B. 一般　C. 不满意

9. 您对退耕还林工程的补助政策内容满意吗？

A. 非常满意　B. 较满意　C. 不太满意　D. 不满意　E. 很不满意

10. 参与退耕还林后，家庭是否有成员放弃务农，从事非农工作？

A. 没有　B. 有（有_____人）

11. 参与退耕还林后，家庭是否有成员，放弃非农工作回家从事林业生产经营？

A. 没有　B. 有（有_____人）

12. 参与退耕还林后，家庭是否有成员在农忙后抽空回家帮忙从事林业生产？

A. 没有　B. 有（有_____天）

13. 退耕还林以前，家庭是否从事过经济林的生产经营？

A. 没有　B. 有（有_____人）

14. 您家是否有成员参与过林业生产培训（种植、剪枝、施肥、挂果、销售等环节）

A. 没有　B. 有（有_____次）

15. 您在退耕补偿期满后有何打算？

A. 继续从事林地生产，但不增加投入　B. 继续从事林业生产，并增加投入　C. 没了补贴，闲置不管了　D. 流转承包给别人　E. 其他_____

16. 您在林地生产过程中，觉得哪个环节难度最大？

A. 幼苗成长期管护　B. 成苗挂果期管护　C. 摘果后的保存期管护 D. 销售环节寻找买家

17. 您对种植经济林的期望如何？

A. 经济林收入可观，值得种植　B. 经济林种植难度大，收入不稳定 C. 经济林收入低，没有投产经营必要

18. 您家林业生产存在的主要问题有？（可多选）

A. 缺乏种植经验，没生产技术　B. 缺乏资金，没钱增加投入　C. 种植规模小，没规模效应　D. 市场环境不好，卖不出好价钱　E. 政府配套设施不齐全，缺乏政策扶持　F. 其他_____

19. 您觉得参与退耕还林后，对您家农业生产是否造成影响？

A. 没什么差别　B. 放弃退耕地的生产，增加了对剩余农地的投入 C. 减少了农地的生产投入，将更多生产资料投入林业生产

20. 您觉得参与退耕还林后，您家的收入水平有无变化？

A. 除了增加一些退耕补贴，其他差别不大　B. 种植经济林，提高了收入水平　C. 放弃坡耕地，增加了打工收入

21. 您对下一步退耕还林工程有何期望？

A. 延长补助期限　B. 提高补助金额　C. 提供技术指导　D. 引进优良高产林木　E. 开发培育林产品市场　F. 提供林业贷款给农户搞生产　G. 出台更多惠农惠林政策　H. 其他_____

问卷内容到此结束，请记得查漏补缺。

参考文献

[1] 白军飞. 大食物观下的食物安全保障 [J]. 人民论坛, 2023 (11):
56 - 60.

[2] 卜伟, 曲彤, 朱晨萌. 中国的粮食净进口依存度与粮食安全研究
[J]. 农业经济问题, 2013, 34 (10): 49 - 56.

[3] 常向阳, 韩园园. 农业技术扩散动力及渠道运行对农业生产效率的
影响研究: 以河南省小麦种植区为例 [J]. 中国农村观察, 2014 (4): 63 -
70, 96.

[4] 陈池波, 江喜林, 吕明霞. 从以农补工到反哺农业: 对农业补贴短
期与长期涵义的探讨 [J]. 农业经济问题, 2012, 33 (12): 19 - 27, 110.

[5] 陈菲菲, 张崇尚, 罗玉峰, 等. 农户种植经验对技术效率的影响分
析: 来自我国 4 省玉米种植户的微观证据 [J]. 农业技术经济, 2016 (5):
12 - 21.

[6] 陈海磊, 史清华, 顾海英. 农户土地流转是有效率的吗?: 以山西
为例 [J]. 中国农村经济, 2014 (7): 61 - 71, 96.

[7] 陈汉圣, 武志刚. 农户生产意向: 趋势、成因、问题: 1996 年农户
生产意向调查汇总分析 [J]. 农业经济问题, 1996 (8): 19 - 23.

[8] 陈和午. 农户模型的发展与应用: 文献综述 [J]. 农业技术经济, 2004 (3): 2-10.

[9] 陈慧萍, 武拉平, 王玉斌. 补贴政策对我国粮食生产的影响: 基于 2004—2007 年分省数据的实证分析 [J]. 农业技术经济, 2010 (4): 100-106.

[10] 陈妮, 鲁莎莎, 秦凡, 等. 集体林区林地经营效率的影响因素研究: 基于地块尺度的微观调查数据 [J]. 中国土地科学, 2018, 32 (12): 74-81.

[11] 陈儒, 邓悦, 姜志德, 等. 中国退耕还林还草地区复耕可能性及其影响因素的比较分析 [J]. 资源科学, 2016, 38 (11): 2013-2023.

[12] 陈儒, 姜志德, 谢晨. 后退耕时代退耕区农户的复耕意愿及影响因素分析: 基于 17 省 1757 个农户的调查 [J]. 农村经济, 2016 (6): 38-44.

[13] 陈瑜琦, 李秀彬, 朱会义, 等. 劳动力务农机会成本对农户耕地利用决策的影响: 以河南省睢县为例 [J]. 地理科学进展, 2010, 29 (9): 1067-1074.

[14] 陈中伟, 杨林源. 农业绿色生产技术的富民效应: 基于农户决策偏好视角 [J]. 资源科学, 2024, 46 (8): 1588-1603.

[15] 程亨华, 肖春阳. 中国粮食安全及其主要指标研究 [J]. 财贸经济, 2002 (12): 70-73.

[16] 东梅. 退耕还林对我国粮食安全影响的实证分析 [D]. 南京: 南京农业大学, 2005.

[17] 杜建国, 李波, 杨慧. 人口老龄化下农业人力资本对农业绿色全要素生产率的影响 [J]. 中国人口·资源与环境, 2023, 33 (9): 215-228.

[18] 段伟, 申津羽, 温亚利. 西部地区退耕还林工程对农户收入的影响: 基于异质性的处理效应估计 [J]. 农业技术经济, 2018 (2): 41-53.

[19] 方松海, 王为农. 成本快速上升背景下的农业补贴政策研究 [J]. 管理世界, 2009 (9): 91 – 108.

[20] 盖庆恩, 朱喜, 史清华. 劳动力转移对中国农业生产的影响 [J]. 经济学 (季刊), 2014, 13 (3): 1147 – 1170.

[21] 高鸣. 脱钩收入补贴对小麦生产率有影响吗?: 基于农户的微观证据 [J]. 中国农村经济, 2017 (11): 47 – 61.

[22] 高鸣, 魏佳朔. 收入性补贴与粮食全要素生产率增长 [J]. 经济研究, 2022, 57 (12): 143 – 161.

[23] 高清, 朱凯宁, 靳乐山. 新一轮退耕还林规模的收入效应研究: 基于还经济林、生态林农户调查的实证分析 [J]. 农业技术经济, 2023 (4): 121 – 135.

[24] 高欣, 张安录. 农地流转、农户兼业程度与生产效率的关系 [J]. 中国人口·资源与环境, 2017, 27 (5): 121 – 128.

[25] 耿宁, 李秉龙. 基于利益博弈的农业标准化生产行为分析: 以"龙头企业＋农户"模式为例 [J]. 农村经济, 2013 (8): 42 – 45.

[26] 郭怀林, 李鸿杰, 罗广元, 等. 西北半干旱区经济林复合生态农业模式研究与实践 [J]. 经济林研究, 2017, 35 (1): 108 – 112.

[27] 郭剑雄, 李志俊. 人口偏好逆转、家庭分工演进与农民收入增长: 基于中国农户经验的分析 [J]. 南开学报 (哲学社会科学版), 2010 (6): 103 – 112.

[28] 郭轲. 兼业视角下河北省退耕农户生产要素配置行为: 动态演变及其驱动因素 [D]. 北京: 北京林业大学, 2016.

[29] 郭晓鸣, 甘庭宇, 李晟之, 等. 退耕还林工程: 问题、原因与政策建议: 四川省天全县100户退耕还林农户的跟踪调查 [J]. 中国农村观察, 2005 (3): 72 – 79.

[30] 国务院发展研究中心农村部课题组, 叶兴庆, 徐小青. 从城乡二

元到城乡一体：我国城乡二元体制的突出矛盾与未来走向［J］.管理世界，2014（9）：1-12.

［31］韩洪云，喻永红.退耕还林的土地生产力改善效果：重庆万州的实证解释［J］.资源科学，2014，36（2）：389-396.

［32］韩喜平，蔺荔.我国粮食直补政策的经济学分析［J］.农业技术经济，2007（3）：80-84.

［33］韩秀华.退耕还林工程对农户收入影响实证分析：以陕西安康为例［J］.林业经济，2015，37（6）：40-43.

［34］韩雅清，林丽梅，魏远竹，等.劳动力转移、合作经营与林业生产效率研究［J］.资源科学，2018，40（4）：838-850.

［35］韩耀.中国农户生产行为研究［J］.经济纵横，1995（5）：29-33.

［36］贺志亮，刘成玉.我国农业生产效率及效率影响因素研究：基于三阶段 DEA 模型的实证分析［J］.农村经济，2015（6）：48-51.

［37］胡继连，李平英，李敏.财政支农政策的农民评价：以山东省为例［J］.农业经济问题，2014，35（9）：47-54，111.

［38］胡霞.退耕还林还草政策实施后农村经济结构的变化：对宁夏南部山区的实证分析［J］.中国农村经济，2005（5）：63-70.

［39］胡雪枝，钟甫宁.人口老龄化对种植业生产的影响：基于小麦和棉花作物分析［J］.农业经济问题，2013，34（2）：36-43，110.

［40］虎陈霞，傅伯杰，陈利顶.浅析退耕还林还草对黄土丘陵沟壑区农业与农村经济发展的影响：以安塞县为例［J］.干旱区资源与环境，2006（4）：67-72.

［41］黄汉爱，何敏，徐发辉.祁连山北麓新一轮退耕还林造林模式集成研究：以甘肃省张掖市为例［J］.林业科技通讯，2016（3）：16-19.

［42］黄杰龙，王立群.放松退耕地间种约束的政策合理性与有效性检验：基于贵州省新一轮退耕还林的农户调查［J］.资源科学，2021，43（9）：

1863 – 1875.

[43] 黄杰龙，王旭，王立群. 政策落实、农户参与和脱贫增收的山区治贫有效性研究 [J]. 公共管理学报，2019，16（3）：50 – 61，170 – 171.

[44] 黄祖辉，王建英，陈志钢. 非农就业、土地流转与土地细碎化对稻农技术效率的影响 [J]. 中国农村经济，2014（11）：4 – 16.

[45] 霍增辉，吴海涛，丁士军. 中部地区粮食补贴政策效应及其机制研究：来自湖北农户面板数据的经验证据 [J]. 农业经济问题，2015，36（6）：20 – 29，110.

[46] 江喜林. 基于农户模型的粮食补贴作用机理及效应分析：兼论"直补"模式的弊端 [J]. 西北农林科技大学学报（社会科学版），2013，13（1）：54 – 60.

[47] 姜长云. 县乡财政困难及其对财政支农能力的影响 [J]. 管理世界，2004（7）：61 – 68.

[48] 姜婧. 社会治理框架下的精准扶贫事业发展探析 [J]. 管理世界，2018，34（4）：178 – 179.

[49] 晋洪涛. 家庭经济周期理性：一个农民理性分析框架的构建 [J]. 经济学家，2015（7）：55 – 64.

[50] 靳欣婷，孟志兴. 农业补贴对农村家庭创业的影响研究：基于中国家庭金融调查的实证分析 [J]. 世界农业，2022（1）：112 – 123.

[51] 柯水发，陈章纯. 毛竹林单户经营规模效率及影响因素分析：基于福建三明的调查 [J]. 北京林业大学学报（社会科学版），2016，15（4）：52 – 61.

[52] 孔凡斌，阮华，廖文梅，等. 农村劳动力转移对农户林业社会化服务需求的影响：基于1407户农户生产环节的调查 [J]. 林业科学，2018，54（6）：132 – 142.

[53] 黎洁，李树苗. 退耕还林工程对西部农户收入的影响：对西安周

至县南部山区乡镇农户的实证分析 [J]. 中国土地科学, 2010, 24 (2): 57 – 63.

[54] 李春, 曹秋婵, 付孜. 广西新一轮退耕还林现状及对策 [J]. 中南林业调查规划, 2015, 34 (4): 4 – 7.

[55] 李丹, 曾光, 陈城. 中国柑橘全要素生产率演进及影响因素研究: 基于 Malmquist-Tobit 模型的实证 [J]. 四川农业大学学报, 2018, 36 (1): 118 – 124.

[56] 李光兵. 国外两种农户经济行为理论及其启示 [J]. 农村经济与社会, 1992 (6): 52 – 57.

[57] 李桦, 姚顺波. 不同退耕规模农户生产技术效率变化差异及其影响因素分析: 基于黄土高原农户微观数据 [J]. 农业技术经济, 2012 (12): 51 – 60.

[58] 李桦, 姚顺波, 郭亚军. 不同退耕规模农户农业全要素生产率增长的实证分析: 基于黄土高原农户调查数据 [J]. 中国农村经济, 2011 (10): 36 – 43, 51.

[59] 李桦, 姚顺波, 郭亚军. 退耕还林对农户经济行为影响分析: 以全国退耕还林示范县 (吴起县) 为例 [J]. 中国农村经济, 2006 (10): 37 – 42.

[60] 李培东, 乔娟. 新一轮补助下农户参与退耕还林意愿的影响因素分析: 基于甘肃省中部地区农户的调查 [J]. 甘肃科技纵横, 2015, 44 (12): 86 – 91.

[61] 李强, 罗仁福, 刘承芳, 等. 新农村建设中农民最需要什么样的公共服务: 农民对农村公共物品投资的意愿分析 [J]. 农业经济问题, 2006 (10): 15 – 20, 79.

[62] 李桃. 经济理性、生存智慧与行为逻辑: 农民专业合作社内部中小社员 "搭便车" 行为探究 [J]. 宏观经济研究, 2014 (2): 10 – 17.

[63] 李卫忠，吴付英，吴宗凯，等. 退耕还林对农户经济影响的分析：以陕西省吴起县为例 [J]. 中国农村经济，2007 (S1)：108 – 111，116.

[64] 林本喜，邓衡山. 农业劳动力老龄化对土地利用效率影响的实证分析：基于浙江省农村固定观察点数据 [J]. 中国农村经济，2012 (4)：15 – 25，46.

[65] 刘傲琼，刘新宇. 多元化经营企业的范围经济与利润增益研究 [J]. 管理学刊，2018，31 (2)：12 – 23.

[66] 刘璨，梁丹，吕金芝，等. 林业重点工程对农民收入影响的测度与分析 [J]. 林业经济，2006 (10)：45 – 51.

[67] 刘璨. 我国退耕还林工程对粮食产量影响的分析与测度 [J]. 林业经济，2015，37 (9)：51 – 65.

[68] 刘璨，张巍. 退耕还林政策选择对农户收入的影响：以我国京津风沙源治理工程为例 [J]. 经济学（季刊），2007 (1)：273 – 290.

[69] 刘成武，黄利民. 农地边际化过程中农户土地利用行为变化及其对粮食生产的影响 [J]. 地理研究，2015，34 (12)：2268 – 2282.

[70] 刘诚，刘俊昌. 我国退耕还林政策的实施对粮食安全的影响 [J]. 北京林业大学学报（社会科学版），2007 (4)：42 – 47.

[71] 刘春腊，徐美，周克杨，等. 精准扶贫与生态补偿的对接机制及典型途径：基于林业的案例分析 [J]. 自然资源学报，2019，34 (5)：989 – 1002.

[72] 刘浩，陈思焜，张敏新，等. 退耕还林工程对农户收入不平等影响的测度与分析：基于总收入决定方程的 Shapley 值分解 [J]. 林业科学，2017，53 (5)：125 – 133.

[73] 刘克春. 粮食生产补贴政策对农户粮食种植决策行为的影响与作用机理分析：以江西省为例 [J]. 中国农村经济，2010 (2)：12 – 21.

[74] 刘生龙，李军. 健康、劳动参与及中国农村老年贫困 [J]. 中国农

村经济, 2012 (1): 56 - 68.

[75] 刘帅, 钟甫宁. 实际价格、粮食可获性与农业生产决策: 基于农户模型的分析框架和实证检验 [J]. 农业经济问题, 2011, 32 (6): 15 - 20, 110.

[76] 刘天军, 蔡起华. 不同经营规模农户的生产技术效率分析: 基于陕西省猕猴桃生产基地县 210 户农户的数据 [J]. 中国农村经济, 2013 (3): 37 - 46.

[77] 刘振滨, 苏时鹏, 郑逸芳, 等. 林改后农户林业经营效率的影响因素分析: 基于 DEA—Tobit 分析法的实证研究 [J]. 资源开发与市场, 2014, 30 (12): 1420 - 1424.

[78] 刘忠, 李保国. 退耕还林工程实施前后黄土高原地区粮食生产时空变化 [J]. 农业工程学报, 2012, 28 (11): 1 - 8.

[79] 吕新业, 胡向东. 农业补贴、非农就业与粮食生产: 基于黑龙江、吉林、河南和山东四省的调研数据 [J]. 农业经济问题, 2017, 38 (9): 85 - 91.

[80] 罗奎, 方创琳, 马海涛. 中国城市化与非农就业增长的空间格局及关系类型 [J]. 地理科学进展, 2014, 33 (4): 457 - 466.

[81] 罗龙泉, 任琳, 林玉芳, 等. 新一轮退耕还林对农户收入与消费的影响 [J]. 林业经济问题, 2023, 43 (3): 250 - 259.

[82] 马树庆, 王琪. 区域粮食安全的内涵、评估方法及保障措施 [J]. 资源科学, 2010, 32 (1): 35 - 41.

[83] 穆月英, 小池淳司. 我国农业补贴政策的 SCGE 模型构建及模拟分析 [J]. 数量经济技术经济研究, 2009, 26 (1): 3 - 15, 44.

[84] 潘丹, 陆雨, 孔凡斌. 退耕程度高低和时间早晚对农户收入的影响: 基于多项内生转换模型的实证分析 [J]. 农业技术经济, 2022 (6): 19 - 32.

［85］彭代彦，文乐．农村劳动力老龄化、女性化降低了粮食生产效率吗：基于随机前沿的南北方比较分析［J］．农业技术经济，2016（2）：32–44.

［86］彭军，乔慧，郑风田．"一家两制"农业生产行为的农户模型分析：基于健康和收入的视角［J］．当代经济科学，2015，37（6）：78–91，125.

［87］彭小辉．农业政策变化与农户行为研究［D］．上海：上海交通大学，2014.

［88］彭小辉，史清华．农业政策变化的发生机理：基于多重制度逻辑视角：以农村税费改革为例［J］．中国软科学，2016（6）：39–51.

［89］钱龙，洪名勇．非农就业、土地流转与农业生产效率变化：基于CFPS的实证分析［J］．中国农村经济，2016（12）：2–16.

［90］秦晖．传统中国社会的再认识［J］．战略与管理，1999（6）：62–75.

［91］任林静，黎洁．陕西安康山区退耕户的复耕意愿及影响因素分析［J］．资源科学，2013，35（12）：2426–2433.

［92］任林静，黎洁．退耕还林政策交替期补偿到期农户复耕意愿研究［J］．中国人口·资源与环境，2017，27（11）：132–140.

［93］时鹏，余劲．易地扶贫搬迁对农户消费的影响［J］．中国人口科学，2023，37（6）：111–126.

［94］时亚坤，曾奕，郭金金，等．黄土高原新一轮退耕还林草工程对粮食生产的影响［J］．水土保持研究，2022，29（3）：419–425.

［95］苏昕，刘昊龙．农村劳动力转移背景下农业合作经营对农业生产效率的影响［J］．中国农村经济，2017（5）：58–72.

［96］孙顶强，刘丹，杨馨越．现代农业产业园创建能否促进农户增收：基于产业集聚视角的经验分析［J］．中国农村经济，2024（12）：23–43.

［97］孙琳琳，杨浩，郑海涛．土地确权对中国农户资本投资的影响：

基于异质性农户模型的微观分析 [J]. 经济研究, 2020, 55 (11): 156 - 173.

[98] 孙永福, 程玉娜, 邓必平. 新一轮退耕还林问题与对策: 以江西省赣州市为例 [J]. 安徽农业科学, 2017, 45 (7): 210 - 211.

[99] 田杰, 姚顺波. 中国林业生产的技术效率测算与分析 [J]. 中国人口·资源与环境, 2013, 23 (11): 66 - 72.

[100] 涂涛涛, 马强, 李谷成. 人口老龄化、人口城镇化与中国粮食安全: 基于中国 CGE 模型的模拟 [J]. 中南财经政法大学学报, 2017 (4): 109 - 118.

[101] 汪阳洁, 姜志德, 王晓兵. 退耕还林 (草) 补贴对农户种植业生产行为的影响 [J]. 中国农村经济, 2012 (11): 56 - 68, 77.

[102] 汪雨雨, 姚万军, 张文. 农户模型下农户消费行为与农业生产间的关系: 基于 10490 户农户的横截面数据分析 [J]. 经济问题探索, 2019 (4): 182 - 190.

[103] 王兵, 侯军岐. 退耕还林前后农户收入结构比较 [J]. 安徽农业科学, 2007 (4): 1224 - 1233.

[104] 王兵, 刘国彬, 张光辉, 等. 黄土高原实施退耕还林 (草) 工程对粮食安全的影响 [J]. 水土保持通报, 2013, 33 (3): 241 - 245.

[105] 王博文, 姚顺波, 李桦, 等. 黄土高原退耕还林前后农户农业生产效率 DEA 分析: 以退耕还林示范县吴起县为例 [J]. 华南农业大学学报 (社会科学版), 2009, 8 (2): 51 - 57.

[106] 王琛, 吴敬学, 钟鑫. 我国农业部门资本投入对粮食生产技术效率的影响研究: 基于空间计量经济面板模型的实证 [J]. 科技管理研究, 2015, 35 (10): 97 - 103.

[107] 王洪丽, 杨印生, 舒坤良. 多重规制下小农户质量安全生产行为的重塑: 以吉林省水稻种植农户为例 [J]. 税务与经济, 2018 (3): 61 - 67.

[108] 王姣, 肖海峰. 中国粮食直接补贴政策效果评价 [J]. 中国农村经济, 2006 (12): 4 – 12.

[109] 王静, 霍学喜. 农户技术选择对其生产经营收入影响的空间溢出效应分析: 基于全国七个苹果主产省的调查数据 [J]. 中国农村经济, 2015 (1): 31 – 43.

[110] 王力, 毛慧. 植棉农户实施农业标准化行为分析: 基于新疆生产建设兵团植棉区 270 份问卷调查 [J]. 农业技术经济, 2014 (9): 72 – 78.

[111] 王立群, 陈琛. 价值感知、政府规制与退耕还林成果巩固: 基于行为阶段转变的视角 [J]. 农村经济, 2024 (11): 133 – 144.

[112] 王嫚嫚, 刘颖, 蒯昊, 等. 土地细碎化、耕地地力对粮食生产效率的影响: 基于江汉平 35 个水稻种植户的研究 [J]. 资源科学, 2017, 39 (8): 1488 – 1496.

[113] 王欠, 方一平. 川西地区退耕还林政策对农民收入的影响 [J]. 山地学报, 2013, 31 (5): 565 – 572.

[114] 王庶, 岳希明. 退耕还林、非农就业与农民增收: 基于 21 省面板数据的双重差分分析 [J]. 经济研究, 2017, 52 (4): 106 – 119.

[115] 王颜齐, 郭翔宇. 种植户农业雇佣生产行为选择及其影响效应分析 [J]. 中国农村经济, 2018 (4): 106 – 120.

[116] 翁贞林, 王雅鹏. 论统筹城乡发展与我国农业补贴政策调整 [J]. 农业现代化研究, 2007 (2): 151 – 154.

[117] 吴连翠, 陆文聪. 基于农户模型的粮食补贴政策绩效模拟研究 [J]. 中国农业大学学报, 2011, 16 (5): 171 – 178.

[118] 武舜臣, 王静, 顾智鹏. 粮食安全预警指标体系研究述评 [J]. 农业经济, 2015 (10): 12 – 14.

[119] 席洪波. 新一轮退耕还林工程存在的若干问题和解决途径 [J]. 林业建设, 2016 (3): 7 – 10.

[120] 谢晨, 张坤, 彭伟, 等. 退耕还林工程交替期的政策趋势及需求: 2014退耕还林社会经济效益监测主要结果分析 [J]. 林业经济, 2015, 37 (6): 16–22.

[121] 谢晨, 张坤, 王佳男, 等. 退耕还林动态减贫: 收入贫困和多维贫困的共同分析 [J]. 中国农村经济, 2021 (5): 18–37.

[122] 谢涛, 宋林, 周红, 等. 贵州省新一轮退耕还林在脱贫攻坚中的作用调查研究 [J]. 现代农业科技, 2018 (6): 127–129.

[123] 谢旭轩, 马训舟, 张世秋. 应用匹配倍差法评估退耕还林政策对农户收入的影响 [J]. 北京大学学报 (自然科学版), 2011, 47 (4): 759–767.

[124] 邢成举. 结构性贫困对贫困代际传递的影响及其破解: 基于豫西元村的研究 [J]. 中州学刊, 2017 (2): 42–47.

[125] 幸绣程, 黄杰龙, 王旭, 等. 退耕区农村老龄劳动力多维生计压力实证研究 [J]. 统计与决策, 2019 (16): 99–102.

[126] 熊利, 孙颖, 谷战英, 等. 不同间作模式对油茶幼林树体生长的影响 [J]. 经济林研究, 2015, 33 (2): 82–85.

[127] 徐晋涛, 陶然, 徐志刚. 退耕还林: 成本有效性、结构调整效应与经济可持续性: 基于西部三省农户调查的实证分析 [J]. 经济学 (季刊), 2004 (4): 139–162.

[128] 徐玮, 包庆丰. 生计资本对职工家庭参与林下经济产业发展意愿影响的实证分析: 基于内蒙古国有林区的调查数据 [J]. 农林经济管理学报, 2017, 16 (4): 496–503.

[129] 徐秀英, 李兰英, 李晓格, 等. 林地细碎化对农户林业生产技术效率的影响: 以浙江省龙游县竹林生产为例 [J]. 林业科学, 2014, 50 (10): 106–112.

[130] 许彩华, 管睿, 余劲. 农户非农就业充分性对农地流转行为的影

响研究：基于性别差异视角的分析 [J]. 农业技术经济，2023 (8)：39 - 52.

[131] 许佳贤，苏时鹏，黄安胜，等. 农户林业经营效率及其影响因素分析：基于闽浙赣235个固定观察点6年的调查数据 [J]. 农村经济，2014 (11)：42 - 46.

[132] 许庆，杨青，章元. 农业补贴改革对粮食适度规模经营的影响 [J]. 经济研究，2021，56 (8)：192 - 208.

[133] 薛彩霞，姚顺波，于金娜，等. 退耕还林农户经营非木质林产品的技术效率分析 [J]. 农业工程学报，2013，29 (16)：255 - 263.

[134] 薛彩霞，姚顺波，于金娜. 基于结构方程模型的农户经营非木质林产品行为的影响因素分析：以四川省雅安市农户为例 [J]. 林业科学，2013，49 (12)：136 - 146.

[135] 薛建春. 新一轮退耕还林还草工程对土地利用效率的影响：基于黄河流域的实证研究 [J]. 水土保持通报，2023，43 (6)：155 - 164.

[136] 闫慧敏，刘纪远，黄河清，等. 城市化和退耕还林草对中国耕地生产力的影响 [J]. 地理学报，2012，67 (5)：579 - 588.

[137] 杨青，贾杰斐，刘进，等. 农机购置补贴何以影响粮食综合生产能力？：基于农机社会化服务的视角 [J]. 管理世界，2023，39 (12)：106 - 123.

[138] 杨昭熙，杨钢桥. 农地细碎化对农户农地流转决策的影响研究 [J]. 中国土地科学，2017，31 (4)：33 - 42，79.

[139] 杨志海，麦尔旦·吐尔孙，王雅鹏. 劳动力转移及其分化对农业生产效率的影响：以江汉平原水稻和棉花种植为例 [J]. 中国农业大学学报，2016，21 (2)：140 - 149.

[140] 姚顺波，张晓蕾. 退耕还林对农业生产结构影响的实证研究：以陕北吴起县为例 [J]. 林业经济问题，2008 (5)：390 - 394.

[141] 易福金，陈志颖. 退耕还林对非农就业的影响分析 [J]. 中国软

科学，2006（8）：31 - 40.

[142] 尤小文．农户：一个概念的探讨 [J]．中国农村观察，1999（5）：19 - 21，53.

[143] 于金娜，姚顺波．退耕还林对农户生产效率的影响：以吴起县为例 [J]．林业经济问题，2009，29（5）：434 - 437.

[144] 喻永红．补贴期后农户退耕还林的态度研究：以重庆万州为例 [J]．长江流域资源与环境，2014，23（6）：774 - 780.

[145] 袁斌，谭涛，陈超．多元化经营与家庭农场生产绩效：基于南京市的实证研究 [J]．农林经济管理学报，2016，15（1）：13 - 20.

[146] 臧良震，支玲，齐新民．天保工程区农户林业生产技术效率的影响因素：以重庆武隆县为例 [J]．北京林业大学学报（社会科学版），2011，10（4）：59 - 64.

[147] 曾福生，李飞．农业基础设施对粮食生产的成本节约效应估算：基于似无相关回归方法 [J]．中国农村经济，2015（6）：4 - 12，22.

[148] 曾雅婷，吕亚荣，王晓睿．农地流转对粮食生产技术效率影响的多维分析：基于随机前沿生产函数的实证研究 [J]．华中农业大学学报（社会科学版），2018（1）：13 - 21，156.

[149] 张朝辉，耿玉德，张静．新一轮退耕还林工程农户响应意愿影响因素研究 [J]．林业经济，2015，37（6）：35 - 39.

[150] 张芳芳．退耕还林与农业结构调整研究：以陇南市成县为例 [J]．干旱区资源与环境，2010，24（10）：165 - 170.

[151] 张坤，谢晨，彭伟，等．新一轮退耕还林政策实施中存在的问题及其政策建议 [J]．林业经济，2016，38（3）：52 - 58.

[152] 张丽丽，张丹，朱俊峰．中国小麦主产区农地经营规模与效率的实证研究：基于山东、河南、河北三省的问卷调查 [J]．中国农学通报，2013，29（17）：85 - 89.

［153］张林秀. 农户经济学基本理论概述［J］. 农业技术经济，1996（3）：24 - 30.

［154］张梦雅，李桦. 应用三阶段 DEA 模型分析退耕还林农户商品林的技术效率［J］. 西北林学院学报，2014，29（6）：276 - 281.

［155］张淑杰，孙天华. 农业补贴政策效率及其影响因素研究：基于河南省 360 户农户调研数据的实证分析［J］. 农业技术经济，2012（12）：68 - 74.

［156］张旭锐，高建中. 农户新一轮退耕还林的福利效应研究：基于陕南退耕还林区的实证分析［J］. 干旱区资源与环境，2021，35（2）：14 - 20.

［157］张永强，张晓飞，周宁，等. 农户资本投入不确定性对粮食产量影响的空间差异分析［J］. 农业技术经济，2017（3）：14 - 24.

［158］赵佳佳，刘天军，魏娟. 风险态度影响苹果安全生产行为吗：基于苹果主产区的农户实验数据［J］. 农业技术经济，2017（4）：95 - 105.

［159］赵丽娟，王立群. 退耕还林后续产业对农户收入和就业的影响分析：以河北省平泉县为例［J］. 北京林业大学学报（社会科学版），2011，10（2）：76 - 81.

［160］赵敏娟，姚顺波. 基于农户生产技术效率的退耕还林政策评价：黄土高原区 3 县的实证研究［J］. 中国人口·资源与环境，2012，22（9）：135 - 141.

［161］甄静，郭斌，朱文清，等. 退耕还林项目增收效果评估：基于六省区 3329 个农户的调查［J］. 财贸研究，2011，22（4）：22 - 29.

［162］支玲，夏彩贵，刘燕，等. 西部天保工程区集体公益林管护保障能力评价：以云南省鹤庆县、贵州省织金县为例［J］. 林业经济，2018，40（10）：45 - 52.

［163］钟春平，陈三攀，徐长生. 结构变迁、要素相对价格及农户行为：农业补贴的理论模型与微观经验证据［J］. 金融研究，2013（5）：167 - 180.

[164] 钟甫宁，顾和军，纪月清. 农民角色分化与农业补贴政策的收入分配效应：江苏省农业税减免、粮食直补收入分配效应的实证研究 [J]. 管理世界，2008（5）：65 - 70，76.

[165] 钟甫宁，陆五一，徐志刚. 农村劳动力外出务工不利于粮食生产吗?：对农户要素替代与种植结构调整行为及约束条件的解析 [J]. 中国农村经济，2016（7）：36 - 47.

[166] 钟甫宁. 我国能养活多少农民?：21 世纪中国的"三农"问题 [J]. 中国农村经济，2003（7）：4 - 9.

[167] 钟钰，李先德，马晓春. 美日韩粮食补贴政策变化对我国的启示 [J]. 宏观经济管理，2010（12）：69 - 70.

[168] 周红，缪杰，安和平. 贵州省退耕还林工程试点阶段社会经济效益初步评价 [J]. 林业经济，2003（4）：23 - 24.

[169] 周力，薛莘绮. 基于纵向协作关系的农户清洁生产行为研究：以生猪养殖为例 [J]. 南京农业大学学报（社会科学版），2014，14（3）：29 - 36.

[170] 周晓时，李谷成，刘成. 人力资本、耕地规模与农业生产效率 [J]. 华中农业大学学报（社会科学版），2018（2）：8 - 17，154.

[171] 朱长宁，王树进. 退耕还林对西部地区农户收入的影响分析 [J]. 农业技术经济，2014（10）：58 - 66.

[172] 朱淀，孔霞，顾建平. 农户过量施用农药的非理性均衡：来自中国苏南地区农户的证据 [J]. 中国农村经济，2014（8）：17 - 29，41.

[173] 朱秋博，白军飞，彭超，等. 信息化提升了农业生产率吗? [J]. 中国农村经济，2019（4）：22 - 40.

[174] 邹诗兵. 新一轮退耕还林的思考：以贵州省铜仁市印江土家族苗族自治县新寨镇为例 [J]. 中国农业信息，2016（17）：43.

[175] Abbas A C, Jiang Y S, Abrham T G. The Nexus of Agricultural Credit, Farm Size and Technical Efficiency in Sindh, Pakistan: A Stochastic Produc-

tion Frontier Approach [J]. Journal of the Saudi Society of Agricultural Sciences, 2017 (10): 76 – 80.

[176] Antonio F A, Ignacio C. New approach for the assignment of new European agricultural subsidies using scores from data envelopment analysis: Application to olive-growing farms in Andalusia (Spain) [J]. European Journal of Operational Research, 2009, 193 (3): 718 – 729.

[177] Chen L J, Hu S W, Wang V, et al. The effects of purchasing and price subsidy policies for agricultural products under target zones [J]. Economic Modelling, 2014 (43): 439 – 447.

[178] Chen Y H, Wen X W, Wang B. Agricultural pollution and regulation: How to subsidize agriculture? [J]. Journal of Cleaner Production, 2017, 164 (15): 258 – 264.

[179] Deng X Z, John G. Improving eco-efficiency for the sustainable agricultural production: A case study in Shandong, China, Technological Forecasting and Social Change, 2018 (15): 234 – 244.

[180] Donald F L, Frank P. Do farmers choose to be inefficient? Evidence from Bicol [J]. Journal of Development Economics, 2009, 90 (1): 24 – 32.

[181] Edward T, Jere R B. Technological priorities in rice production among smallholder farmers in Ghana [J]. NJAS-Wageningen Journal of Life Sciences, 2017 (83): 47 – 56.

[182] Felix G B, John H S, Jeffrey V. Increasing incomes of Malian cotton farmers: Is elimination of US subsidies the only solution? [J]. Agricultural Systems, 2010, 103 (7): 418 – 432.

[183] Huang J K, Wei W, Cui Q, et al. The prospects for China's food security and imports: Will China starve the world viaimports? [J]. Journal of Integrative Agriculture, 2017, 16 (12): 2933 – 2944.

［184］Igor S，Joao A R，Joao A D. Using the theory of planned behavior to understand the intention of small farmers in diversifying their agricultural production ［J］. Journal of Rural Studies，2017（49）：32 – 40.

［185］Kim Y D，Jeremy H. The Political Effects of Agricultural Subsidies in Africa：Evidence from Malawi ［J］. World Development，2016（87）：215 – 226.

［186］Li H，Yao S B，Yin R S. Assessing the decadal impact of China's sloping land conversion program on household income under enrollment and earning differentiation ［J］. Forestry Policy Economy，2015（61）：95 – 103.

［187］Li N，Jiang Y Q，Yu Z X. Analysis of Agriculture Total-Factor Energy Efficiency in China Based on DEA and Malmquist indices ［J］. Energy Procedia，2017（142）：2397 – 2402.

［188］Liu C，Lu J Z，Yin R S. An Estimation of the Effects of China Priority Forestry Programs on Farmers Income ［J］. Environment Management，2010（45）：526 – 540.

［189］Liu Z，Lan J. The Sloping Land Conversion Program in China：Effect on the Livelihood Diversification of Rural Households ［J］. World Development，2015（70）：147 – 161.

［190］Magnar F，Jostein V. Food，farmers，and the future：Investigating prospects of increased Food production within a national context ［J］. Land Use Policy，2017（67）：546 – 557.

［191］Mehdi B S，Marilyne H B，Habib Z. The role of sectoral FDI in promoting agricultural production and improving food security ［J］. International Economics，2016（145）：50 – 65.

［192］Monica F，Vongai K. Can agricultural input subsidies ireduce the gender gap in modern maize adoption? Evidence from Malawi ［J］. Food Policy，2014（45）：101 – 111.

［193］Muditha K，Clevo W. Agricultural biodiversity and farm level technical efficiency：An empirical investigation ［J］. Journal of Forest Economics，2017（29）：38 – 46.

［194］Narendra C，Geoffrey N K，Hugh B. Production efficiency of community forest management in Nepal ［J］. Forest Policy and Economics，2015（50）：172 – 179.

［195］Song C H，Zhang Y L，Mei Y. Sustainability of Forests Created by China's Sloping Land Conversion Program：A comparison among three sites in Anhui，Hubei and Shanxi ［J］. Forest Policy and Economics，2014（38）：161 – 167.

［196］Sonia Q，Cristina S，Zaira F H. Levelling the playing field for European Union agriculture：Does the Common Agricultural Policy impact homogeneously on farm productivity and efficiency？ ［J］. Land Use Policy，2017（68）：179 – 188.

［197］Štefan B，Laure L. Farm size，agricultural subsidiesand farm performance in Slovenia ［J］. Land Use Policy，2013（32）：207 – 217.

［198］Thea K，Martin C，Jeffrey M. F. Food safety for food security：Relationship between global megatrends and developments in food safety ［J］. Trends in Food Science & Technology，2017（68）：160 – 175.

［199］Trung T N，Truong L D，Priyanka P. Farm production efficiency and natural forest extraction：Evidence from Canbodia ［J］. Lang Use Policy，2018（71）：480 – 493.

［200］Xu J F，Liao P. Crop Insurance，Premium Subsidy and Agriculture Output ［J］. Journal of Integrative Agriculture，2012：13（11）：2537 – 2545.

［201］Yao S B，Guo Y J，Huo X X. An empirical analysis of effects of China's land conversion program on farmers' income growth and labor transfer ［J］.

Environmental Management, 2010 (45): 502 –512.

[202] Yin R S, Liu H, Liu C, et al. Households' Decisions to Participate in China's Sloping Land Conversion Program and Reallocate Their Labour Times: Is There Endogeneity Bias? [J]. Ecological Economics, 2018 (145): 380 –390.

[203] Zhang J Z, He C X, Chen L, et al. Improving food security in China by taking advantage of marginal and degraded lands [J]. Journal of Cleaner Production, 2018, 171 (10): 1020 –1030.